Integrated Design Theory and Practice of Transportation Hub

# 综合交通枢纽一体化设计理论与实践

魏中华　张　伟　邱　实　著

人民交通出版社股份有限公司

北　京

## 内 容 提 要

本书围绕综合交通枢纽一体化设计这一关键问题，面向新建和改（扩）建枢纽工程，依托 54 座大型枢纽的规划设计案例，以上篇“基本概念”、中篇“理论与方法”、下篇“实战案例”，共 3 篇、10 章，系统介绍了综合交通枢纽的发展演变、设计理论与方法和设计实例。

本书适合从事枢纽设计、施工、监理、科研工作的人员阅读，也可作为高等学校本科生和研究生的教学资料。

**图书在版编目（CIP）数据**

综合交通枢纽一体化设计理论与实践 / 魏中华，张伟，邱实著. — 北京 : 人民交通出版社股份有限公司，2021. 12

ISBN 978-7-114-17379-0

Ⅰ. ①综… Ⅱ. ①魏… ②张… ③邱… Ⅲ. ①交通运输中心——一体化—交通规划—研究 Ⅳ. ①U115

中国版本图书馆 CIP 数据核字(2021)第 109521 号

Zonghe Jiaotong Shuniu Yitihua Sheji Lilun yu Shijian

书　　名：综合交通枢纽一体化设计理论与实践
著 作 者：魏中华　张　伟　邱　实
责任编辑：李　晴
责任校对：赵媛媛
责任印制：张　凯
出版发行：人民交通出版社股份有限公司
地　　址：(100011)北京市朝阳区安定门外外馆斜街 3 号
网　　址：http://www.ccpcl.com.cn
销售电话：(010)59757973
总 经 销：人民交通出版社股份有限公司发行部
经　　销：各地新华书店
印　　刷：北京虎彩文化传播有限公司
开　　本：787 × 1092　1/16
印　　张：13.25
字　　数：322 千
版　　次：2021 年 12 月　第 1 版
印　　次：2021 年 12 月　第 1 次印刷
书　　号：ISBN 978-7-114-17379-0
定　　价：68.00 元

# 序

伴随社会经济的发展，我国综合交通体系不断完善，构建现代化高质量国家综合立体交通网，加快建设交通强国，是新时代重要的国家战略。综合交通枢纽的建设发展面临新的机遇和挑战，对推进体系建设、安全质量保障以及新技术应用等提出了高质量发展的总体目标和要求。

综合交通枢纽集多种交通方式于一体，复合多种城市功能，在综合交通体系中发挥着关键的节点作用。综合交通枢纽正从以往初级阶段的粗放集合，向着创新驱动的智能化方向发展，对促进资源整合、协同城市更新、技术高度集约等提出了更高要求，更加关注具有绿色、安全、便捷、人性化等属性的更高品质的出行服务。

我国的综合交通枢纽建设亦是国际性综合交通枢纽建设的重要组成部分，起着均衡发展和促进推动的作用。相较综合交通发展较早的欧美、日本等地区和国家，我国的综合交通枢纽建设具有自身特点，与国民经济、社会发展紧密相连，是我国交通运输发展到一定阶段的必然结果。因各国国情不同，国外的成功经验需要扬弃地借鉴，本书提出的一体化设计思想与时俱进，为我国综合交通枢纽的建设提供了适应国情发展的科学方法和创新模式：一方面，从建设过程的纵向轴线上，对多元化、分散无序的各个子系统进行同步协调和有序合成，最终达成综合系统各部分各环节之间的高效协同和集约共享；另一方面，从跨专业研究的横向轴线上，提供多学科交叉的统筹思想来厘清交通、建筑、经济、人文等的复杂关系，在解决复杂矛盾问题的过程中，实现交通空间的突破与创新。

在我国综合交通体系快速和大规模发展的当下，一座座交通枢纽、巨型综合体落成使用，但无论是在工程建设中，还是在运营管理上，人们都遇到了许多伴生的实际问题，比如书中提到的协调城市内外交通、合理配套集散网络等“便捷交通”问题，场站规模、集约环保等“绿色交通”问题，全空间交通资源利用效率、站城融合等“交通共享”问题，信息技术应用、智能建造等“智慧交通”问题，等等，都是亟待解决的交通运输战略性问题。恰逢时机，迫切需要，见到本书即将出版，甚是渴盼。

本书立足于我国综合交通枢纽的发展，首先，循序渐进地从历史沿革的视角，引导读者深度解读综合交通枢纽的内涵与外延，深入解析了其发展变迁的内在动因，综合交通枢纽发展的历程脉络清晰可见；其次，从发展现状上，提出了建设实践普遍关注和迫切求解的策略方法，以一体化设计的理念，在规划、设计、建设、运营、管理等全过程生产周期中，推演了交通预测、场站设计、道路规划、建筑环境、信息系统等建设全范围内的设计环节，深度总结和归纳了综合交通枢纽的设计理论与方法，兼备时代性、先进性与可操作性；最后，甄选恰当的实际案例，对54个代表性案例作了细致入微的阐述，拓展了方法论研究与实践。温故知新，展望未来，本书适时、适度、适宜、适应地总结了我国综合交通枢纽的建设成就。

本书作者均是我敬慕的理论研究与实践经验雄厚的学者、设计师，其研究成果彰显着聪明智慧，值得学习、研究与借鉴，相信本书的出版将为广大工程技术人员、建设管理人员、教学科研人员和相关专业学生提供重要参考，对指导理论研究和工程实践发挥积极作用。

**刘亚刚**

**2021年10月于北京**

# 前　言

综合交通枢纽是现代化综合交通体系中的重要环节，综合交通枢纽的规划、设计及建设工作，直接关系到综合交通体系中节点与网络是否协调、各种交通方式能否衔接与配合以及功能能否充分发挥，关系到居民的出行是否顺畅、便捷和舒适。“十三五”期间，《关于印发〈关于打造现代综合客运枢纽提高旅客出行质量效率的实施意见〉的通知》（发改基础〔2016〕952号）、《关于印发“十三五”现代综合交通运输体系发展规划的通知》（国发〔2017〕11号）、《交通强国建设纲要》（2019年9月）、《中国交通的可持续发展》白皮书（2020年12月）等政策文件先后出台，均明确了我国综合交通枢纽交通一体化建设的要求。

综合交通枢纽一体化建设，改善了运输服务质量，方便了旅客出行，但发展中仍存在诸多不足，如：①目前我国综合交通枢纽规划、设计、建设、运营、管理相对粗犷，对外交通与城市交通不协调，全空间交通资源利用效率不高，难以做到社会效益、环境效益和经济效益的协调统一；②枢纽集成交通方式众多，大客流集中，由于缺乏科学的交通预测方法，多数枢纽无法准确掌握枢纽客流量、车流量分布规律，难以为枢纽规划、建设提供大数据资源支持；③部分枢纽场站规模论证不充分，建筑空间规模超出设计使用需要造成浪费或设计年度内无法满足空间需要进行改扩建现象频发，难以做到规模经济、布局合理、集约环保；④部分枢纽道路集散网络不配套，整体运行效率不高，停车区和内部道路设计技术指标选取不良，内部交通场站和外部市政道路各自为政，难以做到衔接顺畅、服务便捷；⑤部分枢纽换乘设计不合理，换乘距离长，出行体验差，安全、防灾设计考虑不充分，带动周边、融合发展的作用尚未有效发挥，难以做到换乘顺畅、安全可靠、站城融合；⑥部分枢纽建设方式比较粗放，信息技术应用和开放共享不足，建筑智慧水平不高，信息系统开放性、先进性、集成性、可扩展性、安全性和经济性建设不足，难以满足交通强国建设需要。

2021年2月国务院发布《国家综合立体交通网规划纲要》，再次提出构建便捷顺畅、经济高效、绿色集约、智能先进、安全可靠的现代化高质量国家综合交通枢纽，建设经济造血心脏、对内发展纽扣、对外开放接力棒。本书在“十四五”开局之年，积极响应国家宏观政策导向，以“建设人民满意交通，当好发展先行官”为抓手，积极推动综合交通枢纽向“便捷、绿色、智慧、共享”发展。全书分为三篇，上篇 基本概念，中篇 理论与方法，下篇 实战案例，面向广大规划、设计、咨询、施工、监理、科研和学校等单位有关人员就综合交通枢纽现存问题提供解决方案。

本书由魏中华、张伟和邱实撰写。成书过程中，首先感谢汤友富、黄超、姚汉文、谌启发、刘亚刚、姜保利、宋宏祥、朱宗亮、郭绍影、王力华、王合希、戴建龙、刘松、董斌、涂强、林金坤、李光磊、赵磊、徐绍玉、杨宇、贺敏、刘淼、李佳琦、章豪等领导和专家为本书内容给出了大量指导和建设性意见，其次感谢施敏捷、胡瑛瑾、董凯、赵文莉、熊鲲、吕涛、宋颖、段东平、彭维英等各位同事提出了宝贵意见和具体建议，最后感谢孙玉亮、李永钢、姚学瑞、刘翰男、王露、杨超、张天元、卢岛、李佰城、辜恒、李霞、王铭乾、刘赓、王聪慧、刘楠、陈蕾西等各位朋友为本书提供了大量资料，感谢他们在方方面面提供的无私支持和帮助。

**张　伟**

**2021 年 7 月 1 日**

# 目 录

## 上篇 基本概念



## 中篇 理论与方法

# 下篇　实战案例

# PART1 上篇

# 基本概念

# 第一章　枢纽演变史

## 一、"枢纽"的来源

"枢纽",出自我国南北朝时期刘勰所著的《文心雕龙·序志篇》,意指重要的部分、事物相互联系的中心环节,也指重要的地点或事物的关键之处。

其原文为"盖《文心》之作也,本乎道,师乎圣,体乎经,酌乎纬,变乎骚:文之枢纽,亦云极矣。"

《辞海》中对"枢纽"的解释为"比喻冲要的地点,事物的关键之处。"

## 二、交通枢纽的概念

在《城市客运交通枢纽设计标准》(GB/T 51402—2021)中,"城市客运交通枢纽"是指在城市客运交通系统中,为不同交通方式或同一种交通方式不同方向、功能的线路提供的客流集散和转换的场所。

在《综合客运枢纽分类分级》(JT/T 1112—2017)中,"综合客运枢纽"是指将两种及以上对外运输方式与城市交通的客流转换场所在同一空间(或区域)内集中布设,实现设施设备、运输组织、公共信息等有效衔接的客运基础设施。其中,对外运输方式是指铁路、公路、水路和航空等运输方式。

在《综合货运枢纽分类与基本要求》(JT/T 1111—2017)中,"综合货运枢纽"是指服务两种及两种以上运输方式,具有货物集散、仓储、中转运输等功能,集中布设并实现不同运输方式之间的货物有效换装与衔接,并具备完善信息系统的货运作业与服务场所。

在《发展改革委关于印发促进综合交通枢纽发展的指导意见的通知》(发改基础〔2013〕475 号)中,"综合交通枢纽"是综合交通运输体系的重要组成部分,是衔接多种运输方式、辐射一定区域的客、货转运中心。

在《建筑学名词》(第 2 版)中,"枢纽"是多条交通线路或多种交通工具汇集及旅客换乘的场所。现代城市的公共交通枢纽多采用综合立体换乘枢纽站的方式。在《地理学名词》(第 2 版)中,"运输枢纽"是指一种或多种运输方式干线交叉或衔接之处,共同办理客货的中转、发送、到达作业所需的多种运输设施的综合体。

因不同标准规范、不同学科领域对"枢纽"的定义不尽相同,综合既有资料和我国实际情况,本书定义"交通枢纽"(简称"枢纽")为在国家或区域交通运输系统中,一种或多种运输方式的交通线路的交会点,是由各种运输设施组成的整体,承担着集散、中转及对外交通等功能。"综合交通枢纽"是指服务两种及两种以上运输方式的交通枢纽。"综合客运枢纽""综合货运枢纽"的定义分别遵照《综合客运枢纽分类分级》(JT/T 1112—2017)和《综合货运枢纽分类与基本要求》(JT/T 1111—2017)的界定。

按照不同分类方式，枢纽可分为：

(1)客运枢纽、货运枢纽。

(2)单一运输方式交通枢纽(即交通换乘站)、多种运输方式交通枢纽(即综合交通枢纽)。

(3)铁路枢纽、公路枢纽、水路枢纽、航空枢纽、城市轨道交通枢纽、常规公交枢纽、综合性枢纽。

(4)宏观层面，指交通节点所处的区域或城市，即交通枢纽城市；微观层面，指交通节点上办理客货中转、发送、到达的多种运输设施(包含线路、站场、交通工具、信息等)的综合体，即交通枢纽综合体。

在我国当前的交通运输系统中，“枢纽”往往兼具客运、货运功能，并服务两种及两种以上运输方式，为简便起见，如无特殊说明，本书后文中的“枢纽”即指“综合交通枢纽”。

## 三、世界交通枢纽发展史

### 1. 前枢纽时代

大航海时代(15 世纪)，水运鼎盛，沿江、河、海城市形成枢纽。但运输方式比较单一，不同运输方式之间并无交叉。第一次工业革命，铁路诞生，蒸汽机车为内陆城市带来物流，并在线路节点处形成铁路枢纽。但运输方式比较单一，不同运输方式之间交叉薄弱。第一次世界大战后，公路迎来了大发展时代，公路枢纽形成，并与水路、铁路运输产生交叉。第二次世界大战后，航空运输构建了世界范围内的运输网络，使全球范围内人流、物流的快速周转成为可能。

### 2. 交通枢纽(1 代)

20 世纪末，全球经济快速发展，多种运输方式间相互衔接、中转换乘的交通枢纽(1 代)形成。客运交通运输方式包括航空、铁路、水路、城市轨道交通、公路客运(含机场巴士、旅游巴士)、常规公交(含 BRT)、出租车(含小汽车租赁)、社会车辆等。枢纽系统图形符号如图 1-1 所示。

图 1-1　枢纽系统图形符号示意图

3. 交通枢纽综合体(2 代)

大型交通基础设施往往投资规模大,交通枢纽造价为 3 亿 ~140 亿元(不含建筑安装工程费),经营成本高,投资回收期长,建设期和运营期都处于亏损状态。21 世纪初,交通枢纽逐渐突破单一交通集散功能,向多元化的城市功能(如工作、休闲娱乐、居住等)拓展,综合开发交通枢纽及其毗邻地区形成交通枢纽综合体(2 代),成为打造地区汇聚商机和企业自我营销推介、培育市场及扩大市场影响力的重要平台,发挥出交通经济的商业价值,助力产业转型,带来多元化资金收益。交通枢纽综合体(2 代)的发展如图 1-2 所示。

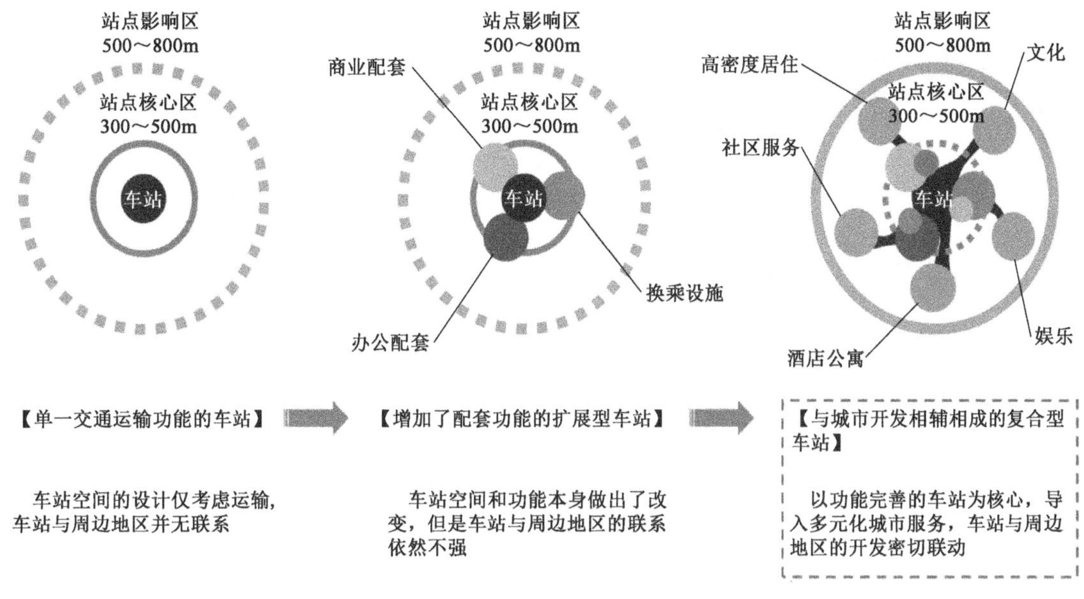


图 1-2　交通枢纽综合体(2 代)发展概念图

4. 交通枢纽城市(3 代)

未来,交通枢纽将逐渐由单一节点衔接向区域互联互通发展,充分开发地上、地下全空间交通资源,将空中、地面留给飞行器、人、共享单车及绿化使用,地下空间集机动车交通、停车、轨道交通、市政管线、人防工程等功能于一体,“轨道交通、机动车交通、自行车及步行交通、空中交通”空间叠加但通行有序,充分利用有限的城市空间资源,建设“立体交通”“多层城市”,形成交通枢纽城市(3 代),如图 1-3 所示。

建设高等级的地下道路系统,供常规公交、机场巴士、旅游巴士、出租车及社会车辆通行使用。设置公交专用道,构建“轨道 + 公交”公共交通体系,提升常规公交接驳轨道交通能力;高峰时段分区域限制私有机动车通行,鼓励公共交通出行,确保交通运行顺畅。

建设发达的地下停车设施,连通不同建筑,串联形成地下四通八达的公共停车空间,并通过智能管理系统协调统一管理。

建设发达的地下轨道交通网,实现公共交通和私人交通空间分离,保障大运量公交系统的快速集散,推动“公交优先”发展。

地面建设环境优美、安全便捷的城市慢行空间,设置共享单车停放点。

| | 直升机平台 | 空中连廊 | 直升机平台 |
|---|---|---|---|
| | 居住空间 | 空中花园 | 居住空间 |
| | 商业空间 | 空中连廊 | 商业空间 |
| F2层及以上 | 办公空间 | 自行车高速空间 | 办公空间 |
| F1层 | | 一般慢行空间 | |
| B1层 | | 机动车通行空间 | |
| B2层 | | 机动车停车空间 | |
| B3层及以下 | 综合管廊空间 | 轨道交通运行空间 | 人防空间 |

直升机平台
空中花园
空中连廊
自行车高速路
城市慢行
地下道路
地下停车
轨道交通

图 1-3　交通枢纽城市(3 代)概念图

地上高架建设发达的自行车高速路,提升自行车出行环境,减少交通拥堵,促进全民健身,倡导绿色低碳生活,推动体育休闲旅游产业发展。

建筑中部,商业空间之间建设“空中连廊”,通过封闭式空中走廊连接公共建筑空间,供行人通行,创造友善的人行环境,疏解城市交通拥堵,创造和鼓励商业发展,形成城市观景平台。

建筑上部,居住空间之间建设“空中花园”,布置喷泉、雕塑、座椅、绿化、儿童游戏场、体育设施等,形成宜人的居住环境。

建筑顶部,建设“直升机平台”,通过“空中连廊”连接,提供应急救援、通勤运输、观光旅游等航空服务。

# 第二章　概念与定义

《综合客运枢纽术语》(JT/T 1065—2016)、《综合客运枢纽换乘区域设施设备配置要求》(JT/T 1066—2016)界定的以及下列术语和定义适用于本书。

1. 联运交通(multimodal transport)

联合运输的各种交通运输方式(含非机动车和步行),包括航空、铁路、水路、城市轨道交通、公路客运(含机场巴士和旅游巴士)、常规公交(含 BRT)、出租车(含小汽车租赁)、社会车辆、非机动车和步行。

释义:

随着城市交通的发展,交通运输方式的规模日益增大、种类日益增多,交通运输方式间发生联系的概率日益提高,不同交通运输方式间协作运输的需求日益增强。本书定义枢纽中联合运输的各种交通运输方式为联运交通。

2. 交通信息建模(traffic information modeling)

以交通基础设施工程项目的各项供给者信息数据(建筑、道路信息等)、使用者信息数据(人、出行工具信息等)作为模型的基础,进行交通模型的建立,通过数字信息仿真模拟交通基础设施的真实运行状态,给出相应的数字化描述信息。

释义:

交通信息建模技术是一种应用于交通基础设施工程设计、建造、管理的数据化工具,通过参数模型整合各种项目的相关信息,在项目策划、运行和维护的全生命周期过程中进行共享和传递,使工程技术人员对各种供给者信息数据(建筑和道路信息等)、使用者信息数据(人和出行工具信息等)做出正确理解和高效应对,为设计团队、建设单位和运营单位在内的各方建设主体提供协同工作的基础,在提高生产效率、节约成本和缩短工期方面可发挥重要作用。

3. 流线(flow line)

机动车、非机动车和行人集散活动形成的路线。

4. 过境客流量(through passenger volume)

以各种交通运输方式到达但并未离开该交通工具,或未占用枢纽换乘资源的客流量。

5. 日均旅客发送量(annual average daily passenger distributing volume)

年平均日各种交通运输方式(含非机动车和步行)离开枢纽的客流量,不含枢纽过境客流量。

6. 日均旅客到达量(annual average daily passenger collecting volume)

年平均日以各种交通运输方式(含非机动车和步行)到达枢纽的客流量,不包含枢纽过境客流量。

7. 日均旅客集散量(annual average daily passenger flow volume in hub)

枢纽内各种交通运输方式(含非机动车和步行)日均旅客发送量、日均旅客到达量之和。

释义:

枢纽日均旅客集散量体现枢纽规划阶段全日客流量数据,反映了年平均日聚集人数,是衡量枢纽规模的重要指标。

8. 高峰小时旅客集散量(peak hourly passenger volume in hub)

日均旅客集散量中最大的单位小时旅客集散量。

释义:

枢纽高峰小时旅客集散量可通过枢纽日均旅客集散量乘以枢纽高峰小时系数得到。

9. 高峰小时系数(hub peak hourly factor)

高峰小时旅客集散量与日均旅客集散量的比值。

10. 日均旅客换乘量(annual average daily transfer volume)

年平均日枢纽内各种交通运输方式(含非机动车和步行)间换乘的旅客数量。

释义:

日均旅客换乘量是衡量枢纽中各类换乘设施(如集散广场、换乘大厅、换乘通道等)规模的重要指标,通过统计年平均日枢纽内各种交通运输方式(含非机动车及步行)间换乘的旅客数量得到。

11. 循环路(ringroad)

衔接枢纽外围市政道路与枢纽站区,并可供车辆围绕枢纽站区循环进出的道路。

12. 联系路(contacting road)

衔接循环路与各联运交通运输方式场站或下客区的道路,包括枢纽进出匝道。

13. 场内路(station road)

各联运交通运输方式场站内部专供车辆进出和作业使用的道路,包括停车场内部道路。

14. 车道边(curbside)

在建筑人行出入口外,供机动车停靠和旅客上下车的区域。

15. 综合管理信息系统(integrated management information system)

采集枢纽公共区域的车流量、客流量及交通运行状态,并通过交通信息共享机制获得各类交通运输方式的班次、运行状态、客流量等信息;对信息加以综合分析、处理、存储;向旅客发布引导、告知和宣传等信息;建立与交通、安全、应急管理部门和相关行业管理部门互联互通机制的系统。

16. 应急管理系统(emergency response system)

枢纽内发生突发事件时,向有关管理部门报告,并按应急预案提供处置命令的系统。

17. 交通管理系统(traffic management system)

对枢纽公共区域道路交通流进行实时疏导、控制和对突发事件应急反应的管理系统。

18. 客流信息系统(passenger information system)

采集枢纽公共区域和各类交通运输方式场站内的客流实时信息;通过信息板和查询终端发布客流诱导信息,使枢纽内客流有序通行的信息系统。

# PART2 中篇

# 理论与方法

# 第三章 总体设计

本章规定了各类枢纽工程交通一体化设计应遵循的通用原则和要求。

## 第一节 一般规定

(1)枢纽根据其承担的交通功能和服务范围分为城市对外枢纽和城市对内枢纽。城市对外枢纽主要承担城市内外交通转换功能,按照功能定位和客货流情况分为航空枢纽、铁路枢纽、水路枢纽、公路枢纽和综合性枢纽;城市对内枢纽承担市内各联运交通运输方式之间的换乘功能,按照客流情况分为城市轨道交通枢纽和常规公交枢纽。

释义:

枢纽是城市交通的集散中心,根据其承担的交通功能和服务范围分为城市对外枢纽和城市对内枢纽。本书对两种枢纽进行了如下分类:城市对外枢纽主要承担城市内外交通转换功能,服务范围为全部行政区,按照功能定位和主要客货流情况分为航空枢纽(如首都机场,以航空交通为主)、铁路枢纽(如北京南站,以铁路交通为主)、水路枢纽(如天津港客运站,以水路交通为主)、公路枢纽(如北京六里桥枢纽,以公路交通为主)和综合性枢纽(如上海虹桥枢纽,以铁路交通为主,航空和公路交通为辅)。城市对内枢纽承担市内各联运交通运输方式之间的换乘功能,服务范围区域性显著,按照主要客流情况分为城市轨道交通枢纽(如北京宋家庄枢纽,以城市轨道交通客流为主)和常规公交枢纽(如北京东直门枢纽,以常规公交客流为主)。

(2)枢纽基地与各种污染源和易燃易爆场所的距离,应符合安全、卫生和环境保护相关标准的有关规定,并具有良好的供水、排水、能源、通信和道路等市政基础设施条件。枢纽基地高程应符合城市规划要求,并满足城市防洪防涝标准。

释义:

枢纽属于人员密集场所,其建筑基地与易燃易爆物品场所和产生噪声、尘烟、散发有害气体等污染源的距离应进行严格控制,并具有良好的市政基础设施条件。

(3)枢纽中各联运交通运输方式场站及换乘区域应根据枢纽远期交通预测结果进行设计,同时考虑客流高峰期间大客流的影响。初步设计阶段宜进行枢纽交通信息建模,通过仿真评估远期枢纽运行状态,把控设计方案的科学性。随客流变化可增减的运营设备,可按初期或近期的交通预测结果进行规模设计并预留改扩建条件。

释义:

枢纽交通预测年限分为初期、近期和远期。枢纽内设施及设备规模依据远期交通预测结果核算,远期预测具有前瞻性,能更好地从整体上把握住最终设施及设备的标准和规模,使枢纽建设有一个较长的相对稳定期,减少短期改扩建情况。为把控设计方案的科学性和评估远期枢纽运行状态，本书建议在初步设计阶段开展枢纽交通信息建模工作。同时，为避免近期工程过大，又规定“随客流变化可增减的运营设备，可按初期或近期的交通预测结果进行规模设计并预留改扩建条件”。

(4)枢纽总平面布置应合理利用地形条件，近远期结合、因地制宜开发地上、地下全空间交通资源，分散或集中布局，确保客流分布均衡，内外交通衔接顺畅。

释义：

受用地规模的限制及立体零换乘需要，枢纽应在方案科学可行、投资经济合理的前提下尽可能向地上、地下谋求发展空间。各联运交通运输方式场站可视客流情况选择不同组合形态，应确保客流分布均衡，避免单重心过度集中，以便紧急情况下的应急疏散。同时做好内外交通衔接设计，便于人员和车辆快进快出。

(5)枢纽中各联运交通运输方式场站和换乘区域应统筹规划、统一设计、协同运营。

释义：

枢纽中联运交通运输方式场站众多，换乘关系复杂，存在诸多问题，如：①场站多平面布局，空间利用不充分，集散网络不配套，整体运行效率不高；②旅客换乘距离长，出行体验差；③建设方式粗放，各自为政，信息技术应用和开放共享不足。本书提出枢纽工程建设应做到统筹规划、统一设计、协同运营。

(6)枢纽交通组织宜人车分离，可组织单向交通。人行流线组织应优先服务主换乘客流，确保换乘距离最小。车行流线组织应优先服务公共交通，不宜迂回和交叉，进出宜分离。枢纽物业开发客流应独立预测，与交通客流分离设计，独立组织。

释义：

枢纽交通组织应因地制宜，组织方式包括但不限于单进单出、人车分离、车车分离等。换乘距离指两种交通工具间的水平距离，包含楼梯、扶梯、自动步道所占用的水平投影距离。枢纽车流交通组织设计不仅应遵循公共交通优先的原则，还应根据车辆的到发方式、运营特征、发车频率、蓄车需求、出入口和周边道路状况等因素综合确定。枢纽包含物业开发时，两部分车流应使用各自独立的出入口及道路，否则会降低枢纽的运行效率。不经枢纽进出的物业开发人流也不应与枢纽的换乘客流交叉干扰。

(7)枢纽上下客区等旅客服务设施应与旅客换乘空间紧密联系。驻车区、蓄车区、维修、洗车、加油和加气等车辆服务设施宜与旅客换乘空间分离布置，并远离旅客活动区域。管理办公区宜独立设置。

(8)枢纽设计日均旅客集散量大于20万人次/d时，宜设置两个及以上方向的接驳设施和集散道路。

## 第二节　可行性研究

枢纽工程建设项目预可行性研究工作应包括以下内容：

(1)论证枢纽功能定位和建设必要性。

(2)分析枢纽规划与区域土地利用总体规划、城市总体规划和综合交通规划等相关规划的协调性，明确枢纽所在片区的发展定位和用地结构。

(3)分析与枢纽相关的城市轨道交通网络、道路交通网络和对外交通需求等。

(4)明确枢纽选址范围。

(5)确定枢纽联运交通运输方式构成,分析枢纽衔接模式。

(6)匡算枢纽用地规模和建筑规模。

(7)估算项目投资和经济评价。

枢纽工程建设项目可行性研究工作应包括以下内容:

(1)研究枢纽所在城市片区的用地规划和枢纽的功能定位。

(2)研究枢纽对外交通组织方案。

(3)绘制枢纽片区综合交通规划示意图(含枢纽所在城市片区内各联运交通运输方式的线路、站场布局和对外运输通道分布等)。

(4)预测枢纽中各联运交通运输方式客流量和车流量指标。

(5)论证枢纽中各联运交通运输方式场站和换乘空间用地规模和建筑规模。

(6)分析各联运交通运输方式间的衔接技术要求,研究枢纽中各联运交通运输方式间换乘与衔接关系,明确枢纽的组合形态。

(7)依据枢纽中各联运交通运输方式间的功能分工,确定各联运交通运输方式场站功能布局。

(8)绘制各联运交通运输方式换乘关系分析图、枢纽功能分区示意图、拟建项目总平面布置图和旅客换乘流线示意图(涵盖各联运交通运输方式间和不同高程层间的旅客换乘关系)。

(9)论证项目投资和经济评价。

# 第四章　交通预测

本章规定了枢纽中各联运交通运输方式客流量、车流量预测的要求。

## 第一节　一般规定

(1)枢纽交通预测根据预测主体分为枢纽客流量预测和枢纽车流量预测。

(2)枢纽客流量预测包括枢纽旅客集散量预测、各联运交通运输方式旅客发送量和到达量预测以及各联运交通运输方式间旅客换乘量预测。枢纽旅客集散量包括枢纽日均旅客集散量和枢纽高峰小时旅客集散量。各联运交通运输方式间旅客换乘量包括日均旅客换乘量和高峰小时旅客换乘量。

(3)枢纽车流量预测主要针对客流高峰期间枢纽中公路客运(含机场巴士和旅游巴士)、常规公交(含 BRT)、出租车(含小汽车租赁)和社会车辆等各种车辆交通量进行预测。

(4)枢纽交通预测年限以枢纽建成运营年为基准年,分为初期、近期和远期,宜与国民经济与社会发展五年规划的年限对应。初期为建成运营后第 3 ~ 5 年,近期为第 10 年,远期为第 20 年,远景可展望至第 30 年。

释义:

依据功能定位、运量规模等特征,枢纽主体交通运输方式包括航空、铁路、水路、公路客运和城市轨道交通等方式,其对预测年限(初期、近期、远期)有不同的要求;与此同时,目前国内各城市的总体规划年限为 20 年,国民经济与社会发展五年规划年限为 5 年,见表 4-1。本着统一规划的原则,枢纽初期、近期、远期预测年限分别为建成运营后第 3 ~ 5 年、第 10 年、第 20 年,远景为第 30 年。

**预测年限的有关规定**　　表 4-1

| 类　型 | 来　源 | 初期 | 近期 | 远期 |
|---|---|---|---|---|
| 航空 | 《民用机场总体规划规范》(MH 5002—2016) | — | 10 年 | 30 年 |
| 铁路 | 《铁路旅客车站设计规范》(TB 10100—2018) | — | 10 年 | 20 年 |
| 水路 | 《交通客运站建筑设计规范》(JGJ/T 60—2012) | 10 年 | | |
| 公路客运 | 《交通客运站建筑设计规范》(JGJ/T 60—2012) | 10 年 | | |
| 城市轨道交通 | 《城市轨道交通设计规范》(GB 50157—2013) | 3 年 | 10 年 | 25 年 |
| 城市总体规划 | 《中华人民共和国城乡规划法》 | 20 年 | | |
| 国民经济与社会发展五年规划 | — | 5 年 | | |

(5)考虑枢纽所在地区社会经济和交通运输协调发展,枢纽旅客集散宜平衡稳定,即各联

运交通运输方式日均旅客发送量宜等于日均旅客到达量,可有效避免地区人口异常波动。

释义:

枢纽是城市内外交通的集散中心,是航空、铁路、水路和公路客运等对外交通运输方式与所在城市紧密联系的纽带,是城市内部交通运输方式转换和旅客换乘中心。不同城市间和城市内部各片区协同发展更加深入,人口净流入或净流出现象有所缓解,枢纽全年旅客发送总量与到达总量基本相当,并将在未来继续维持。

## 第二节 客流量预测

1. 枢纽集疏运方式划分

枢纽中各联运交通运输方式根据各自功能定位和客流情况,可分为主体交通运输方式和接驳交通运输方式,见表4-2。

枢纽集疏运方式划分　　表4-2

| 枢纽类别 | 主体交通运输方式 | 接驳交通运输方式 | | | | |
|---|---|---|---|---|---|---|
| | | 城市轨道交通 | 常规公交(含BRT) | 出租车(含小汽车租赁) | 社会车辆 | 非机动车及步行 |
| 航空枢纽 | 航空 | √ | √ | √ | √ | √ |
| 铁路枢纽 | 铁路 | √ | √ | √ | √ | √ |
| 水路枢纽 | 水路 | √ | √ | √ | √ | √ |
| 公路枢纽 | 公路客运(含机场巴士和旅游巴士) | √ | √ | √ | √ | √ |
| 综合性枢纽 | 航空、铁路、水路、公路客运(含机场巴士和旅游巴士) | √ | √ | √ | √ | √ |
| 城市轨道交通枢纽 | 城市轨道交通 | — | √ | √ | √ | √ |
| 常规公交枢纽 | 常规公交(含BRT) | — | — | — | — | √ |

2. 主体交通客流量预测

枢纽中各主体交通运输方式日均旅客发送量预测应符合《民用机场总体规划规范》(MH 5002—2016)、《铁路旅客车站设计规范》(TB 10504—2018)、《城市轨道交通客流预测规范》(GB/T 51150—2016)和《汽车客运站级别划分和建设要求》(JT/T 200—2020)等国家现行有关标准的有关规定,可采用现有的预测方法进行预测,见表4-3。

枢纽中各主体交通运输方式日均旅客发送量常用预测方法　　表4-3

| 预测方法 | 航空 | 铁路 | 水路 | 公路客运 | 城市轨道交通 |
|---|---|---|---|---|---|
| 指数平滑法 | √ | √ | √ | √ | √ |
| 回归分析法 | √ | √ | √ | √ | √ |
| 灰色系统模型法 | √ | √ | √ | √ | √ |

续上表

| 预测方法 | 航空 | 铁路 | 水路 | 公路客运 | 城市轨道交通 |
|---|---|---|---|---|---|
| 乘车系数法 | — | √ | — | √ | — |
| 时间序列法 | √ | √ | √ | √ | √ |
| 弹性系数法 | — | √ | √ | √ | √ |
| 增长率统计法 | — | — | √ | √ | — |
| 产值系数法 | — | √ | — | √ | — |
| 四阶段法 | — | √ | — | √ | √ |
| 计量经济模型法 | √ | √ | √ | √ | √ |
| 趋势外推法 | √ | √ | √ | √ | √ |
| 机器学习法 | √ | √ | √ | √ | √ |
| 多项式曲线法 | √ | — | — | — | — |
| 波布加门公式法 | √ | — | — | — | — |
| 类比法 | √ | √ | — | — | √ |
| 专家调查法 | √ | √ | — | — | √ |
| 影响因素分析法 | — | √ | — | — | √ |
| 梯减法 | √ | — | — | — | — |
| 市场界定法 | √ | — | — | — | — |
| 市场份额分析法 | √ | — | — | — | — |
| 综合分析判断法 | √ | — | — | — | — |
| 人均航空出行量分析法 | √ | — | — | — | — |

释义：

枢纽中各主体交通运输方式日均旅客发送量常用预测方法概述见表4-4。

**枢纽中各主体交通运输方式日均旅客发送量常用预测方法及特点概述** 表4-4

| 预测方法 | 方法描述 |
|---|---|
| 指数平滑法 | 通过计算指数平滑值，配合一定的时间序列预测模型对未来的客流量进行预测 |
| 回归分析法 | (1)通过寻求预测对象(交通需求量)和影响预测对象的各种因素(社会、经济指标等)之间的统计规律，建立相应的预测回归方程；<br>(2)所需历史和现实资料较多，资料的获取较困难；<br>(3)预测精度高，但计算复杂，所需数据量大；<br>(4)适于预测对象与其影响因素之间存在因果关系的情况 |
| 灰色系统模型法 | (1)根据少量的、不完全的客流数据，建立灰色微分预测模型，对客流的发展规律作出模糊性的长期描述；<br>(2)不需要大量样本；样本不需要有规律性分布；计算工作量小；定量分析结果与定性分析结果一致；可用于近期、短期、中长期预测；预测准确度高 |
| 乘车系数法 | 根据全国或某一地区一定时期内每人平均乘坐车辆次数来对未来客流作出预测 |
| 时间序列法 | (1)根据预测对象的历史数据推得未来客流的发展趋势；<br>(2)预测所需的数据信息量较小，预测方法简单易行 |

续上表

| 预测方法 | 方法描述 |
|---|---|
| 弹性系数法 | (1)在对一个因素发展变化预测的基础上,通过弹性系数对另一个因素的发展变化作出预测;<br>(2)计算简单,但确定合理的弹性系数难度较大,工作量大;<br>(3)适用于对预测对象的关键影响因素的发展变化趋势有准确把握,而其他影响因素变化不大(或发展趋势平稳)的情况 |
| 增长率统计法 | (1)根据预测对象(如综合交通需求总量)的预计增长速度进行预测;<br>(2)计算简单、所需数据少,但增长率法的关键在于确定增长率,而增长率随着选择年限的不同而存在较大差异,确定合理的增长率难度较大;<br>(3)适用于增长率变化不大,且增长趋势稳定的情况,较适合近期预测 |
| 产值系数法 | (1)根据预测期国民经济指标和每单位产值所引起的客流量来预测的方法;<br>(2)计算简单、所需数据少,但产值系数法的关键在于把握产值系数的变动趋势,而确定合理的产值系数难度较大;<br>(3)适用于区域社会经济发展趋势稳定的情况,可用于中长期预测 |
| 四阶段法 | (1)从全方式居民出行生成预测着手,进而求得居民出行分布预测,再进行出行方式划分预测,最终得到出行分配;<br>(2)能够满足不同预测年限的要求,但预测需要的数据较多,调查及处理工作量较大 |
| 计量经济模型法 | 使用计量经济模型法做客流预测时,步骤如下:<br>(1)根据经济理论构建一个计量经济学方程或联立方程;<br>(2)使用统计数据估计方程,确保提出的方程能拟合数据;<br>(3)假设方程在未来不变,依据此方程做出预测 |
| 趋势外推法 | 根据预测客流的历史时间序列揭示出的变动趋势外推将来,以确定预测值的一种预测方法 |
| 机器学习法 | 将数据进行汇总、转换、融合,最后将数据输入学习器中进行训练并实现客流预测,预测精度高 |
| 多项式曲线法 | 多项式曲线法是曲线趋势形式的一种,它以多项式方程配合时间序列资料的真实曲线趋势,预测未来的客流量 |
| 波布加门公式法 | 常用的吞吐量预测方法,对高速增长的吞吐量预测有一定准确度 |
| 类比法 | 寻找具有一定相似性的已开通的运营线路作为参照,运用参照线路的客流数据进行类比预测 |
| 专家调查法 | 围绕客流预测问题,征询有关专家或权威人士的意见和看法的调查方法 |
| 影响因素分析法 | 该方法凭借分析人员的知识和集体经验对影响客流变化的因素进行分析,简单易行 |
| 梯减法 | 使用梯减法进行客流预测时,具体步骤如下:<br>(1)将全国机场旅客吞吐量预测值分解到各大行政区;<br>(2)将各大行政区域内的机场旅客吞吐量预测值分解到该区域内通航的城市;<br>(3)将通航城市的机场吞吐量预测值分解到该城市所属的各个机场。<br>采用梯减法预测机场旅客吞吐量有两个关键问题:一是全国机场旅客吞吐量的预测精度要高;二是层层分解时,采用权值法,要求权值比较准确 |
| 市场界定法 | 一种思想试验,用于确定企业并购反垄断规制的相关市场范围 |
| 市场份额分析法 | 在分析影响客流变化的因素的基础上对客流做出预测 |
| 综合分析判断法 | 通过有关专业人员作出预测方案 |
| 人均航空出行量分析法 | 通过分析人均航空出行次数对客流作出预测 |

3. 接驳交通换乘比例预测

枢纽中各接驳交通运输方式换乘比例应结合枢纽所在地区社会经济及交通运输发展状态（如城市经济总量、人口规模数量、居民收入水平、机动化发展水平、交通出行结构和公共交通出行比例等）进行预测。本着优先发展公共交通的原则，枢纽中各接驳交通运输方式换乘比例取值可按表4-5选定。

**枢纽中各接驳交通运输方式换乘比例（%）取值** 表4-5

| 主体交通运输方式 | 接驳交通运输方式 | | | | |
|---|---|---|---|---|---|
| | 城市轨道交通 | 常规公交（含BRT） | 出租车（含小汽车租赁） | 社会车辆 | 非机动车及步行 |
| 航空 | 50～70 | | 10～25 | 10～25 | 0～5 |
| 铁路 | 50～70 | | 10～25 | 10～25 | 0～5 |
| 水路 | 50～70 | | 10～25 | 10～25 | 0～5 |
| 公路客运（含机场巴士和旅游巴士） | 50～70 | | 10～25 | 10～25 | 0～5 |
| 城市轨道交通 | — | 25～45 | 0～10 | 0～15 | 30～70 |

释义：

目前，对于枢纽换乘客流的研究主要有基于物元分析法的城市轨道交通换乘枢纽评价模型、城市枢纽内多种交通运输方式换乘分担率模型等，而对于枢纽内各交通运输方式换乘比例的研究相对较少。基于既有枢纽换乘客流统计数据，结合枢纽所在地区社会经济及交通运输发展状态，如城市经济总量、人口规模数量、居民收入水平、机动化发展水平、交通出行结构和公共交通出行比例等，本着优先发展公共交通的原则，对枢纽中各接驳交通运输方式换乘比例取值进行界定。

4. 接驳交通客流量预测

枢纽中各接驳交通运输方式日均旅客发送量宜按式(4-1)计算求得：

$$V_{\mathrm{AADPD},M_{\mathrm{T},j}} = \sum_{i=1}^{i=n} V_{\mathrm{AADPD},M_{\mathrm{T},i}} \times P_{\mathrm{T},M_{\mathrm{T},i}M_{\mathrm{T},j}} \tag{4-1}$$

式中：$V_{\mathrm{AADPD},M_{\mathrm{T},j}}$——接驳交通运输方式$M_{\mathrm{T},j}$日均旅客发送量，人次/d；

$V_{\mathrm{AADPD},M_{\mathrm{T},i}}$——主体交通运输方式$M_{\mathrm{T},i}$日均旅客发送量，人次/d；

$n$——接驳交通运输方式$M_{\mathrm{T},j}$服务的主体交通运输方式总数量，个；

$P_{\mathrm{T},M_{\mathrm{T},i}M_{\mathrm{T},j}}$——接驳交通运输方式$M_{\mathrm{T},j}$占主体交通运输方式$M_{\mathrm{T},i}$换乘客流比例，通常，取值可按表4-5选定。

5. 联运交通换乘量预测

(1)依据“到发守恒”原则，即各联运交通运输方式日均旅客发送量宜等于日均旅客到达量，计算枢纽换乘比例分布，见表4-6。

枢纽换乘比例分布 表 4-6

| 交通方式(D) | 交通方式(O) | | | | 合计(%) |
|---|---|---|---|---|---|
| | $M_{T,1}$ | …… | $M_{T,n}$ | …… | |
| $M_{T,1}$ | — | …… | $P_{T,M_{T,1}M_{T,n}}$ | …… | 100.0 |
| …… | …… | — | …… | …… | 100.0 |
| $M_{T,n}$ | $P_{T,M_{T,n}M_{T,1}}$ | …… | — | …… | 100.0 |
| …… | …… | …… | …… | — | 100.0 |

(2)换乘矩阵中的 $P_{T,M_{T,i}M_{T,j}}$ 存在式(4-2)所列斜对角线对称关系:

$$P_{T,M_{T,j}M_{T,i}} = \frac{P_{T,M_{T,i}M_{T,j}} \times V_{AADPD,M_{T,i}}}{V_{AADPD,M_{T,j}}} \tag{4-2}$$

(3)联运交通换乘量可按式(4-3)计算求得:

$$V_{ITT,M_{T,i}M_{T,j}} = V_{AADPD,M_{T,i}} \times P_{T,M_{T,i}M_{T,j}} \tag{4-3}$$

式中:$V_{ITT,M_{T,i}M_{T,j}}$——交通运输方式 $M_{T,j}$ 换乘交通运输方式 $M_{T,i}$ 的日均换乘量,人次/d。

## 第三节 车流量预测

(1)客流高峰期间枢纽中各种车辆交通量宜按式(4-4)计算求得:

$$V_{PH} = \frac{V_{AADPD} \times PHF \times SPF}{C} \tag{4-4}$$

式中:$V_{PH}$——某一联运交通运输方式高峰小时交通量(自然量),veh/h;

$V_{AADPD}$——某一联运交通运输方式日均旅客发送量,人次/d;

PHF——枢纽高峰小时系数,即枢纽高峰小时旅客集散量与枢纽日均旅客集散量比值,通常,取值可按表 4-7 选定;

SPF——超高峰系数,根据枢纽功能定位及客流特征等因素综合确定,通常取值 1.1 ~ 1.4;

$C$——某一联运交通运输方式车辆平均载客人数(不含驾驶员),人。

枢纽高峰小时系数取值 表 4-7

| 等　级 | 设计年度枢纽日均旅客集散量(万人次/d) | PHF |
|---|---|---|
| 特级 | ≥80 | 0.08 |
| 一级 | 40(含)~80 | 0.09 ~ 0.08 |
| 二级 | 20(含)~40 | 0.1 ~ 0.09 |
| 三级 | 10(含)~20 | 0.12 ~ 0.1 |
| 四级 | <10 | 0.15 ~ 0.12 |

释义:

参考《机场设施计算中高峰小时旅客量的确定》和《城际铁路车站高峰小时客流量计算方法探讨》的研究成果,枢纽高峰小时系数根据枢纽的类别、规模、所在城市的位置以及周边土地开发现状与规划，参照地方经验数据，在设计时综合确定。

(2)客流高峰期间枢纽中各种车辆交通量由自然值换算成当量值，应采用4～5座的小客车为标准车型，各种车辆的换算系数可按表4-8选定。

车辆换算系数　　表4-8

| 车辆类型 | 小客车 | 大客车 | 大型货车 | 铰接客车 |
| --- | --- | --- | --- | --- |
| 典型车型 | 出租车(含小汽车租赁)、社会车辆 | 公路客运车(含机场巴士和旅游巴士)、常规公交(含BRT) | 集装箱货车 | 常规公交(含BRT) |
| 换算系数 | 1.0 | 2.0 | 2.5 | 3.0 |

释义：

枢纽涉及车辆主要有公路客运(含机场巴士和旅游巴士)、常规公交(含BRT)、出租车(含小汽车租赁)、社会车辆和集装箱货车，根据《城市道路工程设计规范(2016年版)》(CJJ 37—2012)对车辆换算系数的规定，对枢纽涉及车辆换算系数进行规定。

# 第五章　交通场站

本章规定了枢纽中公路客运（含机场巴士和旅游巴士）场站、常规公交（含 BRT）场站、出租车（含小汽车租赁）场站、社会车辆停车场和非机动车（含二轮电动和摩托车）停车场的设计要求。

## 第一节　一般规定

枢纽中公路客运（含机场巴士和旅游巴士）场站、常规公交（含 BRT）场站、出租车（含小汽车租赁）场站、社会车辆停车场和非机动车（含二轮电动和摩托车）停车场等联运交通运输方式场站应统筹规划、设计，应符合《综合客运枢纽公共区域总体设计要求》（JT/T 1115—2017）的有关规定。

## 第二节　公路客运（含机场巴士和旅游巴士）场站

（1）公路客运（含机场巴士和旅游巴士）场站设计应符合《交通客运站建筑设计规范》（JGJ/T 60—2012）和《汽车客运站级别划分和建设要求》（JT/T 200—2020）的有关规定。

（2）公路客运场站客运用地面积宜按式（5-1）计算求得：

$$A_{L,ICB} = \frac{V_{AADPD,ICB} \times A_{L,ICB100}}{100} \tag{5-1}$$

式中：$A_{L,ICB}$——公路客运场站客运用地面积，$m^2$；

$V_{AADPD,ICB}$——公路客运日均旅客发送量，人次/d；

$A_{L,ICB100}$——公路客运场站每百人客运用地面积，$m^2$/百人，取值可按表 5-1 选定。

**公路客运场站每百人客运用地面积取值**　　表 5-1

| 等级 | 设计年度的日均旅客发送量（人次/d） | | 每百人客运用地面积（$m^2$/百人） |
|---|---|---|---|
| | 一般车站 | 旅游车站、国际车站和综合客运枢纽内的车站 | |
| 一级 | ≥5000 | ≥2000 | 360 |
| 二级 | 2000（含）～5000 | 1000（含）～2000 | 400 |
| 三级 | 300（含）～2000 | | 500 |
| 便捷 | <300 | | 500 |

释义：

本条参考《汽车客运站级别划分和建设要求》（JT/T 200—2004）给出的车站占地面积

指标。

(3)公路客运旅客最高聚集人数宜按式(5-2)计算求得:

$$P_{\max,\mathrm{ICB}} = V_{\mathrm{AADPD,ICB}} \times \mathrm{PCF}_{\mathrm{ICB}} \tag{5-2}$$

式中:$P_{\max,\mathrm{ICB}}$——公路客运旅客最高聚集人数,人;

$\mathrm{PCF}_{\mathrm{ICB}}$——公路客运高峰聚集系数,取值可按表5-2选定。

**公路客运高峰聚集系数取值** 表5-2

| 等级 | 设计年度的日均旅客发送量(人次/d) | | $\mathrm{PCF}_{\mathrm{ICB}}$ |
|---|---|---|---|
| | 一般车站 | 旅游车站、国际车站和综合客运枢纽内的车站 | |
| 一级 | ≥5000 | ≥2000 | 0.1~0.08 |
| 二级 | 2000(含)~5000 | 1000(含)~2000 | 0.12~0.1 |
| 三级 | 300(含)~2000 | | 0.2~0.12 |
| 便捷 | <300 | | 0.3~0.2 |

释义:

本条参考《汽车客运站级别划分和建设要求》(JT/T 200—2020)给出的旅客最高聚集人数计算百分比。

(4)公路客运站房客运建筑面积宜按式(5-3)计算求得:

$$A_{\mathrm{SPS,ICB}} = P_{\max,\mathrm{ICB}} \times A_{\mathrm{SPS,ICB1}} \tag{5-3}$$

式中:$A_{\mathrm{SPS,ICB}}$——公路客运站房客运建筑面积,$\mathrm{m}^2$;

$A_{\mathrm{SPS,ICB1}}$——公路客运站房人均客运建筑面积,$\mathrm{m}^2$/人,通常取值5~8。

释义:

公路客运站房人均客运建筑面积参考《铁路旅客车站设计规范》(TB 10100—2018)给出的中、小型铁路客站站房人均建筑面积指标进行站房建筑面积控制,取值为5~8$\mathrm{m}^2$/人。

(5)公路客运日均发车班次宜按式(5-4)计算求得:

$$D_{\mathrm{D,ICB}} = \frac{V_{\mathrm{AADPD,ICB}} \times (1-\xi) \times \beta}{C_{\mathrm{V,ICB}} \times R_{\mathrm{VDL,ICB}}} \tag{5-4}$$

式中:$D_{\mathrm{D,ICB}}$——公路客运日均发车班次,班次/d;

$\xi$——公路客运过站车可载率,即过站客车可载客量与车站日均旅客发送量之比;

$C_{\mathrm{V,ICB}}$——公路客运车辆额定载客量,人/辆;

$R_{\mathrm{VDL,ICB}}$——公路客运车辆始发乘载率;

$\beta$——不均衡系数,通常取值1.15。

释义:

本条参考《汽车客运站级别划分和建设要求》(JT/T 200—2020)给出的日均发车班次的计算方法。

(6)公路客运发车位数量宜按式(5-5)计算求得:

$$N_{\mathrm{D,ICB}} = \frac{P_{\max,\mathrm{ICB}} \times (1-\xi) \times k}{C_{\mathrm{V,ICB}} \times R_{\mathrm{VDL,ICB}} \times F_{\mathrm{DPH,ICB}}} \tag{5-5}$$

式中：$N_{D,ICB}$——公路客运发车位数量，个；

$F_{DPH,ICB}$——公路客运高峰小时单位发车位发车频率，班次/h，通常取值2~3；

$k$——公路客运发车位增设系数，即考虑到达客车和过站客车停靠需增加车位的系数，通常取值1.2。

释义：

本条参考《汽车客运站级别划分和建设要求》(JT/T 200—2020)给出的发车位数量的计算方法。通过调查，公路客运高峰期间通常发车间隔为20~30min/班。

(7)公路客运发车位面积宜按式(5-6)计算求得：

$$A_{D,ICB} = N_{D,ICB} \times 4 \times A_{PC,ICB} \tag{5-6}$$

式中：$A_{D,ICB}$——公路客运发车位面积，$m^2$；

$A_{PC,ICB}$——客车投影面积，$m^2$。

释义：

本条参考《汽车客运站级别划分和建设要求》(JT/T 200—2020)给出的发车位面积的计算方法。

(8)公路客运停车场用地面积宜按式(5-7)计算求得：

$$A_{PL,ICB} = 5 \times N_{DS,ICB} \times 3.5 \times A_{PC,ICB} \tag{5-7}$$

式中：$A_{PL,ICB}$——公路客运停车场用地面积，$m^2$。

释义：

本条参考《汽车客运站级别划分和建设要求》(JT/T 200—2020)给出的停车场面积的计算方法。

## 第三节　常规公交(含BRT)场站

(1)常规公交(含BRT)场站应采用车身长度为7~10m(含)的单节单层公共汽车(如640型单节公共汽车)为标准车型设计各类设施，应符合《城市综合交通体系规划标准》(GB/T 51328—2018)和《城市道路公共交通站、场、厂工程设计规范》(CJJ/T 15—2011)的有关规定。各类常规公交车辆的换算系数可按表5-3选定。

常规公交车辆换算系数　　表5-3

| 典型车型 | 车长(m) | 换算系数 |
|---|---|---|
| 小公共汽车 | 5~7(含) | 0.7 |
| 640型单节公共汽车 | 7~10(含) | 1.0 |
| 650型单节公共汽车 | 10~13(含) | 1.3 |
| ≥660型铰接公共汽车 | 13~16(含) | 1.7 |
|  | 16~18(含) | 2.0 |
|  | >18 | 2.5 |
| 双层公共汽车 | 双层 | 1.9 |

注：无轨电车的换算系数与等长的公共汽车相同。

释义：

本条参考《城市综合交通体系规划标准》(GB/T 51328—2018)给出的各类型公共汽(电)车车辆换算系数。

(2)常规公交(含 BRT)场站宜采用停发分离的运营模式，场站设计主要满足交通供应需求，不进行夜间停车和维护服务，以提高场站利用率、降低投资规模。

释义：

常规公交(含 BRT)场站通常采用停发统一和停发分离两种运营模式。当用地资源丰富时，通常采用停发统一模式，便于车辆非运营时间停车、清洁、加油气(充电)和维修维护服务。枢纽中联合运输的交通运输方式种类众多，用地相对局促，场站设计主要满足交通供应需求，通常停发分离，不进行夜间停车和维护服务，以提高场站利用率、降低投资规模。

(3)常规公交班线数量宜按式(5-8)计算求得：

$$N_{L,B}=\frac{V_{AADPD,B}\times PHF\times SPF}{C_{V,B}\times R_{VDL,B}\times F_{DPH,B}\times N_{PSL,B}} \tag{5-8}$$

式中：$N_{L,B}$——常规公交班线数量，条；

$V_{AADPD,B}$——常规公交日均旅客发送量，人次/d；

$C_{V,B}$——常规公交车辆额定载客量，人/辆；

$R_{VDL,B}$——常规公交车辆始发乘载率；

$F_{DPH,B}$——常规公交高峰小时单位站台发车频率，班次/h，通常取值 3～12；

$N_{PSL,B}$——常规公交单条线路设置停靠站台数量，个。

释义：

通过数据收集和实际调查，常规公交高峰小时单位站台发车间隔通常为 5～20min/辆。

(4)常规公交站台数量宜按式(5-9)计算求得：

$$N_{P,B}=N_{L,B}\times N_{PSL,B} \tag{5-9}$$

式中：$N_{P,B}$——常规公交站台数量，个。

(5)常规公交配车(标准车)数量宜按式(5-10)计算求得：

$$N_{VS,B}=N_{L,B}\times N_{VSSL,B} \tag{5-10}$$

式中：$N_{VS,B}$——常规公交配车(标准车)数量，veh；

$N_{VSSL,B}$——常规公交单条线路平均配车(标准车)数量，veh/条，通常取值 15～20。

释义：

通过数据收集和实际调查，常规公交单条线路平均配车 10～40 辆，如广州 21 辆、深圳 20 辆。

(6)常规公交场站综合用地(含作业用地、办公用地和停车用地等)面积宜按式(5-11)计算求得：

$$A_{L,B}=N_{VS,B}\times P_{S,B}\times A_{L,B1} \tag{5-11}$$

式中：$A_{L,B}$——常规公交场站综合用地面积，$m^2$；

$P_{S,B}$——常规公交统计用地车辆(标准车)数量与常规公交配车(标准车)数量比值，夜间停车时取值 100%，不进行夜间停车时取值 60%，其他情况采用加权平均法计算取值；

$A_{L,B1}$——常规公交平均场站综合用地面积，$m^2$/辆，通常取值80～120。

释义：

本条参考《城市道路公共交通站、场、厂工程设计规范》(CJJ/T 15—2011)给出的常规公交场站用地的有关规定。

(7)用地狭长或高低错落时常规公交场站综合用地面积应增加50%。

释义：

本条参考《城市道路公共交通站、场、厂工程设计规范》(CJJ/T 15—2011)给出的常规公交场站用地的有关规定。

(8)常规公交作业用地(含回车道、行车道、候车亭和下客区等)面积宜按式(5-12)计算求得：

$$A_{WL,B} = N_{VS,B} \times P_{S,B} \times A_{WL,B1} \tag{5-12}$$

式中：$A_{WL,B}$——常规公交作业用地面积，$m^2$；

$A_{WL,B1}$——常规公交平均作业用地面积，$m^2$/辆，取值不应小于20。

释义：

本条参考《城市道路公共交通站、场、厂工程设计规范》(CJJ/T 15—2011)给出的常规公交场站用地的有关规定。

(9)常规公交办公用地(含管理、调度、监控、职工休息和餐饮等)面积宜按式(5-13)计算求得：

$$A_{OL,B} = N_{VS,B} \times P_{S,B} \times A_{OL,B1} \tag{5-13}$$

式中：$A_{OL,B}$——常规公交办公用地面积，$m^2$；

$A_{OL,B1}$——常规公交平均办公用地面积，$m^2$/辆，通常取值2～3。

释义：

本条参考《城市道路公共交通站、场、厂工程设计规范》(CJJ/T 15—2011)给出的常规公交场站用地的有关规定。

(10)常规公交停车用地面积宜按式(5-14)计算求得：

$$A_{PL,B} = N_{VS,B} \times P_{S,B} \times A_{PL,B1} \tag{5-14}$$

式中：$A_{PL,B}$——常规公交停车用地面积，$m^2$；

$A_{PL,B1}$——常规公交平均停车用地面积，$m^2$/辆，取值不应小于58。

释义：

本条参考《城市道路公共交通站、场、厂工程设计规范》(CJJ/T 15—2011)给出的常规公交场站用地的有关规定。

(11)常规公交绿化及储备用地面积不宜小于综合用地的20%。考虑集约用地，绿化宜与集散广场统一规划，常规公交场站可不单独设计绿化用地。

释义：

本条参考《城市道路公共交通站、场、厂工程设计规范》(CJJ/T 15—2011)给出的常规公交场站用地的有关规定。

(12)常规公交高峰小时发车班次宜按式(5-15)计算求得:

$$D_{PH,B} = N_{L,B} \times N_{PSL,B} \times F_{DPH,B} \tag{5-15}$$

式中:$D_{PH,B}$——常规公交高峰小时发车班次,班次/h。

## 第四节　出租车(含小汽车租赁)场站

(1)出租车(含小汽车租赁)场站设计应采用出租小汽车(车长为3.6~5.0m)为标准车型设计各类设施,应符合《城市道路公共交通站、场、厂工程设计规范》(CJJ/T 15—2011)的有关规定。

(2)出租车上客位数量宜按式(5-16)计算求得:

$$N_{PU,T} = \frac{V_{AADPD,T} \times PHF \times SPF \times (T_{PU,V1} + T_{AD,V})}{C_T \times 3600} \tag{5-16}$$

式中:$N_{PU,T}$——出租车上客位数量,个;

$V_{AADPD,T}$——出租车日均旅客发送量,人次/d;

$T_{PU,V1}$——单位车辆上客时间,s/辆,小客车通常取值6~26;

$T_{AD,V}$——单位车辆进出车位加减速时间,s/辆,小客车通常取值20~30;

$C_T$——出租车平均载客人数(不含驾驶员),人/辆,通常取值1.4~1.6。

释义:

通过数据收集和实际调查,见表5-4、表5-5,推荐出租车平均载客人数取值宜为1.4~1.6人/辆,上客时间取值宜为6~26s/辆,进出车位加减速时间(进车位减速时间、出车位加速时间合计)取值宜为20~30s/辆。

**枢纽内出租车平均载客人数**　　表5-4

| 枢纽名称 | 平均载客人数(人/辆) | 均　值 |
|---|---|---|
| 上海虹桥国际机场 | 1.4 | 1.5 |
| 上海浦东国际机场 | 1.5 | |
| 北京首都国际机场T3 | 1.4 | |
| 北京西站 | 1.6 | |

**上客区小客车上客时间**　　表5-5

| 分　类 | 北京南站 | 北京西站 | 北京首都国际机场T3 | 上海浦东国际机场 | |
|---|---|---|---|---|---|
| | | | | 国内 | 国际 |
| 无行李旅客平均上客时间(s) | 6 | 8 | — | 8 | |
| 有行李旅客平均上客时间(s) | 17 | 26 | 26 | 18 | |

注:上客时间为车辆停下来后旅客准备上车到上车完成的时间,包括装行李时间和旅客上车时间。

(3)出租车蓄车泊位数量宜按式(5-17)计算求得:

$$N_{P,T} = \sum_{i=1}^{i=n} \frac{V_{AADPD,T_i} \times PHF \times SPF \times T_{PHP,T_i}}{C_T} \tag{5-17}$$

式中：$N_{P,T}$——出租车蓄车泊位数量，个；

$V_{AADPD,T_i}$——出租车接驳某一主体交通运输方式日均旅客到达量，人次/d；

$T_{PHP,T_i}$——出租车接驳某一主体交通运输方式高峰小时蓄车区平均候车时间，h/辆，通常取值可按表 5-6 选定。

出租车接驳高峰小时蓄车区平均候车时间　　表 5-6

| 接驳类型 | $T_{PHP,T_i}$(h/辆) | 接驳类型 | $T_{PHP,T_i}$(h/辆) |
|---|---|---|---|
| 接驳航空 | 1.5 | 接驳公路客运 | 0.5 |
| 接驳铁路 | 0.5 | 接驳城市轨道交通 | 0.1 |
| 接驳水路 | 0.5 | | |

释义：

枢纽到达旅客具有“大量”而“阵歇”的特点，因此出租车也必须符合客流特征，“大量”而“阵歇”地提供，动态性地储备至快速疏散旅客所必需的数量，以满足旅客到达后对出租车的需求。出租车候车时间的长短与枢纽在城市的位置、枢纽类型等密切相关。航空枢纽出租车候车时间与机场到港、离港航班的规律相关，机场到港、离港航班高峰时段间隔较大，导致出租车候车时间过长。铁路枢纽火车到发高峰时段间隔较小，出租车候车时间相对较短。受现行交通管理政策影响，出租车接驳城市轨道交通通常站外短时停留。

(4)出租车场站综合用地(含停车作业用地和办公用地等)面积宜按式(5-18)计算求得：

$$A_{L,T} = (N_{PU,T} + N_{P,T}) \times A_{L,T1} \tag{5-18}$$

式中：$A_{L,T}$——出租车场站综合用地面积，$m^2$；

$A_{L,T1}$——出租车车均场站综合用地面积，$m^2$/辆，取值不应小于 32。

释义：

本条参考《城市道路公共交通站、场、厂工程设计规范》(CJJ/T 15—2011)给出的出租车场站用地的有关规定。

(5)出租车停车作业用地(含上客区和蓄车区等)面积宜按式(5-19)计算求得：

$$A_{WL,T} = (N_{PU,T} + N_{P,T}) \times A_{WL,T1} \tag{5-19}$$

式中：$A_{WL,T}$——出租车停车作业用地面积，$m^2$；

$A_{WL,T1}$——出租车车均停车作业用地面积，$m^2$/辆，取值不应小于 26。

释义：

本条参考《城市道路公共交通站、场、厂工程设计规范》(CJJ/T 15—2011)给出的出租车场站用地的有关规定。

(6)出租车办公用地(含管理、调度、监控、职工休息和餐饮等)面积宜按式(5-20)计算求得：

$$A_{OL,T} = (N_{PU,T} + N_{P,T}) \times A_{OL,T1} \tag{5-20}$$

式中：$A_{OL,T}$——出租车办公用地面积，$m^2$；

$A_{OL,T1}$——出租车车均办公用地面积，$m^2$/辆，取值不应小于 6。

释义：

本条参考《城市道路公共交通站、场、厂工程设计规范》(CJJ/T 15—2011)给出的出租车场站用地的有关规定。

(7)出租车场站宜分别在停车用地和办公用地中划出一定规模的用地用于小汽车有偿租赁服务。

释义：

汽车租赁是满足人民群众个性化出行、商务活动、公务活动和旅游休闲等需求的交通服务方式。为推动移动互联网与汽车租赁业的融合发展、加强汽车租赁与不同交通运输方式的换乘衔接、更好满足人民群众多层次出行需求，机场、火车站、汽车站、港口等枢纽宜同步建设汽车租赁营业网点，引入共享汽车，推进汽车分时租赁服务，实现城市自由行，促进绿色便捷出行。

## 第五节　社会车辆停车场

(1)社会车辆停车场应采用小客车为标准车型设计各类设施，应符合《城市公共停车场工程项目建设标准》(建标 128—2010)和《车库建筑设计规范》(JGJ 100—2015)的有关规定。

(2)社会车辆停车泊位数量宜按式(5-21)计算求得：

$$N_{\mathrm{P,PV}}=\sum_{i=1}^{i=n}\frac{V_{\mathrm{AADPD,PV}_i}\times \mathrm{PHF}\times \mathrm{SPF}\times \gamma}{C_{\mathrm{PV}}\times R_{\mathrm{PHTP,PV}_i}} \tag{5-21}$$

式中：$N_{\mathrm{P,PV}}$——社会车辆停车泊位数量，个；

$\gamma$——社会车辆年第30位停车需求量与年平均日停车需求量比值，通常取值1.4～1.6；

$V_{\mathrm{AADPD,PV}_i}$——社会车辆接驳某一主体交通运输方式日均旅客到达量，人次/d；

$C_{\mathrm{PV}}$——社会车辆平均载客人数(不含驾驶员)，人/辆，通常取值1.7～2.0；

$R_{\mathrm{PHTP,PV}_i}$——社会车辆接驳某一主体交通运输方式高峰小时泊位周转率，辆/(h·泊位)，通常取值可按表5-7选定。

社会车辆接驳高峰小时泊位周转率　　表5-7

| 接驳类型 | $R_{\mathrm{PHTP,PV}_i}$[辆/(h·泊位)] | 接驳类型 | $R_{\mathrm{PHTP,PV}_i}$[辆/(h·泊位)] |
|---|---|---|---|
| 接驳航空 | 0.7 | 接驳公路客运 | 1.0 |
| 接驳铁路 | 1.0 | 接驳城市轨道交通 | 0.3 |
| 接驳水路 | 1.0 | | |

释义：

通过数据收集和实际调查，见表5-8，推荐社会车辆平均载客人数取值宜为1.7～2.0人/辆，平均停车时间取值宜为1～4h/辆，铁路及公路枢纽取值宜为1h/辆，航空取值宜为1.5h/辆，城市轨道交通取值宜为4h/辆。

枢纽内社会车辆平均载客人数　　表5-8

| 枢纽名称 | 平均载客人数(人/辆) | 均值 |
|---|---|---|
| 上海虹桥国际机场 | 1.8 | 1.8 |
| 上海浦东国际机场 | 2.0 | |
| 北京首都国际机场T3 | 1.7 | |

(3)社会车辆停车场应配置不低于停车泊位数量15%的充电设施或预留建设安装条件，并设置不低于停车泊位数量1%的无障碍停车位。

释义：

为适应地区电动汽车发展规划及充电基础设施建设规划，住房和城乡建设部出台国家标准《城市停车规划规范》(GB/T 51149—2016)，国内各地也相继出台了公共停车场配建公用充电设施标准。通过数据收集和实际调查，见表5-9，推荐社会车辆停车场应配置不低于停车泊位数量15%的充电设施或预留建设安装条件。

公共停车场配建公用充电设施比例　表5-9

| 城市(出处) | 公共停车场配建公用充电设施比例(%) | 备　注 |
|---|---|---|
| 《城市停车规划规范》(GB/T 51149—2016) | ≥10 | |
| 北京 | ≥10 | |
| 上海 | ≥10 | |
| 广州 | ≥18 | |
| 深圳 | 30 | |
| 山东 | ≥15 | |
| 海南 | ≥20 | |
| | ≥10 | 枢纽配建停车场 |
| 福建 | ≥20 | |
| 天津 | ≥10 | |
| 长沙 | ≥20 | |

(4)社会车辆停车用地面积或建筑面积宜按式(5-22)计算求得：

$$A_{PL,PV} = N_{P,PV} \times A_{PL,PV1} \tag{5-22}$$

式中：$A_{PL,PV}$——社会车辆停车用地面积或建筑面积，$m^2$；

$A_{PL,PV1}$——社会车辆车均停车用地面积或建筑面积，$m^2$/辆，机械式停车库通常取值15～25，地面停车场通常取值25～30，地下停车库或地上停车楼通常取值30～40。

释义：

本条参考《城市公共停车场工程项目建设标准》(建标128—2010)、《车库建筑设计规范》(JGJ 100—2015)给出的社会车辆停车用地面积或建筑面积的有关规定。

(5)社会车辆车均停放时间宜按式(5-23)计算求得：

$$T_{AP,PV} = \frac{\sum_{i=1}^{i=n} 1/R_{PHTP,PV_i} \times V_{AADPD,PV_i}}{\sum_{i=1}^{i=n} V_{AADPD,PV_i}} \times 60 \tag{5-23}$$

式中：$T_{AP,PV}$——社会车辆车均停放时间，min。

## 第六节　非机动车(含二轮电动和摩托车)停车场

(1)非机动车停车场应采用自行车为标准车型设计各类设施,应符合《城市综合交通体系规划标准》(GB/T 51328—2018)和《车库建筑设计规范》(JGJ 100—2015)的有关规定。各类非机动车和二轮摩托车车辆的换算系数可按表5-10选定。

非机动车和二轮摩托车车辆换算系数　　表5-10

| 车辆车型 | 典型车型 | 换算系数 |
|---|---|---|
| 非机动车 | 自行车 | 1.0 |
| | 电动自行车 | 1.2 |
| | 机动轮椅车 | 1.5 |
| | 三轮车 | 3.0 |
| 二轮摩托车 | — | 1.5 |

释义:

本条参考《城市综合交通体系规划标准》(GB/T 51328—2018)、《车库建筑设计规范》(JGJ 100—2015)给出的非机动车和二轮摩托车车辆换算系数的有关规定。

(2)非机动车停车场宜结合集散广场设置于地面,并配备防雨设施。

(3)非机动车停车场宜规划一定数量的停车位用于公共租赁服务。

(4)非机动车停车泊位数量宜按式(5-24)计算求得:

$$N_{P,NV} = \sum_{i=1}^{i=n} \frac{V_{AADPC,NV} \times PHF \times SPF \times P_{P,NV_i}}{R_{PHTP,NV_i}} \tag{5-24}$$

式中:$N_{P,NV}$——非机动车停车泊位数量,个;

$V_{AADPC,NV}$——非机动车日均旅客到达量,人次/d;

$P_{P,NV_i}$——非机动车不同接驳形式(私有、公共租赁)比例;

$R_{PHTP,NV_i}$——非机动车不同接驳形式(私有、公共租赁)高峰小时泊位周转率,辆/(h·泊位),通常取值可按表5-11选定。

非机动车接驳高峰小时泊位周转率　　表5-11

| 接驳类型 | $R_{PHTP,NV_i}$[辆/(h·泊位)] | 接驳类型 | $R_{PHTP,NV_i}$[辆/(h·泊位)] |
|---|---|---|---|
| 私有化接驳 | 0.3 | 公共租赁接驳 | 2.0 |

释义:

通过数据收集和实际调查,推荐非机动车平均停车时间取值宜为0.5~4h/辆,公共租赁接驳取值宜为0.5h/辆,私有化接驳取值宜为4h/辆。

(5)非机动车停车用地面积或建筑面积宜按式(5-25)计算求得:

$$A_{PL,NV} = N_{P,NV} \times A_{PL,NV1} \tag{5-25}$$

式中:$A_{PL,NV}$——非机动车停车用地面积或建筑面积,$m^2$;

$A_{PL,NV1}$——非机动车车均停车用地面积或建筑面积，$m^2$/辆，通常取值1.5～2.5。

释义：

通过数据收集和实际调查，推荐非机动车（含二轮电动和摩托车）停车用地面积或建筑面积取值宜为1.5～2.5$m^2$/辆。

# 第六章　道路交通

本章规定了枢纽停车区和内部道路等道路交通设施设计的要求。

## 第一节　一般规定

枢纽中停车区和内部道路等道路交通设施应统筹规划和设计,衔接内部交通场站和外部市政道路。

## 第二节　停车区

(1)当枢纽中各种车辆下客区车道边统一布置时,大客车车道边宜靠近枢纽建筑出入口布置。

释义:

大客车停靠时间较长,并且车均人数较多,如果布置在外侧,则对内部小客车车道边横向干扰较大,因此建议在内侧布置大客车车道边,外侧布置小客车车道边。

(2)下客区车道边各种车辆占用道边资源应采用4~5座的小客车为车辆单位,各种车辆的换算系数可按表6-1选定。

车辆占用道边资源换算系数　　表6-1

| 车辆类型 | 小客车 | 大客车 |
|---|---|---|
| 换算系数 | 1.0 | 12.0 |

释义:

下客区小客车、大客车可独立组织,也可混合布置。为便于统一设计,结合不同车型车辆性能、尺寸、载客人数等因素,以小客车为标准车,设计下客区各种车辆占用道边资源换算系数。

(3)下客区车道边的设计通行能力应符合表6-2的规定。

下客区车道边设计通行能力　　表6-2

| 车道边布置形式 | 车道数 | 100m标准段设计通行能力(pcu/h) |
|---|---|---|
| 1号道(外缘道) | 2 | 490 |
| | 3 | 600 |
| 2号道 | 2 | 400 |
| | 3 | 520 |
| 3号道 | 2 | 270 |
| | 3 | 370 |

释义：

结合既有研究《枢纽车道边设计方法》和表6-1给出的各种车辆占用道边资源换算系数，综合确定下客区100m标准段中不同形式下的车道边设计通行能力。车道边设置超过三组时，横向干扰较大，应谨慎使用三组以上的车道边布置形式。

(4)枢纽中各种车辆下客位数量宜按式(6-1)计算求得：

$$N_{\mathrm{DO}} = \frac{V_{\mathrm{AADPC}} \times \mathrm{PHF} \times \mathrm{SPF} \times (T_{\mathrm{DO,V1}} + T_{\mathrm{AD,V}})}{C \times 3600} \tag{6-1}$$

式中：$N_{\mathrm{DO}}$——某一联运交通运输方式车辆下客位数量，个；

$V_{\mathrm{AADPC}}$——某一联运交通运输方式日均旅客到达量，人次/d；

$T_{\mathrm{DO,V1}}$——单位车辆下客时间，s/辆，小客车通常取值40~60，大客车通常取值360~600；

$T_{\mathrm{AD,V}}$——单位车辆进出车位加减速时间，s/辆，小客车通常取值20~30，大客车通常取值40~60。

释义：

通过数据收集和实际调查，见表6-3，推荐下客区车道边下客时间取值宜为小客车40~60s/辆、大客车360~600s/辆。

**枢纽内小客车平均停靠时间** 表6-3

| 分　类 | 枢纽名称 | 停靠时间(s/辆) | 平均停靠时间(s/辆) |
|---|---|---|---|
| 无行李出租车落客 | 上海虹桥国际机场 | 41 | 40 |
| | 上海浦东国际机场 | 39 | |
| | 北京首都国际机场T3 | 41 | |
| 有行李出租车落客 | 上海虹桥国际机场 | 67 | 61 |
| | 上海浦东国际机场 | 59 | |
| | 北京首都国际机场T3 | 57 | |
| 无行李社会车辆落客 | 上海虹桥国际机场 | 39 | 36 |
| | 上海浦东国际机场 | 37 | |
| | 北京首都国际机场T3 | 32 | |
| 有行李社会车辆落客 | 上海虹桥国际机场 | 56 | 60 |
| | 上海浦东国际机场 | 49 | |
| | 北京首都国际机场T3 | 75 | |

(5)小客车单位车道边长度宜为7m，大客车单位车道边长度宜为16~24m。

释义：

根据《Transit Cooperative Research Program》(TCRP 90)的规定，对于标准大客车(车长12m)，有超车道的下客区单位停车位长度为24m。国内工程案例中，对于大客车单位车道边长度取值有16m和20m。由于车道边停车位利用受到车辆到达规律、驾驶行为、枢纽建筑出入口设置位置等的影响，因此最小值应满足16m，即车辆依次驶入停车位的情况。但是实际情况中，车道边停车位的利用依次驶入情况较少，因此应根据交通组织灵活取值。依据《车库建筑设计规范》(JGJ 100—2015),小客车路侧平行停靠车位最小长度为6m,考虑到旅客通行、取放行李等需求,车道边长度加长1m。目前,北京南站、天津西站和上海虹桥站小客车车道边长度均采用7m,故取值宜为7m。

(6)车道边上下客车道宽度不应小于3m,通过车道宽度宜为3.5m。

释义:

车道边下客区单车道宽度主要取决于车辆本身的宽度、车门打开后与车身的横向距离。依据《车库建筑设计规范》(JGJ 100—2015),库内通车道宽度应大于或等于3.0m。依据《城市道路工程设计规范(2016年版)》(CJJ 37—2012),设计速度≤60km/h的大型车或混行车道宽度为3.5m。

(7)车道边长度大于50m时,宜分区设置,并单独设置枢纽建筑出入口。

(8)枢纽建筑出入口外应设置人行横道穿越车道边,宽度不应小于4m,设置间距不宜大于50m。

释义:

依据《城市道路工程设计规范(2016年版)》(CJJ 37—2012),商业或公共场所集中路段、火车站、码头、长途汽车站附近路段人行道最小宽度为4m。

(9)社会车辆停车场停车泊位数量大于300辆时宜设置独立和连续的人行通道,净宽度不应小于750mm。

## 第三节 内部道路

(1)枢纽内部道路主要包括循环路、联系路和场内路,应衔接城市道路系统,并符合《城市道路工程技术规范》(GB 51286—2018)和《城市道路工程设计规范(2016年版)》(CJJ 37—2012)的有关规定,部分线形技术指标可按表6-4选定。

枢纽内部道路部分线形技术指标　　表6-4

| 道路类型 | 设计速度(km/h) | 圆曲线最小半径(m) | | | 停车视距(m) | 最大纵坡(%) | | 最小坡长(m) |
|---|---|---|---|---|---|---|---|---|
| | | 不设超高 | 设超高 | | | 一般值 | 极限值 | |
| | | | 一般值 | 极限值 | | | | |
| 循环路 | 50 | 400 | 200 | 100 | 60 | 5.5 | 6 | 130 |
| | 40 | 300 | 150 | 70 | 40 | 6 | 7 | 110 |
| 联系路 | 30 | 150 | 85 | 40 | 30 | 7 | 8 | 85 |
| | 20 | 70 | 40 | 20 | 20 | 8 | 8 | 60 |
| 场内路 | 20 | 70 | 40 | 20 | 20 | 8 | 8 | 60 |
| | 15 | 40 | 20 | 10 | 15 | 10 | 10 | 45 |

注:积雪或冰冻地区停车视距宜适当增长,最大纵坡不应大于6%。

释义:

本条参考《城市道路工程设计规范(2016年版)》(CJJ 37—2012)、《乡村道路工程技术规范》(GB/T 51224—2017)、《小交通量农村公路工程技术标准》(JTG 2111—2019)给出的道路线形技术指标。

(2)枢纽车辆出入口距市政路平面交叉口停止线不宜小于150m,条件受限时采用右进右出形式,主干路不应小于100m,次干路不应小于80m,支路不应小于50m,并应符合《城市道路交叉口设计规程》(CJJ 152—2010)的有关规定。

释义:

本条参考《城市道路交叉口设计规程》(CJJ 152—2010)给出的出入口距市政路平面交叉口停止线距离。

(3)车辆出入口车道数量应根据通行能力计算确定,一条车道的设计通行能力应符合表6-5的规定。

**车辆出入口一条车道的设计通行能力** 表6-5

| 车辆类型 | 出入口类型 | 管理方式 | 设计通行能力[pcu/(h·ln)] |
|---|---|---|---|
| 小客车 | 入口 | 人工发卡 | 280 |
| | | 自助取卡 | 390 |
| | | 电子识别 | 460 |
| | 出口 | 人工收费 | 120 |
| | | 自助缴费 | 170 |
| | | ETC | 460 |
| 大客车、大型货车、铰接客车 | 入口 | 办理手续 | 100 |
| | | 无须办理手续 | 800 |
| | 出口 | 办理手续 | 100 |
| | | 无须办理手续 | 800 |

释义:

出入口通行能力通过调研车头时距获得。如果公路客运出口处需要办理手续,办理手续时间为30~35s,基本通行能力为55~75标准车/h。

(4)小客车专用车道宽度不应小于3.25m,大型车或混行车道宽度不应小于3.5m,消防车道宽度不应小于4m。

释义:

依据《城市道路工程设计规范(2016年版)》(CJJ 37—2012),小客车专用车道最小宽度为3.25m,大型车或混行车道最小宽度为3.5m。依据《民用建筑设计通则》(GB 50352—2005),消防车道宽度不应小于4m。

(5)当枢纽进出匝道单向机动车道数小于2条时,应设置应急车道,宽度不应小于3m。

(6)交叉口转角处路缘石宜为圆曲线或复曲线,其转弯半径应根据通行车辆种类确定,满足车辆行驶要求,可按表6-6选定。

**路缘石转弯半径** 表6-6

| 右转弯设计速度(km/h) | | 30 | 25 | 20 | 15 | 10 |
|---|---|---|---|---|---|---|
| 路缘石转弯半径(m) | 大型车或混行车道 | 25 | 20 | 15 | 10 | 9 |
| | 小客车专用道 | 20 | 15 | 10 | 5 | 3.5 |

释义：

本条参考《城市道路工程设计规范(2016年版)》(CJJ 37—2012)、《乡村道路工程技术规范》(GB/T 51224—2017)、《小交通量农村公路工程技术标准》(JTG 2111—2019)给出的路缘石转弯半径。

# 第七章　建筑环境

本章规定了枢纽换乘设施、建筑用房、防灾设计和物业开发等附属设施设计的要求。

## 第一节　一般规定

(1)枢纽中换乘设施、建筑用房、防灾设计、标志系统和物业开发等附属设施应统筹规划、设计。

(2)枢纽建筑应根据枢纽交通量预测、用地条件和使用要求等,合理确定各类用房和空间的功能布局和建设规模,并具有良好的通风、照明、卫生和防灾等条件。

## 第二节　换乘设施

(1)枢纽换乘设施包括集散广场、换乘大厅、换乘通道、出入口、楼梯、自动扶梯、自动步道和电梯等,其设计应满足旅客进站、出站和换乘需要,同时满足应急疏散、城市景观和枢纽扩建储备用地等需要,并应符合《无障碍设计规范》(GB 50763—2012)的有关规定。

(2)集散广场和换乘大厅宜统筹规划和设计。

(3)集散广场用地面积宜按式(7-1)计算求得:

$$A_{L,ES}=\frac{V_{AADPF,H}\times PHF\times SPF\times A_{L,ES1}}{2} \tag{7-1}$$

式中:$A_{L,ES}$——集散广场用地面积,$m^2$;

$V_{AADPF,H}$——枢纽日均旅客集散量,人次/d;

$A_{L,ES1}$——集散广场人均用地面积,$m^2$/人,取值不宜小于2.0。

释义:

参考《铁路旅客车站设计规范》(TB 10100—2018)"车站广场人行区域面积依据旅客最高聚集人数宜按1.83$m^2$/人计算确定,广场绿化率不宜小于10%"的规定,本书建议枢纽集散广场宜按不小于2.0$m^2$/人计算确定。

(4)换乘大厅建筑面积应按式(7-2)计算求得:

$$A_{S,TH}=\frac{V_{AADPF,H}\times PHF\times SPF\times A_{S,TH1}}{2}+A_{SOSF,TH} \tag{7-2}$$

式中:$A_{S,TH}$——换乘大厅建筑面积,$m^2$;

$A_{S,TH1}$——换乘大厅人均建筑面积,$m^2$/人,取值不应小于0.9,不宜小于2.0,条件允许时

可大于 3.0(含);

$A_{SOSF,TH}$——换乘大厅所需其他服务设施建筑面积,$m^2$。

释义:

参考《综合客运枢纽换乘区域设施设备配置要求》(JT/T 1066—2016)规定“换乘大厅面积应根据高峰小时换乘量按每人不小于 0.2$m^2$ 及所需服务设施占用面积确定”。美国交通运输研究委员会编著的《公共交通通行能力和服务质量手册》(原著第 2 版)对人行通道服务水平进行了分级,见表 7-1,B 级为 2.3 ~ 3.3$m^2$/人,旅客可随意行走,服务水平良好;C 级为1.4 ~ 2.3$m^2$/人,D 级为 0.9 ~ 1.4$m^2$/人,旅客随意行走受到一定限制,服务水平中等。考虑安全因素及服务水平影响,本书建议换乘大厅人均建筑面积取值不应小于 0.9$m^2$/人,不宜小于 2.0$m^2$/人,条件允许时可大于 3.0$m^2$/人(含)。

**《公共交通通行能力和服务质量手册》**(原著第 2 版)**对人行通道服务水平的规定** 表 7-1

| 服务水平 | 空间($m^2$/人) | 分级说明 |
|---|---|---|
| A | ≥3.3 | 旅客沿希望的路径行走,不因其他旅客的影响而改变自己的行动,自由选择走行速度,旅客之间不会发生冲突 |
| B | 2.3 ~ 3.3 | 旅客有充足的空间可自由选择走行速度,超越其他人,避免穿行冲突。此时,旅客开始觉察到其他行人的影响,选择路径时,也感觉到其他人的存在 |
| C | 1.4 ~ 2.3 | 旅客有足够的空间采用正常走行速度和在原来流线上绕越他人,反向或横向穿插行走产生轻微冲突,人均空间和流率有所减少 |
| D | 0.9 ~ 1.4 | 选择步行速度和绕越他人的自由度受到限制,穿插或反向人流产生冲突的概率很大,经常需要改变速度和位置,该服务水平形成了适当的行人流,行人之间还会出现接触和干扰 |
| E | 0.5 ~ 0.9 | 所有旅客的正常步速受到限制,需要频频调整步速,由于该级服务水平的限制,只能拖着脚步向前行走。空间很小,不能超越慢行者。穿插和反向行走十分困难。设计流量接近通道通行能力,伴有人流阻断和中断 |
| F | <0.5 | 所有旅客步速严重受限,只能拖着脚步向前行走,与其他人产生不可避免的频繁接触,穿插和反向行走基本不可能完成。客流突变、不稳定,与行人流相比,其人均空间具有排列的特点 |

(5)换乘通道净宽度应按式(7-3)计算求得:

$$W_{C,TC} = \frac{V_{AADT} \times PHF \times SPF \times W_{C,TC100}}{100} \tag{7-3}$$

式中:$W_{C,TC}$——换乘通道净宽度,m;

$V_{AADT}$——日均旅客换乘量,人次/d;

$W_{C,TC100}$——换乘通道每百人通道净宽度,m/百人,取值应结合枢纽建筑条件、服务水平等因素综合确定,单向通行取值不应小于 0.25,双向混行取值不应小于 0.32。

释义:

本条参考《综合客运枢纽换乘区域设施设备配置要求》(JT/T 1066—2016)关于换乘通道的规定。

(6)各联运交通运输方式间换乘通道可合并设置,单向通行通道净宽度不应小于 3m,双向混行通道净宽度不应小于4m。

释义：

本条参考《综合客运枢纽换乘区域设施设备配置要求》(JT/T 1066—2016)关于换乘通道的规定。

(7)出入口、楼梯、自动扶梯和自动步道等节点设施应考虑安全因素及良好的服务水平，服务能力不应小于换乘通道。

(8)楼梯净宽度宜按式(7-4)计算求得：

$$W_{C,S}=\frac{V_{AADT}\times PHF\times SPF}{FR_S\times 60} \tag{7-4}$$

式中：$W_{C,S}$——楼梯净宽度，m；

$FR_S$——楼梯流率阈值，人/(min·m)，取值可按表7-2选定。

**楼梯流率阈值**　表7-2

| 服务水平 | $FR_S$[人/(min·m)] | 通行状态 |
|---|---|---|
| A | 7~16 | 足够的空间提供了速度选择及赶超慢速行人的机会，反向人流造成了极少冲突 |
| B | 17~23 | 足够的空间提供了选择速度的机会，赶超慢速行人有些困难，反向人流造成了很少的冲突 |
| C | 24~33 | 赶超慢速行人的速度受到轻微影响，反向人流造成了一些冲突 |
| D | 34~43 | 赶超慢速行人的速度受到限制，反向人流造成了显著的冲突 |

释义：

美国交通运输研究委员会编著的《公共交通通行能力和服务质量手册》(原著第2版)对楼梯的服务水平进行了分级，见表7-3。考虑安全因素及服务水平影响，本书中的楼梯流率阈值按照不低于D级流率选取，同时考虑楼梯与换乘通道的连续性，明确A级服务水平下楼梯流率阈值取值范围为7~16人/(min·m)。

**《公共交通通行能力和服务质量手册》(原著第2版)对楼梯服务水平的规定**　表7-3

| 服务水平 | 空间($m^2$/人) | 流率[人/(min·m)] | 分级说明 |
|---|---|---|---|
| A | ≥1.9 | ≤16 | 足够的空间提供了速度选择及赶超慢速行人的机会，反向人流造成了极少冲突 |
| B | 1.4(含)~1.9 | 16~23(含) | 足够的空间提供了选择速度的机会，赶超慢速行人有些困难，反向人流造成了很少的冲突 |
| C | 0.9(含)~1.4 | 23~33(含) | 赶超慢速行人的速度受到轻微影响，反向人流造成了一些冲突 |
| D | 0.7(含)~0.9 | 33~43(含) | 赶超慢速行人的速度受到限制，反向人流造成了显著的冲突 |
| E | 0.4(含)~0.7 | 43~56(含) | 所有行人的速度都受到了限制。中途停顿时有发生，反向人流造成了严重的冲突 |
| F | <0.4 | 变化 | 过多的停顿造成人流完全停滞。人群向前的速度取决于速度最慢的行人 |

(9)自动扶梯或自动步道设计应符合《自动扶梯和自动人行道的制造与安装安全规范》(GB 16899—2011)的有关规定,设备数量宜按式(7-5)计算求得:

$$N_{E}=\frac{V_{AADT}\times PHF\times SPF\times L_{H,ES}}{3600\times S_{E}\times C_{E}} \tag{7-5}$$

式中:$N_E$——自动扶梯或自动步道设备数量,台;

$L_{H,ES}$——自动扶梯单节阶梯沿运行方向斜边长或自动步道单节阶梯沿运行方向边长,m,通常取值0.4;

$S_E$——自动扶梯或自动步道的运行速度,m/s,通常取值0.5或0.65;

$C_E$——自动扶梯或自动步道单节阶梯平均载客人数,人/节,取值可按表7-4选定。

**自动扶梯或自动步道单节阶梯平均载客人数取值** 表7-4

| 自动扶梯或自动步道宽度(m) | $C_E$(人/节) | | 备注 |
|---|---|---|---|
| 0.6 | 1 | | — |
| 0.8 | 1 | | — |
| 1.0 | 携带大件行李 | 1 | 以旅客是否携带大件行李比例作为权重,计算 $C_E$ 加权平均值;航空、铁路、水路、公路客运等对外交通运输方式携带大件行李的比例可取值40% |
| | 未携带大件行李 | 2 | |

释义:

大件行李对旅客乘坐自动扶梯或自动步道的影响很大,枢纽内不同交通运输方式旅客携带行李的情况差异较大,航空、铁路、水路、公路客运等对外交通运输方式携带大件行李的比例通常大于40%。

(10)换乘设施净高度按照地面完成面至吊顶、楼板或梁底面间的垂直距离设计,不应小于3m。当楼盖、屋盖的下悬构件或管道底面影响有效使用空间时,地面完成面至下悬构件下缘或管道底面间的垂直距离不应小于2.2m。

释义:

本条参考《综合客运枢纽换乘区域设施设备配置要求》(JT/T 1066—2016)、《城市轨道交通设计规范》(GB 50157—2013)和《铁路旅客车站设计规范》(TB 10100—2018)关于换乘设施净高度的规定,建议地面完成面至吊顶、楼板或梁底面间的垂直距离不应小于3m。参考《公共信息导向系统设置原则与要求 第1部分:总则》(GBT 15566.1—2007)关于标志悬挂高度的规定,建议地面完成面至下悬构件下缘或管道底面间的垂直距离不应小于2.2m。

(11)枢纽中主要联运交通运输方式间换乘距离宜小于200m(含)。受用地条件限制或需设置大客流安全缓冲区时,换乘距离不宜大于300m,不应大于500m,并应考虑设置自动步道等辅助通行设施。

释义:

依据笔者对公交与轨道交通间的客流换乘距离的调研,可接受250m以内水平换乘距离的旅客为30%,可接受200m以内水平换乘距离的旅客为70%,可接受200m以内水平换乘距离的旅客占到绝大多数。因此,在枢纽内,主要联运交通运输方式间换乘距离不宜超过200m。参考《综合客运枢纽通用要求》(JT/T 1067—2016)的有关规定,本书建议换乘距离不宜大于300m,受用地条件限制或需设置大客流安全缓冲区时,不应大于500m,并应考虑设置自动步道等辅助通行设施。

(12)各联运交通运输方式内部不同线路间换乘设施宜单独设计,且常规公交线路间换乘距离宜小于120m(含)。

释义:

《城市道路公共交通站、场、厂工程设计规范》(CJJ/T 15—2011)规定,在道路交叉口上设置的公交中途站,换乘距离不宜大于150m。相对于公交中途站,枢纽的换乘设计标准应有所提高。依据笔者对公交线路间换乘距离的调研,可接受120m以内水平换乘距离的旅客为65%。因此,在枢纽内,公交线路间的换乘距离不宜超过120m。

(13)受节假日影响客流量变化大的枢纽应设置旅客临时滞留区或缓冲区。

释义:

基于现实情况,受节假日影响客流量变化大的枢纽往往会产生大量突发客流,并可能会采取限流措施,因此可利用广场、步道等城市公共空间,留出适宜的旅客临时滞留区域或缓冲区域,面积可按远期滞留旅客最高聚集人数计算。

## 第三节 建筑用房

(1)管理用房和设备用房等非客运服务用房宜集中和分散结合设置于建筑次要部位,并与换乘空间有良好的联系条件。

(2)安检和检疫等设施应独立设置,并预留旅客排队空间,旅客人均排队空间不宜低于0.3$m^2$/人。

释义:

美国交通运输研究委员会编著的《道路通行能力手册》对行人排队区的服务水平进行了分级,见表7-5。考虑安全因素及服务水平影响,人均最低排队空间面积按照D级服务水平选取。

《道路通行能力手册》对行人排队区服务水平的规定　　表7-5

| 服务水平 | 空间($m^2$/人) | 服务水平 | 空间($m^2$/人) |
|---|---|---|---|
| A | ≥1.2 | D | 0.3(含)~0.6 |
| B | 0.9(含)~1.2 | E | 0.2(含)~0.3 |
| C | 0.6(含)~0.9 | F | <0.2 |

(3)安检机设备数量宜按式(7-6)计算求得:

$$N_{SC}=\frac{\left(\sum_{j=1}^{j=n}T_{SC,1j}\times R_{p,j}\right)\times V_{AADPD,i}\times PHF\times SPF}{3600}\tag{7-6}$$

式中:$N_{SC}$——安检机设备数量,台;

$T_{SC,1j}$——携带不同类型行李旅客完成安检人均所需时间,s/人,取值可按表7-6选定;

$R_{p,j}$——携带不同类型行李旅客数量占比,可按表7-7选定;

$V_{AADPD,i}$——某一种交通运输方式日均旅客发送量,人次/d。

携带不同类型行李旅客完成安检人均所需时间取值　　表 7-6

| 携带行李情况 $j$ | $T_{SC,1i}$(s/人) | 携带行李情况 $j$ | $T_{SC,1i}$(s/人) |
|---|---|---|---|
| $j=1$,未携带行李 | 1～2 | $j=3$,携带大件行李 | 6～7 |
| $j=2$,携带中小件行李 | 3～4 | | |

携带不同类型行李旅客数量占比(%)取值　　表 7-7

| 携带行李情况 $j$ | $R_{p,j}$ | | | | |
|---|---|---|---|---|---|
| | $i=1$,航空 | $i=2$,铁路 | $i=3$,水路 | $i=4$,公路客运 | $i=5$,城市轨道交通 |
| $j=1$,未携带行李 | 0～10 | | | | 0～10 |
| $j=2$,携带中小件行李 | 50～60 | | | | 55～75 |
| $j=3$,携带大件行李 | 35～45 | | | | 20～40 |

释义:

深圳市城市交通规划设计研究中心等单位联合完成的《枢纽内部换乘设施通行能力研究》给出北京西站携带不同类型行李铁路旅客完成安检人均所需时间和携带不同类型行李铁路旅客数量占比数据见表 7-8、表 7-9,可知携带中小件行李完成安检平均消耗时间为 6～7s,携带大件行李完成安检平均消耗时间为 3～4s;由于远距离出行占比较高,对外交通运输方式携带不同类型行李旅客数量占比中,携带大件行李旅客数量占比较高,接近 40%,未携带行李旅客数量占比在 10% 以内。

北京西站携带不同类型行李铁路旅客完成安检人均所需时间(s)　　表 7-8

| 携带行李情况 | 中青年男性 | 中青年女性 | 老年男性 | 老年女性 | 平均值 |
|---|---|---|---|---|---|
| 携带中小件行李 | 6.28 | 6.48 | 6.50 | 6.88 | 6.54 |
| 携带大件行李 | 3.20 | 3.55 | 3.82 | 4.15 | 3.68 |

北京西站携带不同类型行李铁路旅客数量占比(%)　　表 7-9

| 携带行李情况 | 中青年男性 | 中青年女性 | 老年男性 | 老年女性 | 合　计 |
|---|---|---|---|---|---|
| 未携带行李 | 1.5 | 2.0 | 1.0 | 0.8 | 5.3 |
| 携带中小件行李 | 33.2 | 20.0 | 3.0 | 0.2 | 56.4 |
| 携带大件行李 | 27.0 | 9.8 | 1.0 | 0.5 | 38.3 |

(4)问询处应邻近枢纽建筑主要出入口和换乘节点设置,并避免干扰旅客进站、出站和换乘。

(5)枢纽内应醒目设置厕所卫生设施,服务半径不宜大于 80m,并应符合《城市公共厕所设计标准》(CJJ 14—2016)的有关规定。

## 第四节　防 灾 设 计

(1)枢纽建筑应设有防火灾、水淹、风灾、冰雪、地震和雷击等灾害的防灾设施,并进行相应防灾设计,应符合《建筑设计防火规范(2018 年版)》(GB 50016—2014)、《建筑内部装修设计防火规范》(GB 50222—2017)、《汽车库、修车库、停车场设计防火规范》(GB 50067—

2014)、《人民防空工程设计防火规范》(GB 50098—2009)、《建筑工程抗震设防分类标准》(GB 50223—2008)、《建筑抗震设计规范(2016 年版)》(GB 50011—2010)和《人民防空地下室设计规范》(GB 50038—2019)的有关规定。

(2)装修应采用防火、防潮、防腐、耐久和易清洁的环保材料,并便于施工和维修。顶棚和墙面材料宜兼顾吸声。地面材料应防滑和耐磨。

(3)枢纽内消防和安防设备用电负荷等级应为一级,其他设备用电负荷不宜低于二级。

(4)枢纽内旅客所能触及的用电设备和电气器件必须设置有效的防护措施,并应设置安全警示标志。

(5)枢纽应设置消防应急照明,供电电源应与其他电源分开,供电时间不应少于枢纽内全员疏散至安全区用时的 2 倍。

释义:

应急照明系统设计应满足消防管理部门、供电管理部门等规定要求。相关规范对应急照明自备电源持续供电时间虽有规定,但有些突破规范的超大型枢纽需按防火性能化设计,比如要求相邻防火分区互为准安全区,这时应急照明系统自备电源持续时间应按要求大于疏散至安全区用时的时间来校核,2 倍是可用性冗余。

## 第五节 物业开发

### 一、总体设计

(1)枢纽应站城一体,物业开发应与枢纽工程同步规划和设计。

(2)枢纽物业开发不应影响旅客进站、出站和换乘,并预留各类设施设备和线缆接口。

(3)枢纽站内物业开发规模可按枢纽总建筑面积的 8% ~10% 控制。合场建设旅游集散中心且物业发展前景良好的枢纽可根据城市总体规划、城市经济总量、人口规模数量、居民收入水平、人文旅游资源和枢纽基地条件等规划条件确定物业规模。

(4)枢纽站内物业宜分散和集中结合布局,分层分区设计,统一装饰。及时服务、快捷餐饮和零售等业态宜分散设置在过道、候车室和出入口等客流必经走廊。购物中心、中餐厅、西餐厅和康体娱乐等规模较大的商业网点宜集中设置在靠近交通流线的交通层间夹层和独立商业层等独立区域,并设置直达电扶梯等独立交通设施。

(5)枢纽站内物业宜国际化、特色化、品牌化和精品化,充分利用网络资源,拓展智慧零售、数字广告和移动电信等业态。

### 二、站城一体

1. 面临挑战

(1)旺盛的消费潜力遭到不合理、不开放物业的压制

现阶段枢纽物业的主要矛盾是旅客日益增长的美好消费需要和不合理、不开放的物业发展之间的矛盾。从早期功能单一,到如今规模庞大、设备先进的北京南站,其物业开发普遍围

绕应急流动消费展开,如地方特产店、便利店、快餐店等,服务旅客主要为返乡、探亲、学生、务工等群体。这些枢纽在建成时缺乏合理的物业规划,“60min 营销”严重不足,物业开发随机、封闭、守旧,租金高,物价高,消费动力不足,运营初期仅部分餐饮盈利,其余业态亏损、退租现象普遍。以中国铁路上海局集团有限公司管辖车站为例,除上海虹桥站、南京南站、徐州东站、杭州东站、合肥南站部分餐饮、食品业态盈利外,大部分商家均出现了不同程度的亏损。低程度、封闭式物业严重低估、浪费了大客流的消费需求,高租金、高物价严重制约了商户的积极性和旅客的消费体验,商户经营不良,旅客怨声载道,枢纽物业陷入恶性循环,难以产生可观利润,更难弥补枢纽建设与运营亏损。

(2)电子商贸为传统零售商带来更多挑战

“网络化”时代崭新形式的电子商贸为传统零售商带来更多挑战,餐饮以外的其他实体业态经营状况不佳。2019 年,国内手机网民规模达到 8.5 亿,网购用户规模达到 6.4 亿,移动支付规模达到 6.2 亿元;零售业升级转型,线上线下资源加速整合,智慧零售等新模式不断丰富消费市场;5G、人工智能、大数据、云计算、区块链、物联网、虚拟现实等技术深入应用,智慧零售、人工服务有机结合,有效提升了运营效率。随着国民经济的快速发展,居民消费水平不断提高,新时代的枢纽以其开放、包容的姿态逐步解除商务封锁,站城一体、电子商贸逐渐提上日程,枢纽也由单一客运场站转变为以客运为主、商务为辅的多元化交通综合体,更综合、更先进的物业应运而生。

2. 经验借鉴

(1)专业机构统一开发,与枢纽建设同步

在枢纽物业开发中,德国、法国明确开发主体,枢纽主体建筑与物业开发同步规划、设计、施工和运营,开发收益挂钩站务人员收入,2016 年全线商业利润分别达 3.2 亿欧元、3.9 亿欧元。具体做法如下:

①组建或指定专门机构,统筹组织枢纽物业开发,负责开发规划、建筑设计、建设管理和运营管理。

②整体规划,有序推进枢纽物业开发,商业经营设施与枢纽主体工程同步设计、施工和投入使用。

③采取租赁经营方式,分散经营风险,降低流动资金压力。

④引入知名企业和连锁品牌,提高经营档次和服务水平。

⑤明确经营项目种类、店铺数量、店铺大致位置、店铺面积、租金收取标准等,公开招标,确保公平公正。

⑥签订合同,明确经营项目、店铺数量、店铺位置及面积、租赁期限、营业时间、租金构成及支付方式、双方的权利义务以及违约责任等条款。

⑦收支两条线,实行全面预算,支出预算原则上不得高于租金收入,超支不补,结余不上缴。

例如,德国铁路公司(Deutsche Bahn AG)作为德国铁路的建设方和运营方,组建德铁国际公司(DB International GmbH),专门负责枢纽物业开发总体规划、建筑设计和建设管理等工作;组建旅客车站服务公司(DB Station & Service),专门负责物业开发项目的招投标及日常运

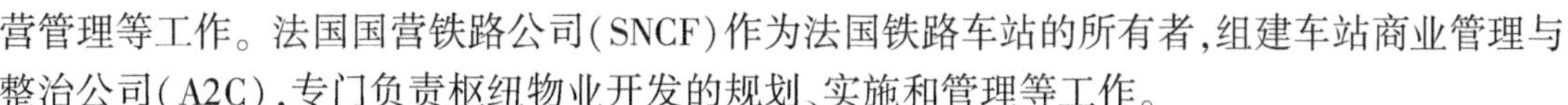

营管理等工作。法国国营铁路公司(SNCF)作为法国铁路车站的所有者,组建车站商业管理与整治公司(A2C),专门负责枢纽物业开发的规划、实施和管理等工作。

(2)建设枢纽商业综合体,打造城市综合中心

日本、韩国及中国的台湾和香港均以枢纽为核心,地方政府、铁路部门、开发商三方合作,对站内资源、站外毗邻地区资源和城市关联产业资源进行全面、系统开发,逐步建成一个集枢纽、商业服务、娱乐休闲于一体的城市综合中心;其站外毗邻地区开发范围主要集中在500~1000m半径内,通过步行系统衔接各功能单元。

我国台湾台北站地上、地下共计十层,其中地上二层为美食料理,三~六层为台铁和高铁的行政中心,地下一层为台铁地下街、诚品捷运商场和台北新世界购物中心。香港九龙站站房及毗邻地区开发旅馆、办公室、零售及住宅共计102万$m^2$,其中90层的塔楼容纳了零售、办公及豪华宾馆,是香港海湾的醒目标志。

短期资金不足可分期开发,首先投资建设一个高品质的枢纽,然后吸引社会投资开发枢纽毗邻地区。2013年正式启用的杭州东站是我国大陆地区较早进行大规模物业开发的枢纽,站房与商业融为一体,形成枢纽商业综合体。地下一层开发商业1.6万$m^2$,业态主要为美食45%、休闲25%、时尚百货20%、生活服务(金融、通信、快捷酒店等)10%,服务群体的20%定位为周边写字楼、住宅区人群及站务人员等。同时,枢纽毗邻地区吸引社会投资,规划建设华润万家欢乐颂、港龙城市商业广场、东恒大厦、铁四院杭州大厦、三胞·丽都大厦、西子国际等大型商业项目,打造新东站商业圈。

(3)物业开发依托公共交通,树立独特的商业形象

日本多摩新城作为东京卫星城,位于东京西部,距离东京都中心银座约30km,采取TOD(以公共交通为导向的开发模式),整合交通功能和服务功能,树立新城形象——凯蒂猫主题乐园(Hello Kitty Town),提高新城的吸引力,促进人口集聚,带动区域经济发展。其中多摩中心站周边高强度开发商业及居住设施,采用立体人车分流道路系统,利用廊道延长步行系统,连接枢纽周边各物业开发项目,对外通过公共汽车、城市轨道交通小田急线和京王线连接东京都市圈。

(4)吸引社会资本投资,分担风险,分享收益

我国香港城市轨道交通在吸引社会资本进入交通基础设施建设方面最为成功,其与地方政府合作,以协议形式获取土地,公开招标确定开发企业,中标企业全额垫资拿地、建设枢纽商业综合体、开发枢纽毗邻地区,出资方分享收益,自1998年至今一直保持整体盈利状态,具体做法如下:

①香港特区政府与香港铁路有限公司签署特许经营协议,以"建设+运营"的模式赋予香港铁路有限公司在新建轨道交通线路沿线车站、车辆段上盖以及周边一定范围内开展土地综合开发的特权。

②香港铁路有限公司与香港特区政府规划部门协商各新建车站站位和周边土地综合开发方案,并将规划方案报请香港特区政府计划委员会审批,批准后即与香港特区政府土地管理部门商讨协议拿地及补地价相关事宜。

③香港铁路有限公司公开招标确定土地综合开发企业,签订物业开发合约,中标企业对整个物业开发项目全额垫资拿地、建设。

④项目全部竣工时,依据合约限定的商业利润比例分配香港铁路有限公司和土地综合开发企业各自持有的物业,并限制要求自持一定比例的物业,以长期租赁形式获取稳定收益。

⑤香港铁路有限公司将所出售物业得到的资金投入到轨道交通新线建设中,构成香港城市轨道交通可持续发展的重要资金来源。

(5)线路建设、运营与沿线物业开发联动

香港铁路有限公司线路建设、运营与物业开发紧密联系在一起,挖掘大客流消费潜力,释放消费能力,不仅可以自筹新线建设资金,而且年年整体盈利,2019 年车站商务、物业租赁分别创收高达 68.0 亿港元、48.3 亿港元,分别同比增长 5.3%、1.8%。具体做法如下:

①线路建设与沿线物业开发在规划、设计、投融资、建设、运营等方面统筹考虑,整体规划,同步运作。

②商业空间多租少售,物业持有者拥有完全的管理权,吸引优秀商户进驻,从全局出发做旺商场。

③商业定位清晰,零售、餐饮和娱乐分布均匀合理,根据消费者评价情况更新商户,保持商业活力。

④购物环境舒适,硬件现代化,软件人性化。

(6)车站功能复合,物业丰富多彩

高铁出行便捷,车站设施标准高,旅客消费能力强。作为日本车站物业开发的典范,名古屋站、京都站车站功能复合,物业丰富多彩,国际、特色、品牌、精品是其主要特色,消费群体囊括出行旅客和城市消费者。如名古屋站 1 层为新干线、大型广场、出租车等换乘设施,2 ~ 11 层为东急百货、高岛屋百货,12、13 层为餐饮广场,14 ~ 50 层右侧塔楼为综合办公楼,51 层为展望楼(屋顶为直升机停机坪),14 ~ 53 层左侧塔楼为酒店;京都站物业涵盖购物中心、酒店、电影院、展览厅、博物馆、停车场、空中花园等,其中地下站厅、商业街共 3 层,地上饭店共 16 层,百货商店共 12 层,塔屋 1 层。高铁商业服务不局限于旅游纪念品、餐饮等单一业态,而是迈向国际化、特色化、品牌化、精品化的综合业态模式;在满足出行需求的同时,设置独立的商业功能区营造舒适的消费环境,引入中高端、国际化品牌,开发综合性购物、美食天地、休闲娱乐等,凭借便捷的交通联系、强大的客流集聚能力吸引城市消费。

北京西直门枢纽是较为典型的铁路、城市轨道交通、公交、出租车、社会车辆等交通设施与零售、办公等商业设施联合建设的车站商业综合体,其商业配套西环广场是以国际甲级写字楼和高档商业为主的大型城市综合体,由六层商业空间、三座高 100m 的 5A 级写字楼及一座高 60m 的综合办公楼组成,总建筑面积约 26.4 万 $m^2$,庞大的客流和便利的交通带来了丰厚的经营效益。

3. 开发定位

物业开发应符合城市总体规划、地区经济现状及发展要求,避免盲目开发。首先,应符合城市总体规划目标,考虑区域人口、城市经济指标、历史人文、商业脉络、商圈、消费层次和消费能力等因素,依据城市规划确定开发项目的选址、定位、规模和档次等,不可一味追求高端大型。其次,应结合地区特色,开发适应地区发展的商业项目,树立风格独特的商业形象,避免盲目跟风。再次,应符合地区经济现状及发展要求,合理开发住宅、商业、办公、酒店、餐饮、娱乐、物流等业态,既要避免超前开发、冲击地区市场,又要避免低估市场需求、浪费开发资源。最后,应注重规模效应,按区域整体开发,避免单个站区独立开发。

例如,地产物业开发较为成功的万达广场要求其物业开发项目70%的商家适合当地70%的消费人群,舍去最高端和最低端的部分,定位为大众化的舒适型商业,业态比例为购物零售40%、餐饮30%、娱乐休闲30%。

4. 商业模式

物业开发应因地制宜,合理选择商业模式。由于商业和枢纽的整合方式不同,物业开发模式可分为以下四类:

(1)周边型,开发地块与枢纽相隔一定距离布置。

(2)贴合型,开发地块与枢纽相邻布置。

(3)融合型,将开发地块与枢纽一体化设计,如上商下站、上站下商等。

(4)复合型,多出现在大型枢纽站区域,将上述三种模式组合布置。

结合枢纽所在地区经济及人口情况,一般枢纽宜采用融合型商业模式,建设枢纽商业综合体,将枢纽商业设施和交通设施一同规划、设计、施工和运营,实现站内的衣食住行。重点枢纽宜采用复合型商业模式,在建设枢纽商业综合体的同时,可在枢纽毗邻地区建设住宅、商业、办公、酒店、餐饮、娱乐、物流等商业项目,形成区域经济中心,带动地区发展。

5. 开发策略

(1)枢纽建设与物业开发统一规划、设计、投融资、建设、运营与管理。

现阶段商业地产市场开发风险较大,需要汇集各方资源、智慧才能确保枢纽物业开发的良性发展。适应我国国情的地方政府、行业主管部门、物业开发项目公司、设计单位、开发商和运营商多方参与的PPP(政府和社会资本合作)模式应当关注:

①由地方政府和行业主管部门共同出资,成立物业开发项目公司,统筹负责枢纽物业开发审核和管理。

②地方政府(发改、规划、国土、建设等部门)、行业主管部门、物业开发项目公司及设计单位共同协商,确定枢纽物业开发范围、规模。

③地方政府(发改、国土、建设、工商等部门)、行业主管部门、物业开发项目公司共同协商,约定枢纽物业自持比例、销售及租赁限价,其中销售物业宜为整栋或整层。

④物业开发项目公司组织公开招标确定具有品牌、资金和策划营销能力的开发商,开发商按一定比例出资并负责枢纽物业开发的规划、设计、建设和运营,参与收益分配。

⑤为减少物业设计缺陷,控制施工期,先由开发商的战略合作单位提出使用需求,包括物业空间尺寸、设施设备、交通条件等,再由设计单位统一设计,避免运营商进场改造,节约资本。

⑥建立“风险共担、利益共享”机制,将枢纽站务人员收入与枢纽物业开发收益挂钩,鼓励站务人员积极参与枢纽物业开发和运营。

例如,柏林中央车站和里尔欧洲站均设有枢纽物业规划、设计、建设、运营及管理部门,通过公开招租吸引知名企业和连锁品牌入驻,开放物业服务站外人群;上海虹桥枢纽在陷入超过七成商家亏损困境时,率先对站内物业进行了升级调整,探索成立路地商多方合资公司统筹站内物业开发,将物业定位由客运配套调整为客运服务与日常消费相结合。

(2)摸清市场需求,合理确定枢纽联动土地开发业态及规模。

枢纽联动土地开发具体实施时,应结合地区总体规划,充分研究地区产业结构特点、经济发展水平、人口规模、人文旅游资源、车站位置等,分析周边产业现状及发展趋势、房地产一二级市场需求等,进一步确定开发业态与开发规模,既要避免低估市场,造成土地资源浪费,又要避免不符合市场需求的盲目投资。可选业态主要包括:

①住宅地产,含高层住宅、花园洋房和居住配套等。

②商业地产,含商业综合体、写字楼、商业街、酒店、康养、旅游、公寓等。

③商业服务,含批发零售、餐饮娱乐、旅游服务、会议展览、汽车租赁、停车服务等。

④商贸流通,含仓储物流、批发市场、综合保税、电子商务等。

⑤休闲农业,含田园综合体、循环农业、创意农业、农事体验、农业观光、特产展销等。

⑥文化传媒,含文化创意产业园、新媒体产业基地等。

⑦清洁能源,含风力发电、光伏发电等。

⑧媒体推介,含"互联网 +"个性化服务、广告传媒等。

开发平均用地规模一般不超过 750 亩❶,特殊情况不超过 1500 亩。

(3)分散、集中相结合布置商业设施,因地制宜,集聚亲民、特色、免税商务服务。

①商业布局。物业分散、集中相结合布局,体现分层、分类消费理念。分散布局强调方便、快捷,以分散的零售、餐饮和服务为主,主要设置在过道、候车室、出入口等客流必经走廊。集中布局强调购物、餐饮、娱乐聚集效应,集中购物中心、中西餐厅、康体娱乐等规模较大的商业网点,提供较为全面的商业服务,主要设置靠近交通流线的独立区域,如交通层之间的夹层、独立商业层,旅客可通过楼梯、电扶梯等垂直交通进入商业集中区。为满足不同消费群体的不同消费需求,在不影响客流交通组织安全的情况下布局商业走廊,因地制宜,充分开发交通层之间的夹层或设置独立商业层,刺激消费,扩大消费,提高开发收益。例如,日本名古屋站和京都站各交通层之间均设置商业夹层,交通层上方设置独立商业层,满足不同类别、不同水平的消费体验。

②业态选择。刺激站内消费、吸引站外消费需要物美价廉、风格独特、异域风情的商务业态。"公开招租,分层分区设计,统一装饰,开放经营,优质商家优质服务"是枢纽物业发展的必然趋势。枢纽物业开发在满足应急流动消费的同时应积极拓展适应高品位旅客、商务人士、市区顾客胃口的舒适体验型消费,业态包括零售(如品牌精选店、珠宝钟表店、免税店、风情礼品店、化妆品店、高级家电店、大型超市等)、餐饮(如品牌快餐店、特色自助餐厅、咖啡厅、高级餐厅等)和服务(如医药卫生、美容美发、养生会所、会议会展中心、酒店、电影院、综合办公等)。例如,我国物业发展走在前列的杭州东站,积极探索国内外知名品牌连锁,特色经营,同质价优,部分区域面向站外开放服务,吸引天堂伞、西湖龙井、迪士尼时尚、面包新语、汉堡王、德克士、真功夫等特色品牌商家入驻,打造江南荟,出站层开发商业 1.6 万 $m^2$,服务人群中约 20% 来自站外写字楼、住宅区等;升级后的上海虹桥枢纽开放物业,主营中西式特色品牌餐饮、零售,开发主题免税区,集聚中高端、异域风情品牌,开放部分站内物业,站内站外同质价优,突出"体验、时尚、休闲"主题特色,刺激站内消费,吸引站外消费,收益良好。

---

❶ 1 亩≈666.67$m^2$,下同。

(4)充分利用网络资源,打造新常态下的创新型产业链条和商业模式。

①智慧零售。人工智能自主服务,店商电商联合经营。枢纽作为实现新时代区域互联互通的重要载体,其身后非运输业同样科技感十足,无人超市、售卖机器人等智慧零售终端如雨后春笋般涌现。智慧零售深度融合 AI 和 5G 技术,集成"个人设备大脑""城市大脑""供应链大脑",从云、端、芯三方面全面赋能物理世界,实现智能物联,自主做到顾客识别、货物分拣、商品结算、客流统计、数字运营。同时通过移动终端实现点对点外卖配送服务,线上线下相互引流,多渠道吸引消费者。

②数字广告。广告媒介转型升级,信息展示明亮现代。枢纽传媒主要涉及高端酒类、旅游、汽车、金融、珠宝、钟表和日常消费品等奢侈品类,传统平面广告俨然不能满足商家更高的宣传需要和旅客更高的消费体验,LED 视频广告、液晶触控广告、企业冠名区及互动展台等现代媒介应运而生。Wi-Fi 广告、二维码、微信等新兴媒介以其"费用低廉""布设简单""无处不在"等特点备受推崇,运营商通过网络地图植入广告,宣传和标注商场、餐馆、酒店、景点、银行、加油站、电影院、医院等周边生活信息。

③移动电信。搭载移动电信,分享"互联网+"收益。枢纽与电信运营商探索安装商业电信系统,提高连接速度,扩大频宽,实现全程 5G 覆盖,优化旅客移动通信体验。旅客实名认证后登录枢纽布设的免费无线网,电信运营商可将线下出行、酒店、旅游、购物、美食、娱乐等服务营销移到线上,旅客观看依据个人购票、出行大数据发布的适应自身消费层次的推介广告后享受免费网络服务。铁路部门通过新订商业电信服务合约及数据容量提升工程实现电信业务创收。

6. 交通组织

物业开发应依托公共交通,建设良好的车行、骑行和步行环境。枢纽及毗邻地区重点开发范围一般划定为枢纽周边 800m 半径范围内,其交通组织的科学性和便利性尤为重要,枢纽与物业开发各地块之间的连通性会严重影响物业开发的整体收益。在开发区域内部交通组织方面,可设置直达枢纽商业综合体商业层的快速扶梯,增加商业层的客流量;枢纽与周边各开发地块间建设良好的车行、骑行和步行环境,向各开发地块源源不断地输送客流,刺激旅客的消费欲望,提高开发收益。在开发区域外部交通组织方面,坚持公交优先,借助公共交通组织庞大的人流、车流集散,对接城市公共交通体系,设置通往城市轨道交通、轻轨、BRT 和公共汽车站的便捷通道,吸引周边的城市人群到此消费。

7. 融资渠道

创新融资方式,拓宽融资渠道。枢纽物业开发通常具有投资金额大、开发周期较长等特点,对项目公司的投融资能力是极大的考验。综合考虑项目自有资金、项目开发周期、开发收益等因素,建议交通运输企业与地方政府(或委托一级开发公司)共同出资组建综合开发项目公司,统筹负责物业开发工作。综合开发项目公司抵押自有土地资产,向银行等金融机构贷款,有条件的企业也可尝试资产证券化,发行中期票据、企业债、股票等,直接融资。由于国家政策和企业自身条件的限制,银行贷款形式仍是目前乃至今后一段时间内物业开发企业的主要融资方式;同时信托融资和基金的形式随着国家政策的出台也将成为物业开发企业融资的重要方式。

8. 效益分析

物业开发的经济效益评价应反映地区和行业特点。依据《国家发展改革委、建设部关于印发建设项目经济评价方法与参数的通知》(发改投资〔2006〕1325 号)文件要求,枢纽物业开发项目的经济效益评价通常参照其联合发布的《建设项目经济评价方法与参数》(第三版)的有关规定,结合项目的实际情况进行编制。然而,经济效益评价的重要指标——基准收益率往往统一为 12%(房地产开发项目),高于 12% 开发,低于 12% 不开发。该核算标准较为粗犷,对地区差异和行业差异缺乏充分考虑,造成西北等经济欠发达地区往往出现收益不达标、非地产投资收益不达标等问题。

因此,核算基准收益率应结合地区特点和行业特点分类确定。表 7-10 分类列举了枢纽有关项目的基准收益率,其中房地产开发项目和商业性文化娱乐设施的税后基准收益率均为 13%,取值最高,是商业投资者追求的目标,应作为判断是否开发时考虑的重要经济指标;同时社会基准折现率为 6~8%,是反映社会经济发展和通货膨胀率的重要经济指标,也应予以考虑。

**部分基准收益率取值** 表 7-10

| 项目类别 | | 税前基准收益率(%) | 税后基准收益率(%) |
|---|---|---|---|
| 房地产开发项目 | | 12 | 13 |
| 商业性文化娱乐设施 | | 12 | 13 |
| 商业性卫生项目 | | 10 | 12 |
| 商业性教育项目 | | 10 | 12 |
| 铁路 | 旧线改造 | 6 | 6 |
| | 新建线路 | 3 | 3 |
| 社会基准折现率 | | 6~8 | |

基于以上分析,为便于物业开发效益分析,表 7-11 细化了物业开发的基准收益率,分类说明了是否开发的收益标准,分为不开发、谨慎开发、一般开发和重点开发。其中,当税后内部收益率大于或等于 13% 且总体效益可观时,应重点开发。

**枢纽物业开发财务指标** 表 7-11

| 税后内部收益率(%) | 开发定位 | 税后内部收益率(%) | 开发定位 |
|---|---|---|---|
| <6 | 不开发 | 8(含)~13 | 一般开发 |
| 6(含)~8 | 谨慎开发 | ≥13 | 重点开发 |

# 第八章 信息系统

本章规定了枢纽信息系统设计的要求。

## 第一节 一般规定

(1)枢纽信息系统的设计应遵循开放性、先进性、集成性、可扩展性、安全性和经济性的原则,并预留升级改造条件,应符合《综合客运枢纽智能化系统建设总体技术要求》(JT/T 980—2015)、《综合客运枢纽智能化系统信息交换技术规范》(JT/T 1117—2017)的有关规定。

(2)枢纽应结合建设要求同步实施综合管理信息系统(IMIS)、应急管理系统(EMS)、交通管理系统(TMS)、客流信息系统(PIS)、安全防范系统(SPS)、建筑智能化系统(BAS)、关联系统、商务开发系统(BDS)、市政设施管理系统(CMS)等信息系统,系统组成应符合表 8-1 的规定。

枢纽信息系统组成 表 8-1

| 系统类别 | 子系统 |
| --- | --- |
| 综合管理信息系统(IMIS) | 分区运营管理系统 |
| 应急管理系统(EMS) | — |
| 交通管理系统(TMS) | 车辆信息采集与服务系统 |
| | 交通控制信号系统 |
| | 停车管理系统 |
| | 公共交通管理系统 |
| 客流信息系统(PIS) | 客流信息采集系统 |
| | 客流分析系统 |
| | 客流诱导信息系统 |
| 安全防范系统(SPS) | 视频监视系统 |
| | 火灾自动报警系统 |
| | 门禁系统 |
| | 巡更系统 |
| | 周界报警系统 |
| | 入侵报警系统 |
| | 积水报警系统 |
| | 气象系统 |

续上表

| 系统类别 | 子系统 |
| --- | --- |
| 建筑智能化系统(BAS) | 信息网络 |
| | 综合布线系统 |
| | 时间系统 |
| | 电话系统 |
| | 公共广播系统 |
| | 有线电视系统 |
| | 设备管理与检测系统 |
| | 能耗监控系统 |
| 关联系统 | 大客车调度系统 |
| | 大客车跟踪系统 |
| 商务开发系统(BDS) | — |
| 市政设施管理系统(CMS) | — |

(3)枢纽信息系统中各系统应信息互联互通,并具备统一的接口标准和通信协议。

(4)枢纽火灾自动报警系统应采用控制中心报警系统、各功能区自动报警系统两级架构,各功能区自动报警系统间应互通报警和联动信息,并实现现场联动功能。

## 第二节　客流诱导信息系统

### 一、枢纽客运标志系统

1.总体设计

(1)枢纽客运标志系统应简洁、连续、完整和美观,衔接城市道路交通标志系统。

(2)枢纽内部客运标志应包括位置标志、导向标志、综合信息标志、劝阻标志、禁止标志、警告标志、消防设施标志和疏散路线标志,其设计和设置应符合《公共信息图形符号》(GB/T 10001)(所有部分)、《公共信息导向系统　设置原则与要求》(GB/T 15566)(所有部分)、《综合客运枢纽导向系统布设规范》(JT/T 1247—2019)的有关规定。枢纽外部引导旅客和机动车进枢纽和出枢纽的客运标志设计和设置应符合《道路交通标志和标线　第1部分:总则》(GB 5768.1—2009)、《道路交通标志和标线　第2部分:道路交通标志》(GB 5768.2—2009)、《城市道路交通设施设计规范(2019年版)》(GB 50688—2011)和《城市道路交通标志和标线设置规范》(GB 51038—2015)的有关规定。

(3)标志系统应按旅客和机动车的交通流线进行设计,满足90%以上旅客的信息需求。

(4)标志系统中的旅客服务信息应按照枢纽、枢纽内部各类交通方式客运场所、每一类交通方式客运场所内部服务设施分级设置,信息分级可按表8-2选定。

**枢纽标志系统信息分级** 表 8-2

<table>
<tr><th>第一级(枢纽)</th><th>第二级(交通运输方式场站)</th><th>第三级(场站内部服务设施)</th></tr>
<tr><td rowspan="37">××枢纽</td><td rowspan="7">飞机</td><td>公司名称</td></tr>
<tr><td>值机柜台</td></tr>
<tr><td>安检</td></tr>
<tr><td>候机</td></tr>
<tr><td>登机</td></tr>
<tr><td>行李提取</td></tr>
<tr><td>到达</td></tr>
<tr><td rowspan="6">火车</td><td>售票</td></tr>
<tr><td>出发</td></tr>
<tr><td>候车</td></tr>
<tr><td>检票</td></tr>
<tr><td>站台</td></tr>
<tr><td>到达</td></tr>
<tr><td rowspan="7">长途汽车</td><td>售票</td></tr>
<tr><td>出发</td></tr>
<tr><td>候车</td></tr>
<tr><td>检票</td></tr>
<tr><td>站台</td></tr>
<tr><td>下客处</td></tr>
<tr><td>到达</td></tr>
<tr><td rowspan="6">轮船</td><td>售票</td></tr>
<tr><td>出发</td></tr>
<tr><td>候乘</td></tr>
<tr><td>检票</td></tr>
<tr><td>码头</td></tr>
<tr><td>到达</td></tr>
<tr><td rowspan="5">城市轨道交通</td><td>出口</td></tr>
<tr><td>售票</td></tr>
<tr><td>检票</td></tr>
<tr><td>线路</td></tr>
<tr><td>列车</td></tr>
<tr><td rowspan="3">公共汽车</td><td>下客处</td></tr>
<tr><td>公交集散大厅</td></tr>
<tr><td>站台</td></tr>
<tr><td rowspan="2">出租车</td><td>下客处</td></tr>
<tr><td>候车处</td></tr>
<tr><td rowspan="2">停车场(社会车辆停车场)</td><td>下客处</td></tr>
<tr><td>车位</td></tr>
<tr><td>自行车</td><td>车位</td></tr>
<tr><td>出入口(枢纽行人出入口)</td><td></td></tr>
</table>

(5)枢纽内部各类交通方式客运场所和服务设施的名称应唯一,同一类交通方式客运场所或服务设施多于一个时宜以数字或字母编号区分。

(6)标志系统颜色使用规定如下:

①颜色使用应符合《中国颜色体系》(GB/T 15608—2006)的有关规定。

②除行人枢纽导向标志外,枢纽服务行人的客运标志衬底基准色应采用蓝色,色号应为C100 M60 Y0 K50。

③枢纽服务机动车、自行车的客运标志和行人枢纽导向标志衬底基准色应采用蓝色,应符合《道路交通标志和标线　第1部分:总则》(GB 5768.1—2009)的有关规定,色号宜为C99 M94 Y1 K1。

(7)枢纽内部客运标志版面设计规定如下:

①依据《图形符号表示规则　总则》(GB/T 16900—2008)和《标志用图形符号表示规则　第1部分:公共信息图形符号的设计原则》(GB/T 16903.1—2008)的有关规定,枢纽补充公共信息图形符号参见表8-3。

枢纽常用的其他公共信息图形符号　表8-3

| 图形符号 | 含　义 | 说　明 |
| --- | --- | --- |
| P1 | 1号停车场<br>Parking No. 1 | 表示供停放机动车的场所之一,如1号停车场。其他编号的停车场可参照此图形符号进行设计 |
|  | 社会车辆下客<br>Public Vehicles Drop-off | 表示社会车辆下客的场所或区域 |
|  | 长途汽车上客<br>Inter-City Bus Pick-up | 表示长途汽车上客的场所或区域 |
|  | 长途汽车下客<br>Inter-City Bus Drop-off | 表示长途汽车下客的场所或区域 |
|  | 无障碍升降平台<br>Wheelchair Lift | 表示供乘轮椅的旅客上下楼使用的设施 |
|  | 爬楼车<br>Wheelchair Aid | 表示供移动不便的旅客上下楼使用的设施 |
|  | 火车出发<br>Train Departures | 表示火车出发的场所或区域 |
|  | 火车到达<br>Train Arrivals | 表示火车到达的场所或区域 |
|  | 长途汽车出发<br>Inter-City Bus Departures | 表示长途汽车出发的场所或区域 |
|  | 长途汽车到达<br>Inter-City Bus Arrivals | 表示长途汽车到达的场所或区域 |

②箭头符号使用规则参见表 8-4 和图 8-1、图 8-2。

**枢纽常用的其他箭头符号及其含义**　　表 8-4

| 箭头符号 | 含　义 | 箭头符号 | 含　义 |
|---|---|---|---|
| 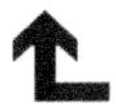 | 表示向左(绕过障碍物)再向前 | 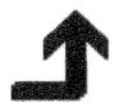 | 表示向右(绕过障碍物)再向前 |
| 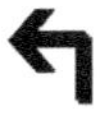 | 表示向前(绕过障碍物)再向左 | 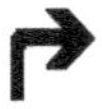 | 表示向前(绕过障碍物)再向右 |
| 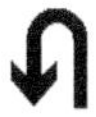 | 表示向前(绕过障碍物)再向左掉头 | 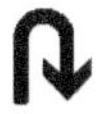 | 表示向前(绕过障碍物)再向右掉头 |

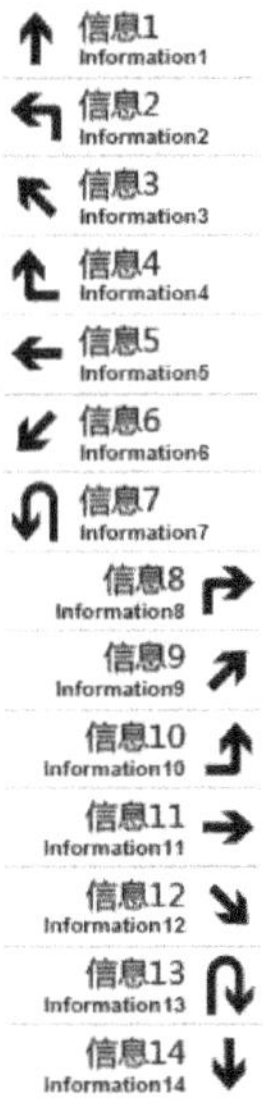

信息1 Information1
信息2 Information2
信息3 Information3
信息4 Information4
信息5 Information5
信息6 Information6
信息7 Information7
信息8 Information8
信息9 Information9
信息10 Information10
信息11 Information11
信息12 Information12
信息13 Information13
信息14 Information14

图 8-1　标志内容纵向排列时相对位置

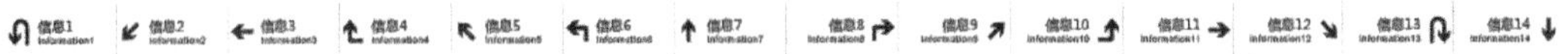

图 8-2　标志内容横向排列时相对位置

③图形符号、中文和英文尺寸及其与标志边缘的间距等标志构成要素的尺寸关系应按照图 8-3 所示尺寸进行设计。

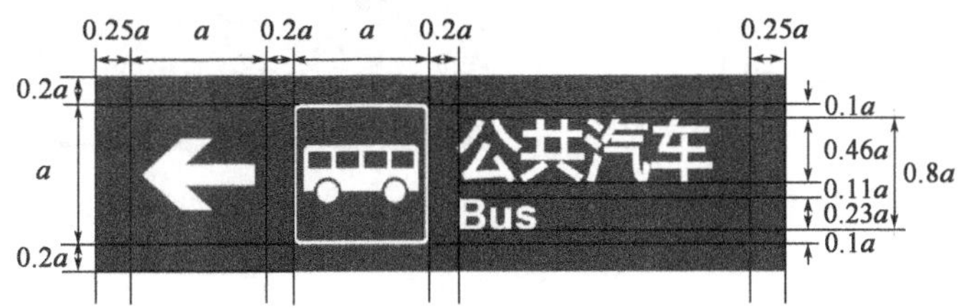


图 8-3　标志版面设计示例

注：$a$ 为公共汽车图形符号的边长。

④箭头符号指示的信息应小于或等于4条,否则宜在第5条信息前补充设置相同方向箭头符号。

⑤相同方向、相同等级的信息宜设置在标志的同一行。

⑥同一方向箭头符号指示的信息可按照客流需求由大到小或引导位置由近及远的顺序,离箭头符号由近及远进行排列。

⑦位置标志和导向标志牌体版面高度宜大于350mm,可依据枢纽实际空间情况选择合理尺寸。

⑧地面式客运标志文字高度可从100mm至800mm范围选取。

(8)在客流流线上分流点、合流点和交织点等客流分岔口处应设置导向标志。枢纽内部服务行人及自行车的传递同一信息的导向标志设置间距应小于30m。枢纽周边1.5km半径范围内服务行人和自行车进枢纽或出枢纽的传递同一信息的导向标志设置间距应小于200m。

(9)枢纽内部悬挂式客运标志牌体下边缘与地面之间的垂直距离应大于2.2m。

(10)枢纽内部客运标志可采用板式、灯箱式和电子显示屏作为载体,规定如下:

①固定设施宜设置不可变标志进行引导,可采用板式或灯箱式设置。

②枢纽运营期间,当标志设置场所的照度低于200lx或有夜间使用需求时,宜采用灯箱式设置,内部光源宜采用节能灯,可配合使用自动感光装置。

③客运标志内容更换频率高时,宜采用电子显示屏,但内容刷新频率应保证旅客正常阅读需要。电子显示屏应只发布与枢纽运营相关的信息。

(11)当枢纽内部客运场所或服务设施临时变更使用功能或出现紧急情况时,可设置临时标志,也可变更相应位置的电子显示屏内容。

(12)枢纽内部广告的设置不应影响客运标志的识别,规定如下:

①垂直于客流流线不应设置广告。

②客运标志应独立设置,标志平面外边缘2m范围内不应设置广告。

③墙面广告(含灯箱广告)的面积应小于站厅、站台客运标志面积的3倍。

④设置广告的立柱数量宜小于站厅、站台独立立柱数量的30%。

2. 标志设计

1)位置标志

(1)枢纽位置标志

枢纽位置标志用以确认枢纽的位置,由枢纽名称组成(图8-4、图8-5)。

图8-4 设置在枢纽建筑物顶部的枢纽位置标志示例

图8-5 设置在枢纽建筑入口的枢纽位置标志示例

(2)下客处位置标志

下客处位置标志用以确认枢纽内部各类机动车下客处的位置,由对应的下客处图形符号和名称组成(图8-6)。

(3)客运场所位置标志

客运场所位置标志用以确认枢纽内部各类交通方式客运场所入口的位置,由对应的客运场所图形符号和名称组成,分为客运场所机动车入口位置标志(图8-17)和客运场所行人入口位置标志(图8-7)。

图8-6 出租车下客处位置标志示例

图8-7 公共汽车客运场所行人入口位置标志示例

(4)自行车停放处位置标志

自行车停放处位置标志用以确认枢纽内部自行车停放处入口的位置,由"自行车停放处"图形符号和名称组成(图8-8)。

(5)行人出口位置标志

行人出口位置标志用以确认枢纽行人出口的位置,由"出口"图形符号、出口名称、编号和方向组成(图8-9)。出口编号应以枢纽建筑几何中心为中心,依据各出口在地面的相对地理位置,从正北方向开始,按顺时针方向顺序数字编号;当同一方向上存在多个出口时,按距离中心由近及远顺序编号。

图8-8 自行车停放处位置标志示例

图8-9 行人出口位置标志示例

2)导向标志

(1)枢纽导向标志

枢纽导向标志用以指示枢纽所在方位,分为机动车枢纽导向标志和行人枢纽导向标志。机动车枢纽导向标志服务道路上的机动车,分为设置在城市道路上的标志(图8-10~图8-15)和设置在高速公路、国道上的标志。设置在高速公路、国道上的机动车枢纽导向标志应依据《道路交通标志和标线 第2部分:道路交通标志》(GB 5768.2—2009)的有关规定进行设计。

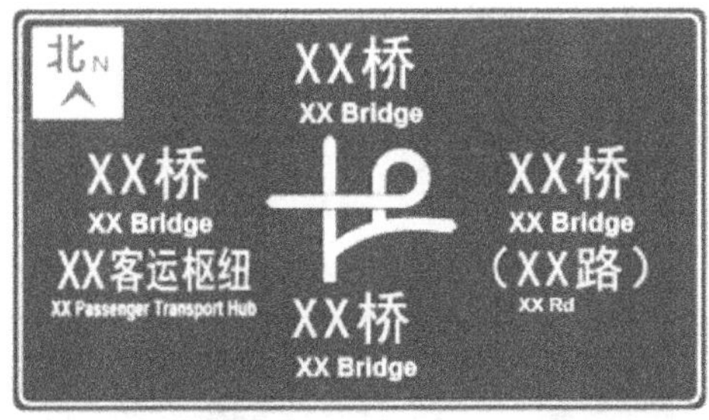


图8-10 设置在城市快速路立交桥的机动车枢纽导向标志示例

图8-11 设置在城市快速路立交桥匝道的机动车枢纽导向标志示例

图 8-12　设置在城市快速路路段的机动车枢纽导向标志示例

图 8-13　设置在城市快速路出口的机动车枢纽导向标志示例

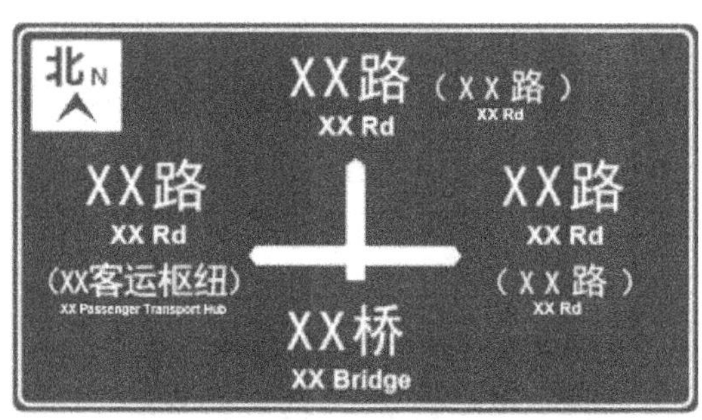


图 8-14　设置在城市主干路、次干路、支路交叉口的机动车枢纽导向标志示例 1

图 8-15　设置在城市主干路、次干路、支路交叉口的机动车枢纽导向标志示例 2

行人枢纽导向标志服务道路上的行人，由箭头形状、枢纽名称、枢纽包含的交通方式和距离组成（图 8-16）。

图 8-16　行人枢纽导向标志示例

（2）客运场所导向标志

客运场所导向标志用以指示枢纽内部各类交通方式客运场所入口，由箭头符号、对应的客运场所图形符号和名称组成，分为客运场所机动车入口导向标志（图 8-17）和客运场所行人入口导向标志（图 8-18）。

图 8-17　客运场所机动车入口导向标志示例

图 8-18　客运场所行人入口导向标志示例 1

当导向距离超过 150m 时，可在客运场所行人入口导向标志上以 50m 精度标注距离（图 8-19）。

图 8-19　客运场所行人入口导向标志示例 2

（3）停车诱导标志

停车诱导标志用以指示枢纽内部和周边 500m 半径范围内的社会车辆停车场，由箭头符号、“停车场”图形符号、名称和所剩停车位数量组成（图 8-20、图 8-21）。

图 8-20　停车诱导标志示例 1

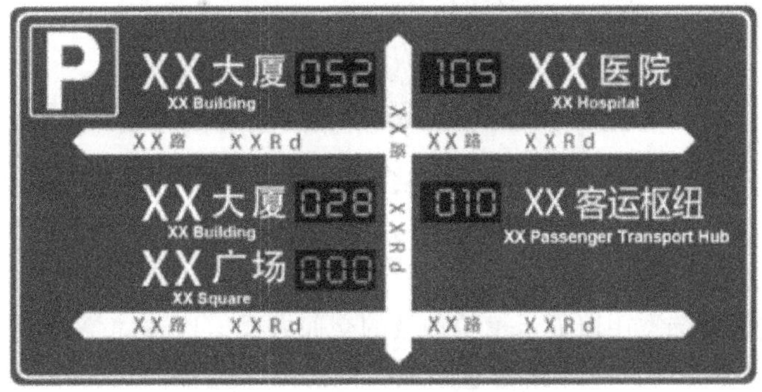


图 8-21　停车诱导标志示例 2

(4)下客处导向标志

下客处导向标志用以指示枢纽内部各类机动车下客处,由箭头符号、对应的下客处图形符号和名称组成(图8-22)。

(5)自行车停放处导向标志

自行车停放处导向标志用以指示枢纽内部自行车停放处入口,由箭头符号、“自行车停放处”图形符号和名称组成(图8-23)。

图8-22　出租车下客处导向标志示例

图8-23　自行车停放处导向标志示例

(6)周边道路导向标志

周边道路导向标志用以指示枢纽周边道路情况,由箭头符号、枢纽周边道路名称组成,包括机动车周边道路导向标志和自行车周边道路导向标志。

机动车周边道路导向标志服务道路上的机动车,引导枢纽周边快速路和主干路(图8-24)。

自行车周边道路导向标志服务道路上的自行车,引导枢纽周边次干路或支路(图8-25)。

图8-24　机动车周边道路导向标志示例

图8-25　自行车周边道路导向标志示例

(7)行人出口导向标志

行人出口导向标志用以指示枢纽行人出口,由箭头符号、“出口”图形符号、出口名称、编号和方向组成(图8-26)。

图8-26　行人出口导向标志示例

3)综合信息标志

(1)枢纽交通方式信息标志

枢纽交通方式信息标志用以展示枢纽涉及的交通方式信息,由枢纽名称、各类交通方式的图形符号和名称、各类交通方式线路信息组成。标志下方宜标注运营单位服务热线和网址。各类交通方式线路信息可独立制作,以便更换(图8-27)。

(2)枢纽交通和服务设施空间示意图

枢纽交通和服务设施空间示意图用以展示枢纽建筑空间结构和各类交通方式客运场所布局情况,由图名称、主图和图例组成。主图中应标注枢纽中的各类交通方式客运场所,如飞机、火车、长途汽车、城市轨道交通、公共汽车、出租车、停车场(社会车辆停车场)、自行车、出入口(枢纽行人出入口)等,并醒目标注“您在此”和指北针;宜标注服务设施,如卫生间、饮水处、公用电话、问讯处、电梯、自动扶梯、无障碍设施、安全出口等;可标注各类交通方式客运场所中的服务设施,如出入口(客运场所行人出入口)、售票处、候车厅等。主图宜采用三维绘图形式,视图角度与旅客在标志设置位置处实际的空间视角相一致。图例下方宜标注运营单位服务热线和网址(图8-28)。

(3)客运服务信息标志

枢纽应依据涉及的交通方式种类设置相应的客运服务信息标志,通常包括城市轨道交通线网图、公共汽车线路信息标志、长途汽车线路信息标志、铁路车次信息标志、航空公司信息标志等。

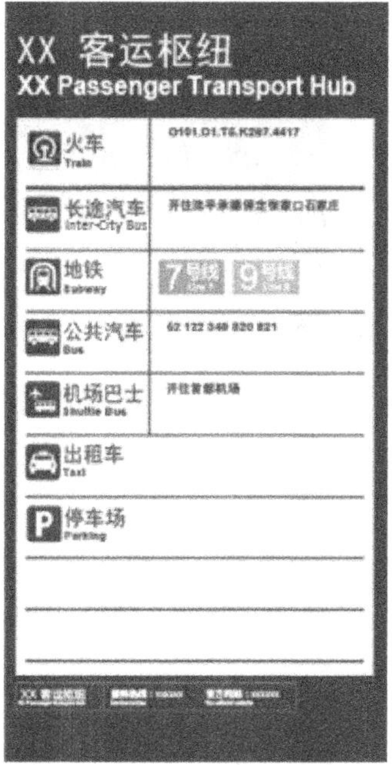


图8-27 枢纽交通方式信息标志示例

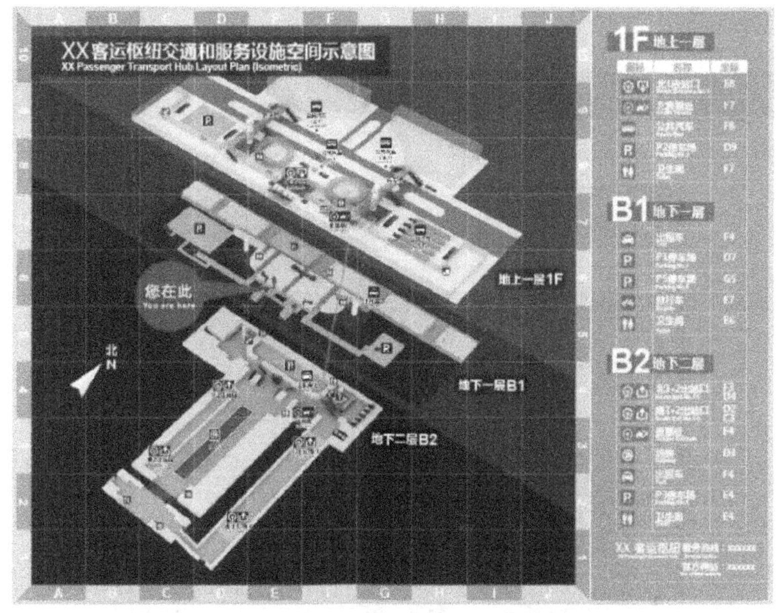


图8-28 枢纽交通和服务设施空间示意图示例

以北京市为例:

①城市轨道交通线网图。北京城市轨道交通线网图用以展示北京市城市轨道交通运营线路信息,由“北京城市轨道交通”图形符号、图名称、运营线路名称、编号和颜色、所经站点、换乘站点、指北针组成。图中应醒目标注“您在此”。标志下方宜标注运营单位服务热线和网址(图8-29)。

②公共汽车线路信息标志。公共汽车线路信息标志用以展示枢纽内部和周边公共汽车线

路信息，由表名称、公共汽车线路编号、始发站和终点站名称、始发站和终点站营业时间组成。标志下方宜标注运营单位服务热线和网址(图 8-30)。

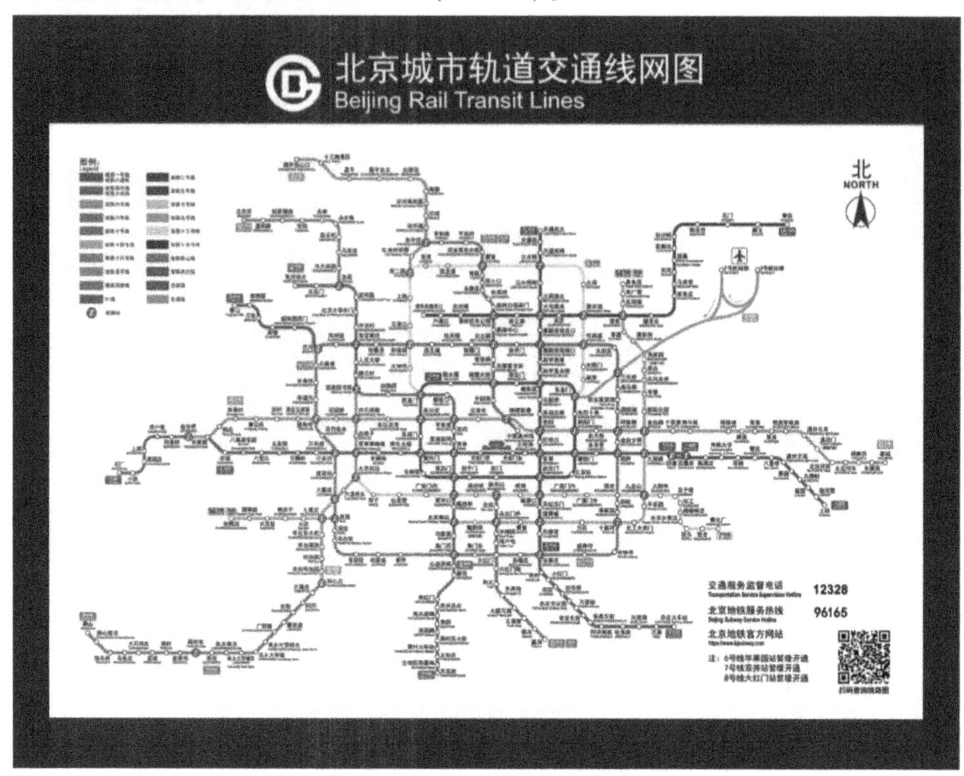


图 8-29　城市轨道交通线网图示例

XX客运枢纽公共汽车线路信息
XX Passenger Transport Hub Bus Route Information

| 线路号 Route No. | 始发站 Origin Station | 终点站 Terminus | 始发站营业时间 Operating Time of Origin Station | 终点站营业时间 Operating Time of Terminus |
|---|---|---|---|---|
| 21 | 北京西站 Beijing West Railway Station | 安华桥北 ANHUA Bridge North | 5:00-23:00 | 5:00-23:00 |
| 673 | 北京西站 Beijing West Railway Station | 石各庄 SHIGEZHUANG | 5:30-22:00 | 5:30-22:00 |
| 320 | 北京西站 Beijing West Railway Station | 保福寺桥西 BAOFUSI Bridge West | 5:00-23:00 | 5:20-23:00 |
| 319 | 北京西站 Beijing West Railway Station | 西苑 XIYUAN | 5:30-22:00 | 5:30-23:00 |
| 373 | 北京西站 Beijing West Railway Station | 京原路口东 JINGYUANLUKOU East | 5:40-23:00 | 5:00-22:00 |
| 52 | 北京西站 Beijing West Railway Station | 平乐园 PINGLEYUAN | 5:00-24:00 | 5:00-24:00 |
| 437 | 北京西站 Beijing West Railway Station | 颐和园新建宫门 YIHEYUANXINJIANGONGMEN | 5:30-23:00 | 5:30-22:30 |
| 387 | 北京西站 Beijing West Railway Station | 慧忠路东口 HUIZHONGLUDONGKOU | 5:30-23:00 | 5:30-23:00 |
| 83 | 北京西站 Beijing West Railway Station | 国家体院馆公交场站 GONGJIATIYUGUANGONG JIAOCHANGZHAN | 6:00-23:00 | 5:30-22:00 |
| 99 | 北京西站 Beijing West Railway Station | 左安路 ZUOAN Rd | 5:30-23:00 | 5:30-22:30 |

XX客运枢纽 XX Passenger Transport Hub　服务热线：xxxxxx Service hotline　官方网站：xxxxxx The official website

图 8-30　公共汽车线路信息标志示例

③长途汽车线路信息标志。长途汽车线路信息标志用以展示枢纽内部和周边长途汽车线路信息,由表名称、长途汽车线路起点和终点名称、首班车和末班车时间、发车间隔组成。标志下方宜标注运营单位服务热线和网址(图8-31)。

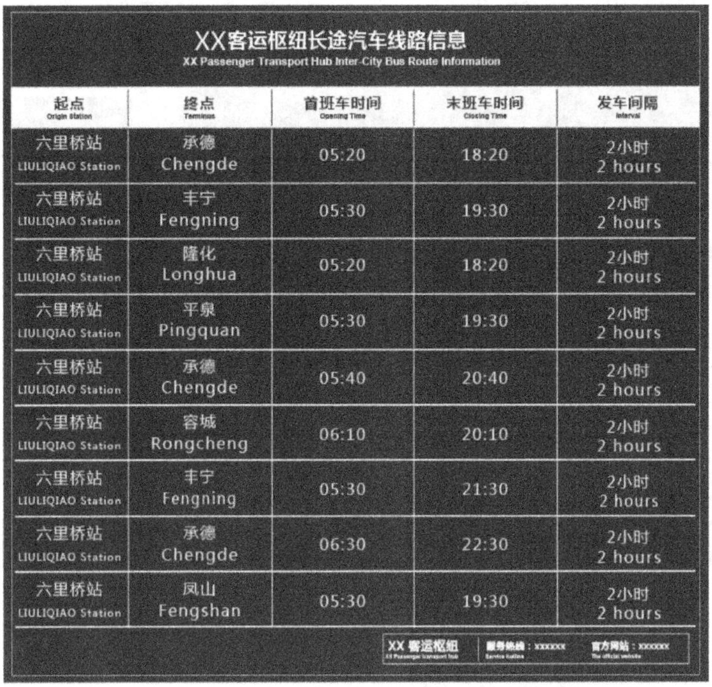

XX客运枢纽长途汽车线路信息
XX Passenger Transport Hub Inter-City Bus Route Information

| 起点 Origin Station | 终点 Terminus | 首班车时间 Opening Time | 末班车时间 Closing Time | 发车间隔 Interval |
|---|---|---|---|---|
| 六里桥站 LIULIQIAO Station | 承德 Chengde | 05:20 | 18:20 | 2小时 2 hours |
| 六里桥站 LIULIQIAO Station | 丰宁 Fengning | 05:30 | 19:30 | 2小时 2 hours |
| 六里桥站 LIULIQIAO Station | 隆化 Longhua | 05:20 | 18:20 | 2小时 2 hours |
| 六里桥站 LIULIQIAO Station | 平泉 Pingquan | 05:30 | 19:30 | 2小时 2 hours |
| 六里桥站 LIULIQIAO Station | 承德 Chengde | 05:40 | 20:40 | 2小时 2 hours |
| 六里桥站 LIULIQIAO Station | 容城 Rongcheng | 06:10 | 20:10 | 2小时 2 hours |
| 六里桥站 LIULIQIAO Station | 丰宁 Fengning | 05:30 | 21:30 | 2小时 2 hours |
| 六里桥站 LIULIQIAO Station | 承德 Chengde | 06:30 | 22:30 | 2小时 2 hours |
| 六里桥站 LIULIQIAO Station | 凤山 Fengshan | 05:30 | 19:30 | 2小时 2 hours |

XX客运枢纽 服务热线：xxxxxx 官方网站：xxxxxx

图8-31 长途汽车线路信息标志示例

④铁路车次信息标志。铁路车次信息标志用以展示枢纽内部营运列车信息,由表名称和列车车次组成。标志下方宜标注运营单位服务热线和网址(图8-32)。

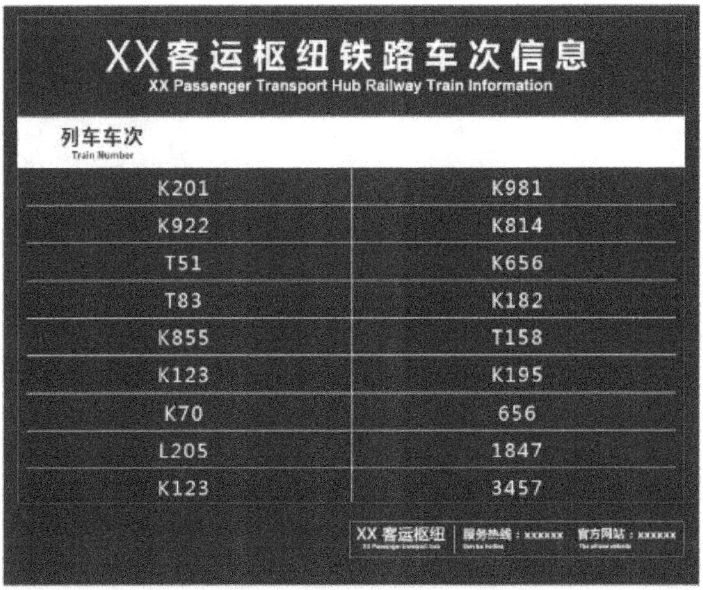

XX客运枢纽铁路车次信息
XX Passenger Transport Hub Railway Train Information

| 列车车次 Train Number | |
|---|---|
| K201 | K981 |
| K922 | K814 |
| T51 | K656 |
| T83 | K182 |
| K855 | T158 |
| K123 | K195 |
| K70 | 656 |
| L205 | 1847 |
| K123 | 3457 |

XX客运枢纽 服务热线：xxxxxx 官方网站：xxxxxx

图8-32 铁路车次信息标志示例

⑤航空公司信息标志。航空公司信息标志用以展示枢纽内部营运航空公司信息，由表名称和航空公司名称组成。标志下方宜标注运营单位服务热线和网址（图 8-33）。

（4）楼层设施信息标志

楼层设施信息标志用以展示枢纽各楼层的客运场所或服务设施信息，由当前楼层名称、各楼层名称、各楼层客运场所或服务设施的图形符号和名称组成（图 8-34）。

图 8-33 航空公司信息标志示例

图 8-34 楼层设施信息标志示例

（5）楼层交通和服务设施平面示意图

楼层交通和服务设施平面示意图用以展示枢纽建筑某一层各类交通方式客运场所和服务设施布局情况，由图名称、主图和图例组成。主图中应标注枢纽交通和服务设施空间示意图中对应楼层内容，并醒目标注“您在此”和指北针。主图宜采用二维绘图形式，视图角度与旅客在标志设置位置处实际的空间视角相一致。图例下方宜标注运营单位服务热线和网址（图 8-35）。

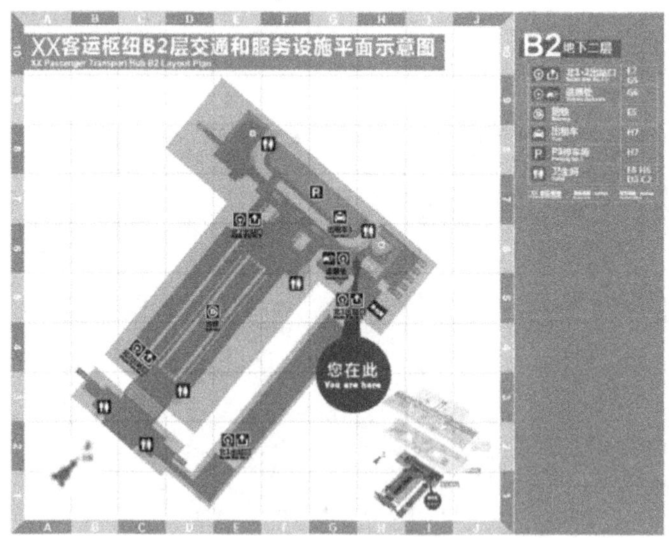


图 8-35 楼层交通和服务设施平面示意图示例

(6)详细信息辅助标志

详细信息辅助标志用以解释说明当前指示信息的下一级详细信息。其中变化较快的信息可独立制作,以便更换(图 8-36)。

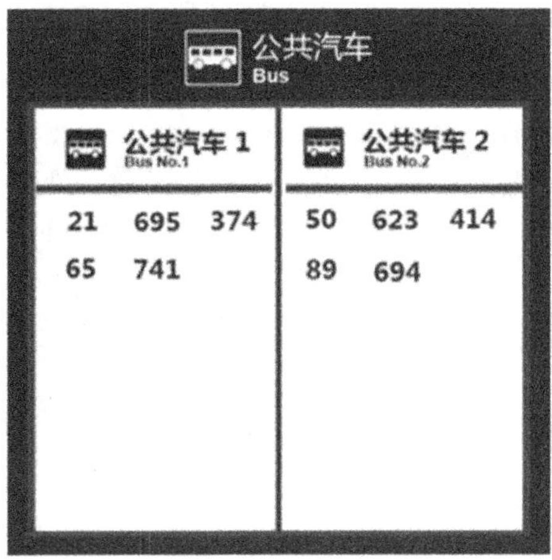


图 8-36 详细信息辅助标志示例

(7)枢纽方位图

枢纽方位图用以展示枢纽在城市道路网中的位置,由图名称和主图组成。主图中应标注枢纽位置、城市快速路、高速公路和指北针(图 8-37)。

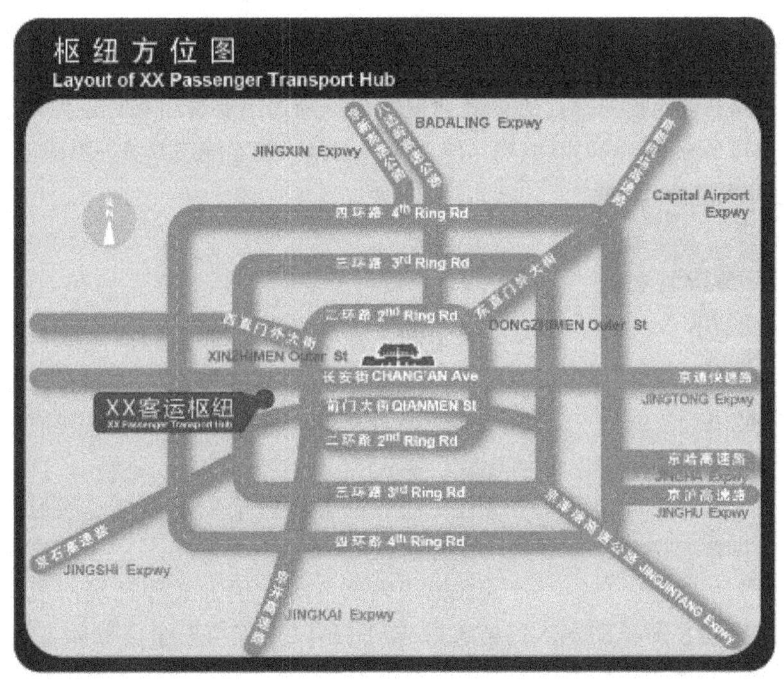


图 8-37 枢纽方位图示例

(8)周边街区导向图

周边街区导向图用以展示枢纽周边街区内主要自然地理信息、公共设施位置分布信息等,由图名称、主图和图例组成。主图中应标注枢纽位置和枢纽周边1.5km半径范围内与交通出行相关的重要信息,如水系、绿地、主干路、次干路、标志性建筑物、医院、学校、旅游景点、出租车扬招站位置,城市轨道交通线路、站点位置和站名,公共汽车站点位置和站名等,并醒目标注“您在此”和指北针。宜配合绘制枢纽方位图,醒目标注枢纽所在城市道路网中的位置。图例下方宜标注运营单位服务热线和网址。图例中各类交通方式线路信息可独立制作,以便更换(图8-38)。

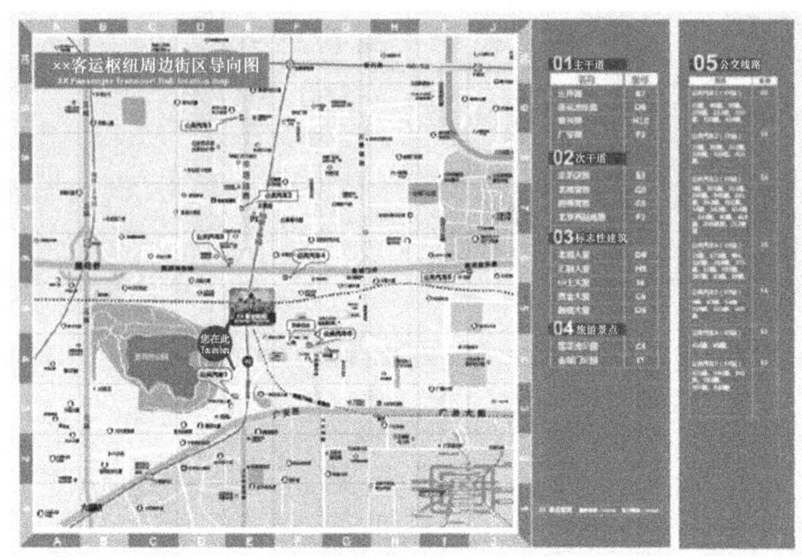


图8-38　周边街区导向图示例

(9)出口周边道路和建筑信息标志

出口周边道路和建筑信息标志用以展示枢纽出口周边主要道路和标志性建筑信息,由“出口”图形符号、出口名称、编号和方向、出口周边主要道路和标志性建筑名称组成(图8-39)。

图8-39　出口周边道路和建筑信息标志示例

3. 标志设置

1)位置标志

(1)进枢纽标志系统

①在枢纽主体建筑的顶部和侧面应醒目设置枢纽位置标志(图8-4),应保证旅客在枢纽周边1km半径范围内的主要道路上均能观察到。在枢纽建筑入口处应醒目设置枢纽位置标志(图8-5)。

②在枢纽内部各类机动车下客处应醒目设置相应的下客处位置标志(图8-6)。

③在枢纽内部各类交通方式客运场所机动车入口处应醒目设置相应的客运场所机动车入口位置标志(图8-17),宜与枢纽位置标志组合设置,同时可配合设置劝阻、禁止、警告标志。

④在自行车停放处应醒目设置自行车停放处位置标志(图8-8)。

(2)换乘标志系统

在枢纽内部各类交通方式客运场所行人入口处应醒目设置客运场所行人入口位置标志

(图 8-7)。

(3)出枢纽标志系统

在枢纽行人出口处应醒目设置行人出口位置标志(图 8-9)。

2)导向标志

(1)进枢纽标志系统

①在枢纽周边最近的高速公路、快速路和衔接枢纽的国道、主干路、次干路、支路和重要道路交叉口处,应连续设置机动车枢纽导向标志。设置在城市道路上的机动车枢纽导向标志应依据《城市道路交通设施设计规范(2019 年版)》(GB 50688—2011)和《城市道路交通标志和标线设置规范》(GB 51038—2015)的有关规定进行设置,分为设置在城市快速路立交桥(参见图 8-10、图 8-11,其中图 8-11 可与图 8-10 组合设置,也可单独设置)、路段(图 8-12)和出口(图 8-13)的标志和设置在城市主干路、次干路、支路交叉口的标志(参见图 8-14、图 8-15,其中图 8-15 可配合图 8-14 设置)。设置在高速公路、国道上的机动车枢纽导向标志应依据《道路交通标志和标线　第 1 部分:总则》(GB 5768.1—2009)和《道路交通标志和标线　第 2 部分:道路交通标志》(GB 5768.2—2009)的有关规定进行设置。

②在枢纽周边 1km 半径范围内的主干路、次干路、支路和重要道路交叉口处应连续设置客运场所机动车入口导向标志(图 8-17)和停车诱导标志(图 8-20、图 8-21)。

③当机动车在客运场所外下客时,在枢纽周边 500m 半径范围内的支路和重要道路交叉口处应连续设置下客处导向标志(图 8-22)。

④在枢纽周边 500m 半径范围内的支路和重要道路交叉口处应连续设置自行车停放处导向标志(图 8-23)。

⑤在枢纽周边 1.5km 半径范围内的主干路、次干路、支路、重要道路交叉口和站前广场等人流量较大的位置应连续设置行人枢纽导向标志(图 8-16)。

(2)换乘标志系统

在各类交通方式客运场所行人出口(到达口)外、各类交通方式客运场所外的机动车下客处、枢纽行人入口处和枢纽内部所有的客流分岔口应连续设置客运场所行人入口导向标志(图 8-18、图 8-19)。

(3)出枢纽标志系统

①在各类交通方式客运场所机动车出口外,枢纽周边的次干路、支路和重要道路交叉口处应连续设置机动车周边道路导向标志(图 8-24),衔接城市道路交通标志系统。

②在自行车停放处出口外,枢纽周边的次干路、支路和重要道路交叉口处应连续设置自行车周边道路导向标志(图 8-25),衔接城市道路交通标志系统。

③在各类交通方式客运场所行人出口(到达口)外和枢纽内部所有的客流分岔口处应连续设置行人出口导向标志(图 8-26)。

3)综合信息标志

(1)进枢纽标志系统

应配合行人枢纽导向标志设置枢纽交通方式信息标志(图 8-27)。

(2)换乘标志系统

①在各类交通方式客运场所行人出口(到达口)外、各类交通方式客运场所外的机动车下

客处、枢纽行人入口处应设置枢纽交通和服务设施空间示意图(图8-28)。应在较大空间处进行设置,以减少对途经旅客的影响。

②依据枢纽涉及的交通方式种类,配合枢纽交通和服务设施空间示意图,应设置城市轨道交通线网图(图8-29)、公共汽车线路信息标志(图8-30)、长途汽车线路信息标志(图8-31)、铁路车次信息标志(图8-32)和航空公司信息标志(图8-33)等。

③在枢纽内部的楼梯和电梯等设施附近宜设置楼层设施信息标志(图8-34),可依据空间大小选择设置楼层交通和服务设施平面示意图(图8-35)。

④在枢纽内部主要的客流通道两侧,配合客运场所行人入口导向标志,宜设置详细信息辅助标志(图8-36)。

(3)出枢纽标志系统

①在枢纽内部的社会车辆停车场内应设置枢纽方位图(图8-37)。

②在各类交通方式客运场所行人出口(到达口)外和自行车停放处内应设置周边街区导向图(图8-38)。

③在枢纽行人出口外应设置出口周边道路和建筑信息标志(图8-39)。

4.材料工艺及制作施工要求

(1)材料

①安装结构采用Q235B级钢,焊条采用E43××。

②光源采用LED。

③标志面材为铝板烤漆或亚克力丝网印刷。

(2)表面处理

①钢构件制作完成后,必须进行彻底除锈,除锈质量及等级应按《涂覆涂料前钢材表面处理 表面清洁度的目视评定 第1部分:未涂覆过的钢材表面和全面清除原有涂层后的钢材表面的锈蚀等级和处理等级》(GB/T 8923.1—2011)给出的Sa2½级进行检验。

②除锈后4h内涂好第一道防锈底漆,防腐底漆可选用水性无机富锌类漆,干漆膜厚度>80μm;底漆外加环氧云铁中间漆,干漆膜厚度>80μm。

③面漆颜色以色彩确认函件中的PANTONE色值为准。

④现场焊缝及被烧损部位应用角磨钢丝轮打磨至St3,然后涂装底漆、中漆、面漆。

(3)制作及安装

①钢结构的制作与安装应符合《钢结构工程施工质量验收标准》(GB 50205—2020)的有关规定,构件制作、组装安装时应制定合理的焊接顺序,减少焊接变形及焊接应力。每种类型钢架出厂前,应进行预拼装。预拼装的偏差应符合《建筑地基基础工程施工质量验收标准》(GB 50202—2018)的有关规定。所有焊接材料形成的熔敷金属的机械性能必须达到钢体本材相应的指标。

②焊接构件的坡口和切口质量、焊接连接的允许偏差y应符合相关规范的规定。

③主要承重构件进行焊接活拼接时,焊缝质量等级不低于二级,并进行探伤检验。

④构件焊接后产生的变形应予以校正。采用机械方法进行变形校正时,环境温度应不低于0°C。

⑤钢结构制作必须符合《建筑地基基础工程施工质量验收标准》(GB 50202—2018)和《户

外广告设施钢结构技术规程》(CECS 148—2003)的有关规定。

⑥雨雪天气时禁止露天焊接,构件焊区表面潮湿或有冰雪时,必须清理干净方可施焊。四级风力以上焊接时应采取防风措施。

(4)基础

①地基承载力特征值等参数应根据岩土工程勘察报告或试验数据确定。

②开挖后的基坑应验槽,如遇特殊情况应按相应规范单独处理。

③基础施工完毕后应及时回填,压实系数不小于0.94。

5. 规划示例

(1)进枢纽标志系统

①机动车进枢纽标志系统。图8-40举例说明了机动车进枢纽标志系统设置主要内容。

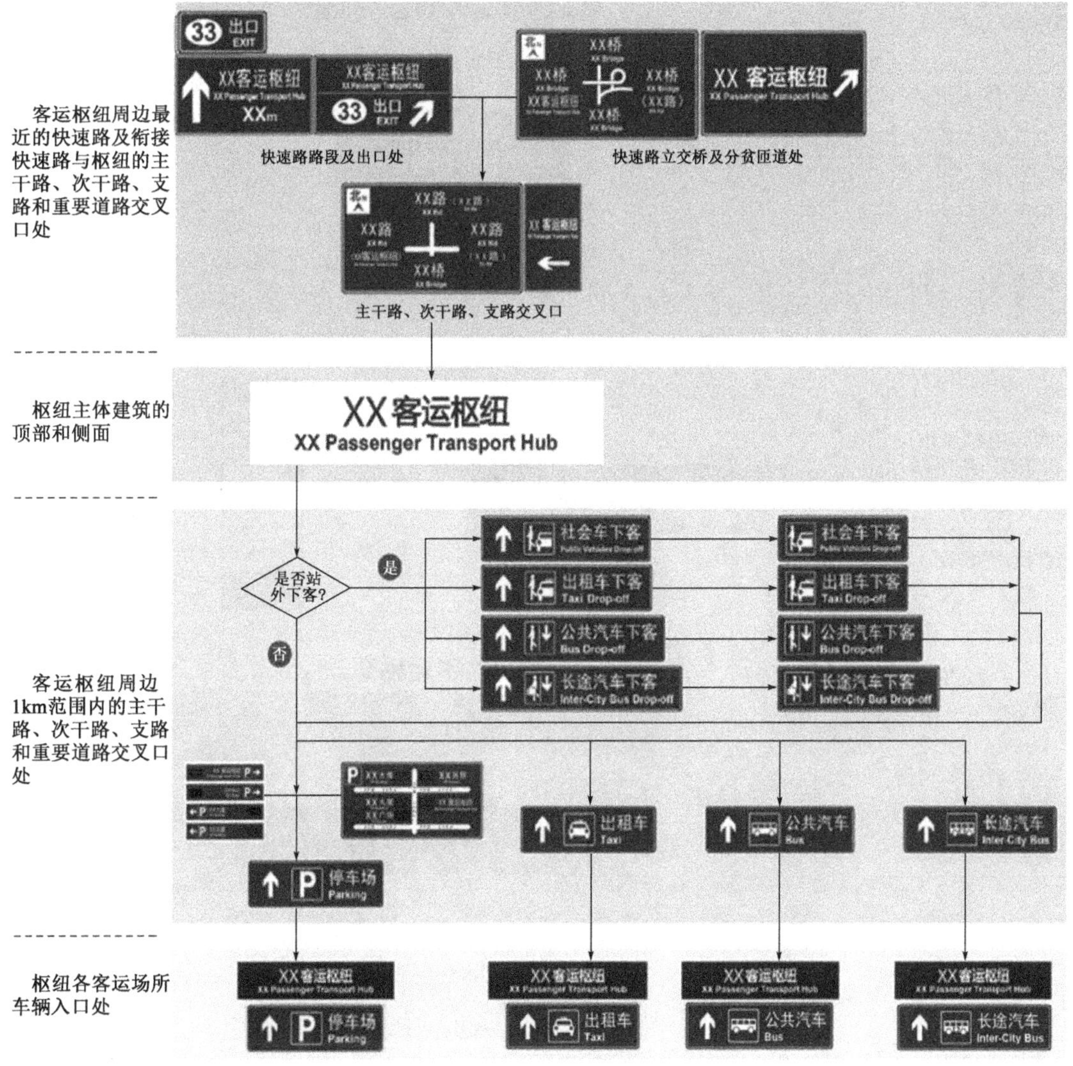


图8-40 机动车进枢纽标志系统示例

②自行车进枢纽标志系统。图8-41举例说明了自行车进枢纽标志系统设置主要内容。

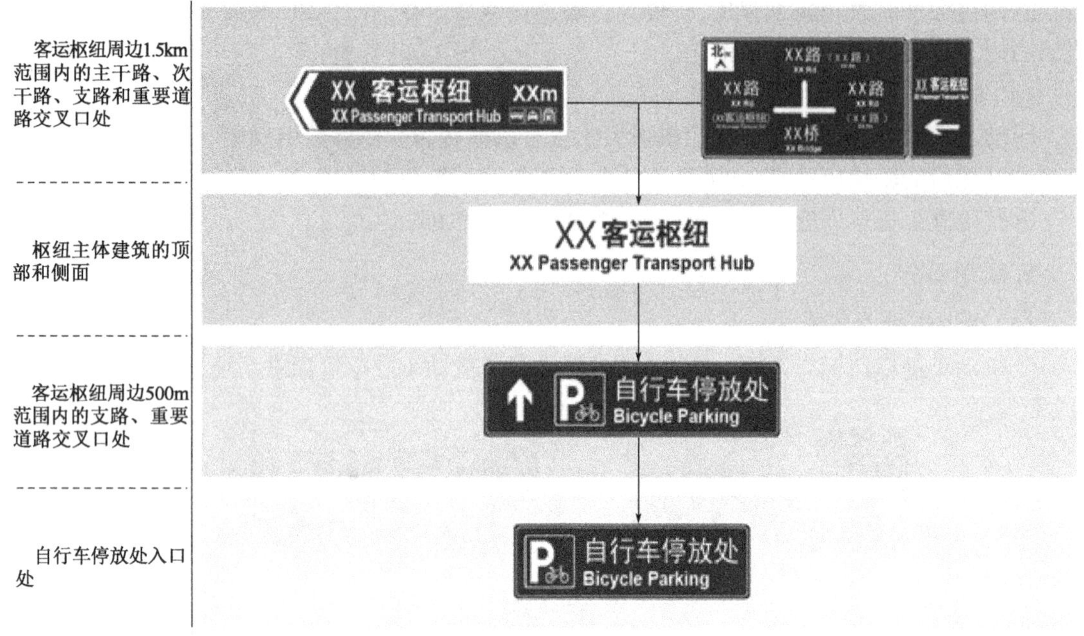


图8-41 自行车进枢纽标志系统示例

③行人进枢纽标志系统。图8-42举例说明了行人进枢纽标志系统设置主要内容。

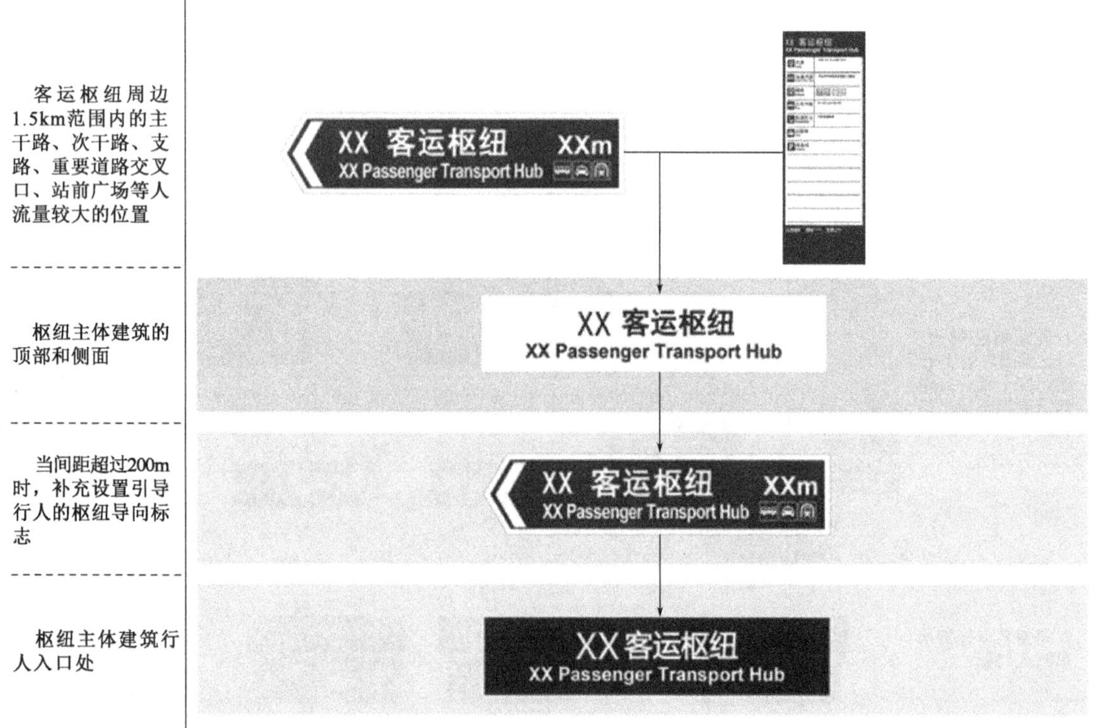


图8-42 行人进枢纽标志系统示例

(2)换乘标志系统

图8-43举例说明了换乘标志系统设置主要内容。

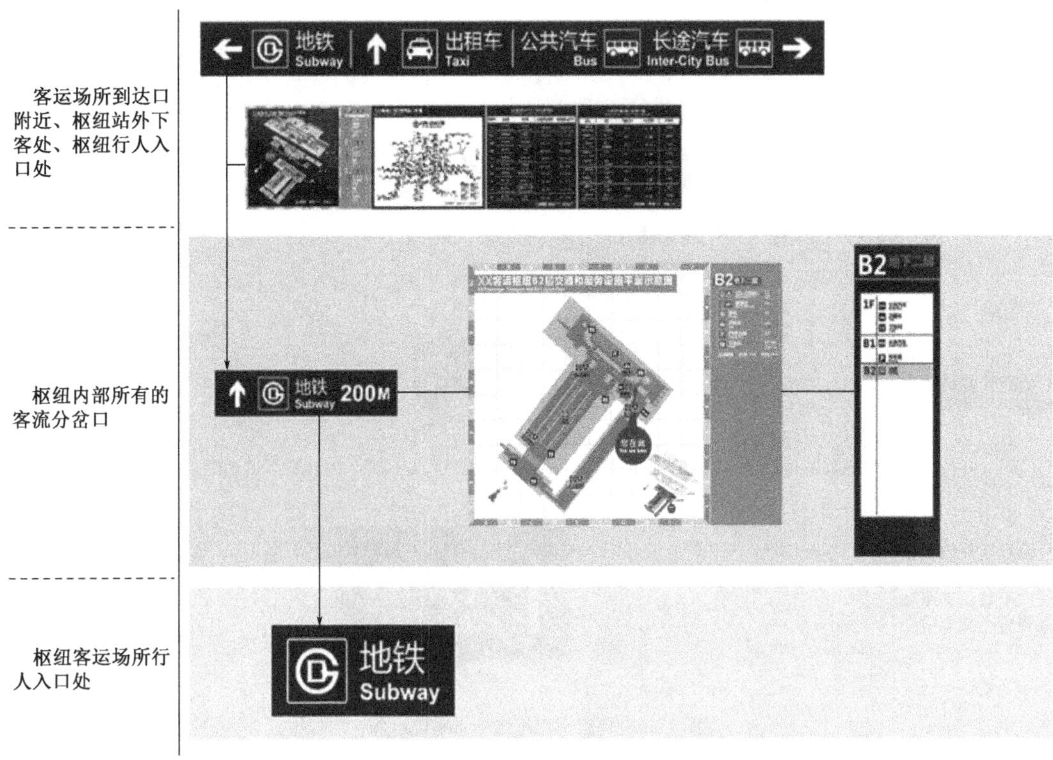


图8-43　换乘标志系统示例

(3)出枢纽标志系统

①机动车出枢纽标志系统。图8-44举例说明了机动车出枢纽标志系统设置主要内容。

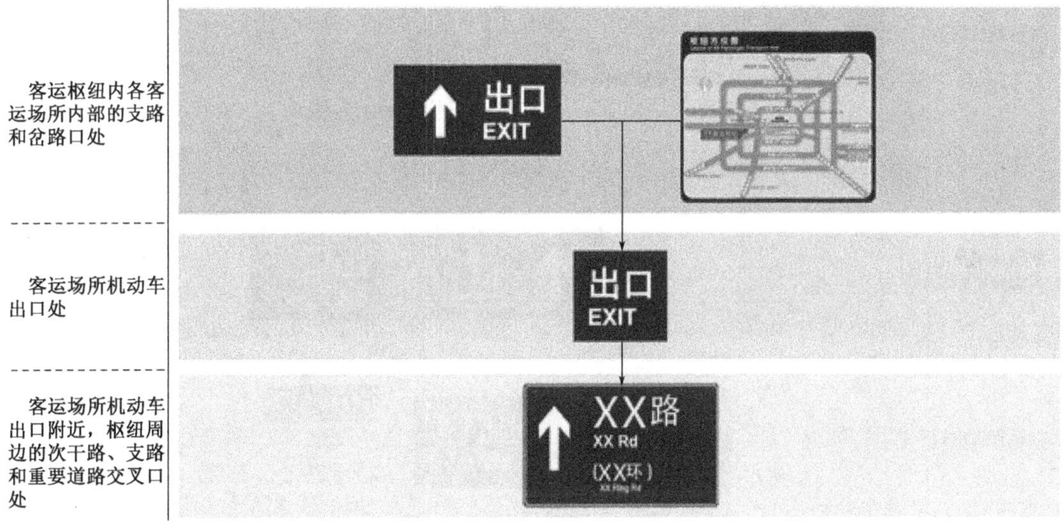


图8-44　机动车出枢纽标志系统示例

②自行车出枢纽标志系统。图 8-45 举例说明了自行车出枢纽标志系统设置主要内容。

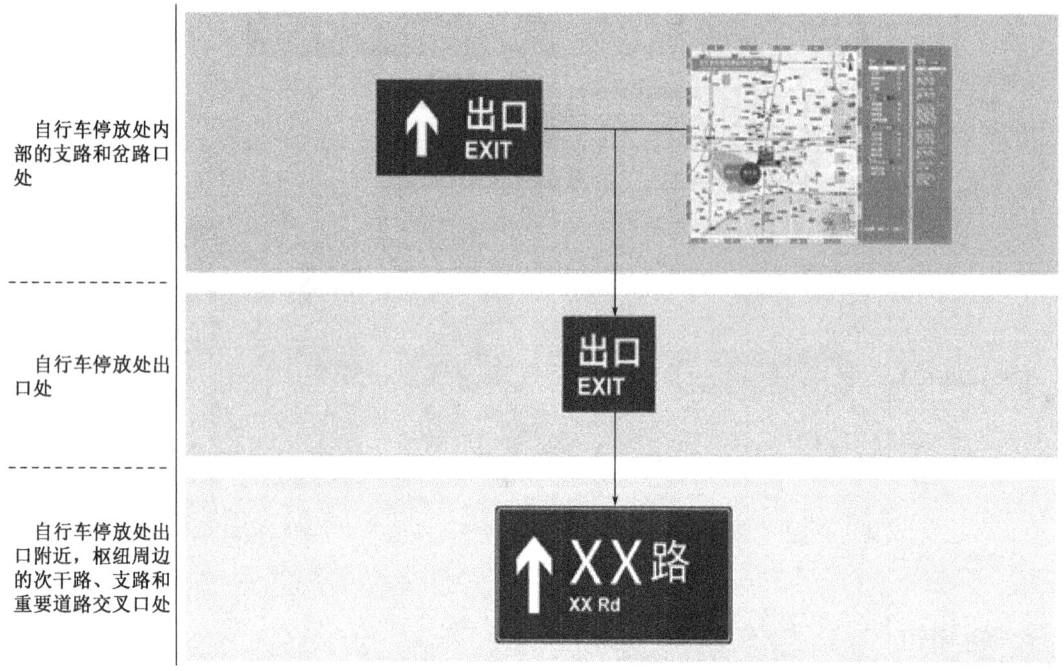


图 8-45　自行车出枢纽标志系统示例

③行人出枢纽标志系统。图 8-46 举例说明了行人出枢纽标志系统设置主要内容。

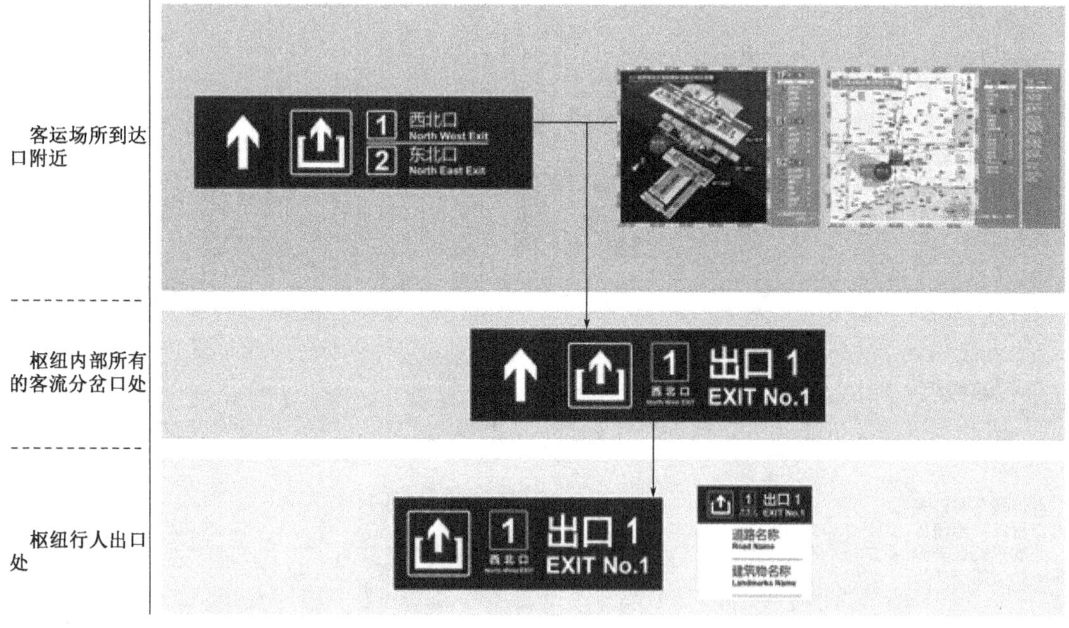


图 8-46　行人出枢纽标志系统示例

## 二、城市道路交通标志系统

1. 总体设计

(1)城市道路交通标志系统应坚持“以人为本,以车为本”的设计理念,遵循“安全、环保、经济、因地制宜”的指导思想,适当提高道路安全度和容错空间。

(2)城市道路交通标志系统应采取“主动引导,预防事故发生”“综合处治,努力降低事故伤害程度”“主动防护”措施,强化道路安全保障,以对道路安全核查为基础依据,严格执行相应的规范。

(3)城市道路交通标志系统应根据道路几何线形、交通流量、流向、交通组成以及道路沿线状况,整体考虑、布局,做到连贯、统一,给驾驶员提供正确的道路交通信息,满足驾驶员安全使用道路的需要。

(4)城市道路交通标志系统应以不熟悉周围路网系统的驾驶员为使用对象,通过交通标志、标线的引导,使驾驶员能正确、顺利、快捷地抵达目的地,不能发生错向行驶。

(5)城市道路交通标志系统应起到引导驾驶员视线、管制驾驶员驾车行为的作用,确保车流分道行驶,加强车辆行驶纪律和秩序,减少交通事故。

(6)城市道路交通标志系统应根据行车速度及驾驶员的反应时间,分别计算确定交通标志、标线的合适位置,并应避免数量过多、信息过载。

2. 交通标志

1)标志类别及规格

(1)禁令标志

①限制速度标志表示该标志至前方解除限制速度标志或另一块不同限速值的限制速度标志的路段内,机动车行驶速度(单位为 km/h)不准超过标志所示数值,设置于入口门架的组合标志内。标志版面为圆形,直径为 80cm。

②限制高度标志表示禁止装载高度超过标志所示数值的车辆通行,附着在门架上。标志版面为圆形,直径为 80cm。

③减速让行标志表示车辆应减速让行,告示车辆驾驶员应慢行或停车,观察干道行车情况,在确保干道车辆优先、确保安全的前提下,方可进入路口。标志附着于门架上。标志版面为三角形,边长为 90cm。

④停车让行标志表示车辆应在停止线前停车瞭望,确认安全后,方可通行。标志版面为八角形,对角线长度为 60cm。

⑤禁止驶入标志表示禁止一切车辆驶入,附着于门架立柱上。标志版面为圆形,直径为 80cm。

⑥禁止停车标志表示在本路段内禁止停车,附着于出口处门架上。标志版面为圆形,直径为 80cm。

⑦禁止向左转弯标志表示前方路口一切车辆向左转弯。标志版面为圆形,直径为 80cm。

(2)警告标志

注意行人标志表示前方道路行人密集,或者有人行横道但不易被发现。标志版面为三角形,边长为90cm。

(3)指示标志

①向右转弯标志附着于出口处门架立柱上。标志版面为圆形,直径为80cm。

②人行横道标志附着于出口处门架上。标志版面为正方形,边长为80cm。

(4)指路标志

①交叉口告知标志用以告知前方交叉路口形式、交叉道路的名称、通往方向信息、地理方向信息,设置于交叉口入口车道门架上。标志版面为矩形,边长为300cm×200cm。

②两侧通行标志表示左边和右边都可通行。标志版面为矩形,边长为120cm×60cm,附着于门架式标志的立柱上。

③线形诱导标基本单元提示道路使用者前方线形变化,设置于道路线形变化处,标志版面为矩形,边长为60cm×40cm。

2)标志版面设计

①标志版面采用铝合金板材,板厚为3mm。

②标志板颜色色度应按照《视觉信号表面色》(GB/T 8416—2003)的有关规定执行。禁令标志为白底、红圈、红杠、黑图案压杠;警告标志为黄底、黑边、黑图形;指示标志为蓝底、白图形;指路标志为蓝底、白图形、白边框、蓝色衬边。

③标志板后采用型铝加固,型铝与标志板之间采用铝合金碰焊连接。

④标志牌均采用超强级反光膜(Ⅳ类反光膜)。

3)标志结构及基础设计

根据标志类型、版面尺寸大小及设置位置的需要,标志支架结构有附着式、门架式。标志横梁及立柱采用无缝钢管,为了保证强度,采用加劲肋与法兰盘焊接。对于不同结构采用不同的标志基础,各种基础是根据版面尺寸大小和标志结构形式确定的。

3. 交通标线

1)标线类别及规格

(1)车行道分界线

车行道分界线为白色虚线,用来分隔同向行驶的交通流,设在同向行驶的车道分界上。在保证安全的情况下,允许车辆短时越线行驶。线宽为15cm,线段长度及间隔长度分别为200cm和400cm。

(2)禁止跨越同向车行道分界线

禁止跨越同向车行道分界线为白色实线,用于分隔同向行驶的交通流,一般线宽为15cm。

(3)车行道边缘线

车行道边缘线为白色实线,用以指示机动车道的边缘或用以划分机动车道与非机动车道的分界,线宽为15cm。

连续设置的车行道边缘线每隔15m设置1道排水缝,其他标线有可能阻水时,应沿排水方向设置排水缝,排水缝宽度为5cm,设置方式为不画线。

(4)减速让行线

减速让行线为两条平行的虚线和一个倒三角形,白色虚线线宽为20cm,两条虚线间隔为

20cm;倒三角形底宽为120cm,高为300cm。

(5)导流线

导流线主要用于过宽、不规则或行驶条件比较复杂的交叉路口,立体交叉的匝道口或其他特殊地点。颜色为白色,外围线宽为15cm或20cm,内部填充线宽为40cm或45cm,间隔为100cm,倾斜角为45°。

(6)人行横道线

人行横道线为白色平行粗实线(又称斑马线),既表示一定条件下准许行人横穿道路的路径,又警示机动车驾驶人注意行人及非机动车过街。人行横道线一般与道路中心线垂直,特殊情况下,其与中心线夹角不宜小于60°(或大于120°),其条纹应与道路中心线平行。人行横道在交叉口处宽度为500cm,在路段处宽度为300cm,线宽为40cm,线间隔为60cm。

(7)停止线

停止线为白色实线,设置在交叉路口、人行横道线及需要车辆停止的位置,用于表示车辆让行、等候放行的停车位置。线宽为40cm。设有人行横道线时,停止线距人行横道为2m。

2)材料

标线涂料应选用使用寿命长、反光效果好的热熔反光材料,具有与路面黏结力强、干燥迅速,以及良好的耐磨性、耐候性、抗滑性等特点,能确保良好的视认性、宽度一致、薄厚均匀、间隔相等、边缘整齐、线性规则、线条流畅。

# PART3 下篇

# 实战案例

# 第九章　枢纽交通一体化设计
## ——以高铁枢纽为例

## 第一节　某市东站枢纽

### 一、项目背景分析

1. 区域概况

某市位于广东省东北部，东江中上游，南接惠州、汕尾，东靠梅州，西连韶关，北邻江西省赣州，与广州、深圳及香港的直线距离均在200km以内，是粤东西北唯一同时近距离接受三个国际都市辐射带动的地级市，是珠三角东北部门户城市，粤港澳大湾区重要组成部分，区位优势显著。某市地处珠三角东北部，是粤赣、广梅产业带和城镇轴的轴心和接力站，区位优越，资源丰富，生态环境条件突出，交通便利，是广东经济向东北延伸，向泛珠三角地区梯度推进的接力站和支撑点，是南连珠三角北接闽、赣、浙的重要通道，是广东省优质生态环境基地和生态屏障。某市属山地丘陵地区，境内地势北高南低，粤赣边境山高岭峻，素有"八山一水一分田"之称。市域面积1.58万$km^2$，2018年常住人口309万人。

某市立足全省"一核一带一区"区域发展格局，全域全面融入粤港澳大湾区建设，努力建设成为全省绿色发展的示范区、融入粤港澳大湾区的生态排头兵，走出生态河源、现代河源相得益彰的发展新路。积极参与粤港澳大湾区产业链协作分工，推进建设深圳河源产业共建示范区，大力发展新一代信息技术、高端机械装备制造、新材料、新能源、数字经济、节能环保、生命健康等战略性新兴产业。2018年实现地区生产总值1006亿元，同比增长6.3%，三次产业构成10.7∶38.3∶51.0，城镇居民人均可支配收入25492元。

某市积极打造粤港澳大湾区东北部枢纽，加快推进高速公路、铁路、通用机场、东江航道等"水陆空铁"立体交通一体化体系规划建设，连接粤港澳大湾区与长江经济带"黄金通道"的区位优势开始凸显。境内有京九和广梅汕两条铁路，汕湛、汕昆、河梅、粤赣、大广和武深六条高速公路，G105、G205、G236、G238、G355、G358六条国道，某市已融入"大湾区核心城市1小时交通圈、生活圈"。

作为某市融入粤港澳大湾区的主要通道之一，赣深高铁的建设备受社会各界关注。赣深高铁为京九高铁的最南段，横跨江西、广东两省，北起江西省赣州市赣州西站，向南途经广东省某市、惠州、东莞、深圳多市，于深圳市接入终点深圳北站，正线全长436km，设计时速350km/h，于2021年建成通车，结束某市不通高铁的历史，深圳至赣州的时间将由现在的接近7h压缩到2h，某市也将进入深圳半小时都市圈，加快融入粤港澳大湾区，实现广东"市市通高铁"目标。

某市高铁新城作为现代某市建设的核心，是承接粤港澳大湾区产业延伸和功能扩展的重要载体，是推动某市与粤港澳大湾区高度融合、一体化发展，把某市打造成粤港澳大湾区城市发展的战略腹地、深圳产业发展的“战略锚地”重要平台，规划定位为粤港澳大湾区东北部枢纽、某市中央商务区、某市行政服务中心，新城规划如图9-1所示。

图9-1　某市高铁新城规划图

2. 项目概况

某市东站位于某市高铁新城核心区域，是展现某市城市形象的重要窗口。高铁新城在某市东站的直接影响，未来以枢纽、商业、商务、贸易、办公设施等功能为主。某市东站枢纽是未来某市东站开通运行的保证，承接高铁客流，是关系到某市民生的重大工程。某市东站枢纽是集铁路、公路、公交、出租车、社会车辆等于一体的枢纽工程的关键节点，将有效地与某市东站进行衔接，为某市通过高铁出行的旅客提供多方式的、便捷的换乘条件。某市东站枢纽与未来高铁新城发展紧密结合，为高铁新城发展注入动力，是打造站城融合、站城发展、站城一体的重要一环。同时，周边市政道路与某市东站枢纽的建设、开通、运营密不可分，需顺应高铁新城城市发展、区域路网功能完善、满足高铁新城出行需求。

某市东站位于某市高铁新城核心位置，处于商业金融中心东侧，地处高铁新城一带一轴交汇处，是未来高铁新城发展的核心引擎与重要着力点，如图 9-2 所示。某市东站采用“统一规划、分期实施”的策略进行建设，近期车站设 2 台 6 线，站房规模按 2 万 $m^2$ 规模建设，远期按总面积 10 万 $m^2$ 规模进行规划控制。某市东站枢纽是以某市东站为中心的枢纽。通过对站前广场、社会停车场、公交汽车站、出租车停车场、城乡、市区公交等交通方式进行优化组织，规划建设成一个集铁路车站、常规公交站、出租车及社会停车场、公路客运场站、商业及办公为一体的枢纽，同时兼顾远期城市轨道交通发展以及高铁新城发展的规划要求。站前枢纽工程包括站前广场绿化、公交站场、长途客运站、机场快线（城市候机楼）、出租车站场、轻轨换乘中心、商业区、地下车库以及相关市政道路配套工程等建设内容，预计总投资 11.2 亿元。

图 9-2　某市东站枢纽主体建筑概念图

## 二、枢纽交通与设施规模预测

1. 预测年限

本次预测以 2019 年为预测基年，近期规划年为 2030 年，远期规划年为 2040 年。某市东站枢纽工程计划 2022 年 1 月开通运营，运营期为 30 年。依据《铁路旅客车站设计规范》

(TB 10100—2018)等规范对设计年限的有关规定,某市东站枢纽工程设计年度采用2040年,运营终年为2051年。

2. 枢纽交通预测

(1)客流量预测

客流量预测是确定枢纽场站合理建设规模、投资估算及安排建设时序的重要依据。依据所在地区的社会经济活动以及交通情况,预测设计年度该地区的规划数据,作为评价设计年度该地区交通情况的基础。客流量预测是在分析经济增长、社会发展同交通运输的相关关系的基础上,对规划地区的社会经济、交通运输的发展趋势进行研究,依据某市经济发展水平、人口总量、机动化发展水平等因素,采用定量和定性相结合的方法,预测设计年度某市东站各种交通运输方式旅客到发量、换乘量期望值。

①铁路。铁路旅客发送量的预测采用定量和定性相结合的方法。首先,基于某市历年全社会客流量,综合考虑某市国民经济发展趋势、人口增长趋势等因素,预测设计年度某市全社会客流量;其次,基于某市历年铁路、公路、民航客运分担率,考虑某市国民经济发展趋势、人口增长趋势等因素,预测设计年度铁路分担率,进而预测设计年度某市铁路旅客发送总量;最后,分析某市铁路客运站发展定位,预测设计年度某市东站铁路旅客发送量。研究年度某市东站将接入赣深高铁和广河城际,采用国际上经典的交通运输需求预测方法——四阶段法,预测2030年、2040年某市东站铁路旅客发送量分别为500万人次/年、700万人次/年,最高聚集人数为2500人,见表9-1。

研究年度某市东站铁路旅客发送量预测 表9-1

| 类　别 | 2030年 | 2040年 |
|---|---|---|
| 旅客发送量(万人次/年) | 500 | 700 |
| 最高聚集人数(人) | 2500 | |

②公路客运(含机场巴士、旅游巴士)。结合《某市高铁新城核心区控制性详细规划(2019)》《某市高铁新城核心区修建性详细城市设计(2019)》《某市综合交通运输体系发展"十三五"规划》规划成果,某市东站规划合场建设公路客运站,打造公铁联运枢纽。同时合场建设城市候机楼,满足旅客去往广州白云国际机场、深圳宝安国际机场、揭阳潮汕国际机场等某市周边机场的出行需求。综合考虑某市国民生产总值、常住人口、人均GDP、人均可支配收入未来增长趋势,规划某市东站公路客运站为一级站。考虑公铁竞争关系,某市东站公路客流量未来增长乏力,存在一定下行压力,采用弹性系数法,预测2030年、2040年某市东站公路旅客发送量分别为274万人次/年、365万人次/年,见表9-2。

研究年度某市东站公路旅客发送量预测 表9-2

| 类　别 | | 2030年 | 2040年 |
|---|---|---|---|
| 旅客发送量 | 万人次/年 | 274 | 365 |
| | 人次/d | 7500 | 10000 |

经计算,采用增长率统计法,某市东站公路客流量年均增长率为2.92%,预测运营期2022—2051年历年某市东站公路旅客发送量,见表9-3。

运营期历年某市东站公路旅客发送量预测　表 9-3

| 年份(年) | 日均旅客发送量(人次/d) | 年份(年) | 日均旅客发送量(人次/d) |
| --- | --- | --- | --- |
| 2022 | 5958 | 2037 | 9173 |
| 2023 | 6132 | 2038 | 9441 |
| 2024 | 6311 | 2039 | 9716 |
| 2025 | 6495 | 2040 | 10000 |
| 2026 | 6685 | 2041 | 10292 |
| 2027 | 6880 | 2042 | 10592 |
| 2028 | 7081 | 2043 | 10901 |
| 2029 | 7287 | 2044 | 11220 |
| 2030 | 7500 | 2045 | 11547 |
| 2031 | 7719 | 2046 | 11884 |
| 2032 | 7944 | 2047 | 12231 |
| 2033 | 8176 | 2048 | 12588 |
| 2034 | 8415 | 2049 | 12955 |
| 2035 | 8660 | 2050 | 13333 |
| 2036 | 8913 | 2051 | 13722 |

③城市轨道交通。城市轨道交通因其运能大、便捷、舒适、准时、环保等运营特征,在城市交通系统中被定位为公共交通主骨架,其与铁路、航空、公路客运等对外枢纽的衔接越发重要。研究年度某市城市轨道交通将接入某市东站,基于某市城区人口规模、高铁片区用地规划及铁路旅客到发量,采用国际上经典的交通运输需求预测方法——四阶段法,预测 2030 年、2040 年某市东站城市轨道交通旅客发送量分别为 10500 人次/d、13500 人次/d,见表 9-4。

研究年度某市东站城市轨道交通旅客发送量预测　表 9-4

| 类　别 | 2030 年 | 2040 年 |
| --- | --- | --- |
| 旅客发送量(人次/d) | 10500 | 13500 |

④常规公交(含 BRT)、出租车(含小汽车租赁)、社会车辆、非机动车(含二轮电动、摩托车)等接驳方式。依据某市社会经济及交通运输发展状态,如城市经济总量、人口规模数量、居民收入水平、机动化发展水平、交通出行结构、公共交通出行比例等,依据"公交优先"原则,预测设计年度某市东站铁路、公路客运、城市轨道交通对应的常规公交、出租车、社会车辆、非机动车等接驳方式接驳比例,见表 9-5。

设计年度某市东站铁路、公路客运、城市轨道交通接驳比例(%)预测　表 9-5

| 类　别 | 铁路 | 公路客运 | 城市轨道交通 | 常规公交 | 出租车 | 社会车辆 | 非机动车及步行 | 合计 |
| --- | --- | --- | --- | --- | --- | --- | --- | --- |
| 铁路 | — | 5.0 | 22.8 | 39.0 | 17.1 | 16.2 | 0.0 | 100.0 |
| 公路客运 | 9.6 | — | 21.7 | 37.1 | 16.3 | 15.4 | 0.0 | 100.0 |
| 城市轨道交通 | 32.4 | 16.1 | — | 18.0 | 2.6 | 5.2 | 25.8 | 100.0 |

将设计年度某市东站铁路、公路客运、城市轨道交通旅客到达量按照各接驳方式接驳比例进行分配,预测常规公交、出租车、社会车辆、非机动车等接驳方式旅客发送量,见表 9-6。

设计年度某市东站常规公交、出租车、社会车辆、非机动车等接驳方式旅客发送量预测　表9-6

| 类　别 | 常规公交 | 出　租　车 | 社会车辆 | 非机动车及步行 |
|---|---|---|---|---|
| 旅客发送量(万人次/年) | 497 | 192 | 195 | 127 |

⑤换乘量。汇总计算设计年度某市东站各种交通运输方式旅客到发量(含发送量和达到量),见表9-7。

设计年度某市东站各种交通运输方式旅客到发量及客流比例预测　表9-7

| 类　别 | 铁路 | 公路客运 | 城市轨道交通 | 常规公交 | 出租车 | 社会车辆 | 非机动车及步行 | 合计 |
|---|---|---|---|---|---|---|---|---|
| 年旅客到发量(万人次/年) | 1400 | 730 | 986 | 994 | 384 | 389 | 254 | 5136 |
| 日旅客到发量(人次/d) | 38356 | 20000 | 27000 | 27224 | 10509 | 10660 | 6958 | 140707 |
| 客流比例(%) | 27.3 | 14.2 | 19.2 | 19.3 | 7.5 | 7.6 | 4.9 | 100.0 |

结合设计年度某市东站铁路、公路客运、城市轨道交通对应的各接驳方式接驳比例,按照“到发守恒”原则,预测设计年度某市东站各种交通运输方式换乘比例分布,见表9-8。

设计年度某市东站各种交通运输方式换乘比例(%)分布预测　表9-8

| 交通方式(D) | 交通方式(O) | | | | | | |
|---|---|---|---|---|---|---|---|
| | 铁路 | 公路客运 | 城市轨道 | 常规公交 | 出租车 | 社会车辆 | 非机动车及步行 |
| 铁路 | — | 5.0 | 22.8 | 39.0 | 17.1 | 16.2 | 0.0 |
| 公路客运 | 9.6 | — | 21.7 | 37.1 | 16.3 | 15.4 | 0.0 |
| 城市轨道 | 32.4 | 16.1 | — | 18.0 | 2.6 | 5.2 | 25.8 |
| 常规公交 | 54.9 | 27.2 | 17.9 | — | 0.0 | 0.0 | 0.0 |
| 出租车 | 62.4 | 31.0 | 6.6 | 0.0 | — | 0.0 | 0.0 |
| 社会车辆 | 58.1 | 28.8 | 13.1 | 0.0 | 0.0 | — | 0.0 |
| 非机动车及步行 | 0.0 | 0.0 | 100.0 | 0.0 | 0.0 | 0.0 | — |

将设计年度某市东站各种交通运输方式旅客发送量代入换乘比例分布表,预测设计年度某市东站各种交通运输方式高峰小时换乘量,见表9-9。

设计年度某市东站各种交通运输方式高峰小时换乘量(人次/h)预测　表9-9

| 交通方式(D) | 交通方式(O) | | | | | | | |
|---|---|---|---|---|---|---|---|---|
| | 铁路 | 公路客运 | 城市轨道 | 常规公交 | 出租车 | 社会车辆 | 非机动车及步行 | 发送量合计 |
| 铁路 | — | 115 | 525 | 896 | 394 | 372 | 0 | 2301 |
| 公路客运 | 115 | — | 260 | 445 | 195 | 184 | 0 | 1200 |
| 城市轨道 | 525 | 260 | — | 292 | 42 | 83 | 417 | 1620 |
| 常规公交 | 896 | 445 | 292 | — | 0 | 0 | 0 | 1633 |
| 出租车 | 394 | 195 | 42 | 0 | — | 0 | 0 | 631 |
| 社会车辆 | 372 | 184 | 83 | 0 | 0 | — | 0 | 640 |
| 非机动车及步行 | 0 | 0 | 417 | 0 | 0 | 0 | — | 417 |
| 到达量合计 | 2301 | 1200 | 1620 | 1633 | 631 | 640 | 417 | 8442 |

(2)车流量预测

设计年度某市东站日均旅客集散量达到140707人次/d,枢纽等级为三级,PHF取值0.12,SPF取值1.4,预测客流高峰期间某市东站各种车辆交通量,见表9-10。

设计年度客流高峰期间某市东站各种车辆交通量预测　　表9-10

| 交通方式 | 旅客到发量(人次/d) | 枢纽高峰小时集散交通量 | |
|---|---|---|---|
| | | 自然值(veh/h) | 当量值(pcu/h) |
| 公路客运 | 20000 | 83 | 166 |
| 常规公交 | 27224 | 191 | 381 |
| 出租车 | 10509 | 1261 | 1261 |
| 社会车辆 | 10660 | 1053 | 1053 |
| 合计 | 68393 | 2588 | 2862 |

经计算,采用增长率统计法,预测运营期某市东站主体交通运输方式客流量年均增长率,枢纽加权平均值为3.03%,见表9-11。预测运营期2022—2051年历年某市东站社会车辆停车场日均停放辆次,见表9-12。

运营期某市东站客流量年均增长率预测　　表9-11

| 主体交通运输方式 | 客流量年均增长率(%) | 主体交通运输方式 | 客流量年均增长率(%) |
|---|---|---|---|
| 铁路 | 3.42 | 公路客运 | 2.92 |
| 城市轨道交通 | 2.54 | 枢纽加权平均值 | 3.03 |

运营期历年某市东站社会车辆停车场日均停放辆次预测　　表9-12

| 年份(年) | 日均停放辆次(辆次/d) | 年份(年) | 日均停放辆次(辆次/d) |
|---|---|---|---|
| 2022 | 4592 | 2037 | 7181 |
| 2023 | 4731 | 2038 | 7399 |
| 2024 | 4874 | 2039 | 7623 |
| 2025 | 5021 | 2040 | 7853 |
| 2026 | 5173 | 2041 | 8091 |
| 2027 | 5330 | 2042 | 8336 |
| 2028 | 5491 | 2043 | 8588 |
| 2029 | 5657 | 2044 | 8848 |
| 2030 | 5828 | 2045 | 9116 |
| 2031 | 6005 | 2046 | 9392 |
| 2032 | 6187 | 2047 | 9676 |
| 2033 | 6374 | 2048 | 9969 |
| 2034 | 6567 | 2049 | 10271 |
| 2035 | 6766 | 2050 | 10581 |
| 2036 | 6970 | 2051 | 10902 |

(3)枢纽设施规模预测

枢纽设施规模设计是依据《综合客运枢纽通用要求》(JT/T 1067—2016)、《城市综合交通体系规划标准》(GB/T 51328—2018)、《铁路旅客车站设计规范》(TB 10100—2018)、《汽车客运站级别划分和建设要求》(JT/T 200—2020)、《交通客运站建筑设计规范》(JGJ/T 60—2012)、《城市道路公共交通站、场、厂工程设计规范》(CJJ/T 15—2011)、《车库建筑设计规范》(JGJ 100—2015)、《城市公共停车场工程项目建设标准》(建标 128—2010)、《综合客运枢纽换乘区域设施设备配置要求》(JT/T 1066—2016)等规范的有关规定,基于某市东站各种交通运输方式旅客到发量及换乘量预测值,计算设计年度各类交通设施规模。

①铁路站房。依据《广东省发展改革委关于请求支持赣深客专有关初步设计方案调整的函》(粤发改交通函〔2016〕6348 号),某市东站站场规模为 2 台 6 线,站房形式采用线侧平式,站房面积为 20000$m^2$,见表 9-13。

设计年度某市东站铁路站房设施技术指标计算表　　表 9-13

| 交通方式 | 用地面积($m^2$) | 设施 | 建筑面积($m^2$) | 备注 |
|---|---|---|---|---|
| 铁路 | — | 客运站房 | 20000 | 站场规模 2 台 6 线,站房线侧平式 |

②公路客运(含机场巴士、旅游巴士)场站。为集约用地、方便调度,某市东站公路客运、机场巴士、旅游巴士合场统筹配建各类设施。依据《城市综合交通体系规划标准》(GB/T 51328—2018)、《汽车客运站级别划分和建设要求》(JT/T 200—2020)、《交通客运站建筑设计规范》(JGJ/T 60—2012)等规范的有关规定,公路客运场站用地面积宜依据设计年度公路客运日均旅客发送量进行设计,按照 360 ~ 500$m^2$/百人控制;客运站房面积宜依据设计年度公路客运旅客最高聚集人数进行设计,按照 5$m^2$/人控制;日均发车班次宜依据设计年度公路客运日均旅客发送量进行设计;发车位数量宜依据设计年度公路客运旅客最高聚集人数进行设计;停车坪面积宜依据发车位数量进行设计;单个发车位面积宜按照客车投影面积的 4 倍控制。

某市东站设计年度公路客运日均旅客发送量为 10000 人次/d,旅客最高聚集人数为 1000 人,过站车可载率取值 5%,不均衡系数取值 1.15,发车位增设系数取值 1.2,车辆额定载客量取值 45 人/辆,车辆始发乘载率取值 90%,高峰小时单位发车位发车频率取值 2 班/h,客车投影面积取值 30$m^2$/辆,计算设计年度某市东站公路客运场站设施技术指标,见表 9-14。

设计年度某市东站公路客运场站设施技术指标计算表　　表 9-14

| 交通方式 | 用地面积($m^2$) | 设施 | 建筑面积($m^2$) | 备注 |
|---|---|---|---|---|
| 公路客运 | 36000 | 客运站房 | 5000 | 一级客运站,日均发车 270 班,发车位 14 个 |
| | | 停车坪 | 11822 | |
| | | 发车位 | 1689 | |
| | | — | — | |

③城市轨道交通场站。某市东站预留城市轨道交通接入条件,场站规模暂不论证。

④常规公交(含 BRT)场站。依据《城市综合交通体系规划标准》(GB/T 51328—2018)、《城市道路公共交通站、场、厂工程设计规范》(CJJ/T 15—2011)等规范的有关规定,常规公交班线数量宜依据设计年度常规公交高峰小时旅客发送量进行设计;站台数量宜依据班线数量进行设计;配车(标准车)数量宜依据班线数量进行设计;场站用地面积宜依据配车(标准车)

数量进行设计，考虑全部车辆夜间停车需求，综合用地（含作业用地、办公用地、停车用地、绿化用地等）面积按照 95m²/辆控制，其中作业用地（含回车道、行车道、候车亭、落客区等）20m²/辆、办公用地（含管理、调度、监控、职工休息、餐饮等）2m²/辆、停车用地 58m²/辆、绿化及储备用地 15m²/辆；高峰小时发车班次宜依据高峰小时单位站台发车频率计算。

某市东站设计年度常规公交日均旅客发送量为 13612 人次/d，高峰小时系数取值 0.12，车辆额定载客量取值 80 人/辆，车辆始发乘载率取值 30%，高峰小时单位站台发车频率取值 6 班/h，单条线路设置停靠站台数量取值 1 个，单条线路平均配车（标准车）数量取值 20 辆/条，计算设计年度某市东站常规公交场站设施技术指标，见表 9-15。

设计年度某市东站常规公交场站设施技术指标计算表　　表 9-15

| 交通方式 | 用地面积（m²） | 设施 | 建筑面积（m²） | 备注 |
|---|---|---|---|---|
| 常规公交 | 21597 | 回车道、行车道、候车亭和落客区 | 4537 | 定位为大型公交枢纽，进行夜间停车，班线 11 条，停靠站台 11 个，线路配车 227 辆，高峰小时发车 68 班 |
| | | 办公用房（容积率 3.0） | 1361 | |
| | | 停车坪 | 13158 | |
| | | 绿化及储备用地 | 3448 | |

⑤出租车（含小汽车租赁）场站。依据《城市综合交通体系规划标准》（GB/T 51328—2018）、《车库建筑设计规范》（CJJ/T 15—2011）等规范的有关规定，出租车上客位数量宜依据设计年度出租车高峰小时旅客发送量进行设计；蓄车泊位数量宜依据设计年度出租车高峰小时旅客发送量进行设计；场站用地面积宜依据高峰小时上客区停靠车辆数量（上客位数量）、蓄车区停靠车辆数量（蓄车泊位数量）进行设计，综合用地（含停车作业用地、办公用地等）面积按照 32m²/辆控制，其中停车作业用地（含上客区、蓄车区等）26m²/辆、办公用地（含管理、调度、监控、职工休息、餐饮等）6m²/辆；下客位数量宜依据设计年度出租车高峰小时旅客发送量进行设计。出租车场站宜分别在停车用地及办公用地中划出一定规模的用地，用于小汽车有偿租赁服务。

某市东站设计年度出租车日均旅客发送量为 5255 人次/d，高峰小时系数取值 0.12，车辆上客时间取值 26s/辆，车辆进出车位加减速时间取值 30s/辆，车辆平均载客人数（不含驾驶员）取值 1.4 人/辆，车辆高峰小时蓄车区平均候车时间取值 48min，车辆下客时间取值 60s/辆，计算设计年度某市东站出租车场站设施技术指标，见表 9-16。

设计年度某市东站出租车场站设施技术指标计算表　　表 9-16

| 交通方式 | 用地面积（m²） | 设施 | 建筑面积（m²） | 备注 |
|---|---|---|---|---|
| 出租车 | 11755 | 办公用房（容积率 1.0） | 2204 | 上客位 7 个，下客位 11 个，蓄车泊位 360 个。小汽车租赁办公用房面积 220m²，停车面积 955m² |
| | | 停车坪 | 9551 | |

⑥社会车辆停车场。依据《城市综合交通体系规划标准》（GB/T 51328—2018）、《车库建筑设计规范》（JGJ 100—2015）、《城市公共停车场工程项目建设标准》（建标 128—2010）等规范的有关规定，社会车辆停车泊位数量宜依据设计年度社会车辆高峰小时旅客发送量进行设计，同时考虑在铁路及公路客运接驳车位数量的基础上增加 20% 送客车位，用于无障碍送客服务；停车用地面积或建筑面积宜依据停车泊位数量进行设计，按照 40m²/辆控制。社会车辆

停车场应规划不少于总停车泊位数量10%的充电停车位，用于电动汽车充电服务。

某市东站设计年度社会车辆日均旅客发送量为5330人次/d，高峰小时系数取值0.12，社会车辆年第30位停车需求量与年平均日停车需求量比值取值1.6，车辆平均载客人数（不含驾驶员）取值1.7人/辆，高峰小时泊位周转率取值1辆/（h·泊位）（铁路及公路客运接驳车位）、0.25辆/（h·泊位）（城市轨道交通P+R车位），计算设计年度某市东站社会车辆停车场设施技术指标，见表9-17。

设计年度某市东站社会车辆停车场设施技术指标计算表　　表9-17

| 交通方式 | 用地面积（$m^2$） | 设施 | 建筑面积（$m^2$） | 备注 |
|---|---|---|---|---|
| 社会车辆 | 37696 | 停车坪 | 37696 | 停车位942个（其中充电车位94个），下客位9个 |

⑦非机动车（含二轮电动、摩托车）停车场。依据《城市综合交通体系规划标准》（GB/T 51328—2018）等规范的有关规定，非机动车停车泊位数量宜依据设计年度非机动车高峰小时旅客到达量进行设计；停车用地面积或建筑面积宜依据停车泊位数量进行设计，按照$2m^2$/辆控制。非机动车停车场宜规划一定数量的停车位，用于自行车租赁服务。

某市东站设计年度非机动车及步行日均旅客到达量为3479人次/d，高峰小时系数取值0.12，非机动车出行占比60%（其中私有、公租各占30%），高峰小时泊位周转率取值0.25辆/（h·泊位）（私有）、2辆/（h·泊位）（公租），计算设计年度某市东站非机动车停车场设施技术指标，见表9-18。

设计年度某市东站非机动车停车场设施技术指标计算表　　表9-18

| 交通方式 | 用地面积（$m^2$） | 设施 | 建筑面积（$m^2$） | 备注 |
|---|---|---|---|---|
| 非机动车 | 1127 | 停车坪 | 1127 | 停车位564个（其中自行车租赁车位63个） |

⑧车道边。设计年度某市东站下客区车道边规模按照高峰小时到达车辆交通量进行设计。经计算，设计年度某市东站下客区高峰小时到达车辆预计达到1157pcu/h，其中小型社会车辆527pcu/h、出租车631pcu/h。

经计算，某市东站下客区车道边采用两组形式，外缘道含通过车道2条、落客车道1条，用于小型社会车辆送客；内缘道含通过车道2条、落客车道1条，用于出租车送客。通过车道宽度为3.5m，落客车道宽度为3m。设计年度某市东站下客区车道边通行能力计算结果见表9-19。

设计年度某市东站下客区车道边通行能力计算表　　表9-19

| 两组形式 | 外缘道车道边通行能力（pcu/h） | 内缘道车道边通行能力（pcu/h） |
|---|---|---|
| 服务车辆 | 小型社会车辆 | 出租车 |
| 车道数 | 3 | 3 |
| 100m标准段通行能力（pcu/h） | 600 | 520 |
| 车道边长度（m） | 216 | |
| 有效车道边长度（m） | 212 | 212 |
| 分组通行能力（pcu/h） | 1272 | 1102 |
| $v/C$ | 0.41 | 0.57 |

⑨换乘设施。枢纽换乘设施包括集散广场、换乘大厅、换乘通道、出入口、楼梯、自动扶梯、

自动步道和电梯等，其设计应满足旅客进站、出站和换乘需要，同时满足应急疏散、城市景观和枢纽扩建储备用地等需要，并应符合《无障碍设计规范》（GB 50763—2012）的有关规定。集散广场、换乘大厅宜统筹规划、设计。依据《综合客运枢纽通用要求》（JT/T 1067—2016）、《城市综合交通体系规划标准》（GB/T 51328—2018）、《铁路旅客车站设计规范》（TB 10100—2018）、《综合客运枢纽换乘区域设施设备配置要求》（JT/T 1066—2016）等规范的有关规定，综合换乘空间（含集散广场、换乘大厅）宜依据枢纽超高峰小时旅客集散量进行设计，按照 2 ~ 3$m^2$/人控制。某市东站设计年度枢纽高峰小时旅客集散量为 8442 人次/h，超高峰系数取值 1.4，计算设计年度某市东站综合换乘空间设施技术指标，见表 9-20。

**设计年度某市东站综合换乘空间设施技术指标计算表**　　表 9-20

| 交通方式 | 用地面积($m^2$) | 设施 | 建筑面积($m^2$) | 备注 |
| --- | --- | --- | --- | --- |
| 步行 | — | 综合换乘空间 | 23639 ~ 35458 | 满足旅客进站、出站、换乘需要，以及应急疏散、城市景观、扩建储备用地等需要 |

依据《综合客运枢纽通用要求》（JT/T 1067—2016）、《城市综合交通体系规划标准》（GB/T 51328—2018）、《铁路旅客车站设计规范》（TB 10100—2018）、《综合客运枢纽换乘区域设施设备配置要求》（JT/T 1066—2016）等规范的有关规定，换乘通道净宽度应结合枢纽建筑条件、服务水平等因素，依据各种交通运输方式（含非机动车及步行）间超高峰小时旅客换乘量进行设计，单向通行通道净宽度不应小于 0.25m/百人，双向混行不应小于 0.32m/百人。各种交通运输方式间换乘通道可合并设置，单向通行通道净宽度应大于 3m（含），双向混行通道净宽度应大于 4m（含）。设计年度某市东站各种交通运输方式高峰小时换乘量见表 9-9，超高峰系数取值 1.4，计算设计年度某市东站换乘通道（单向）净宽度，见表 9-21。

**设计年度某市东站换乘通道（单向）净宽度（m）计算表**　　表 9-21

| 交通方式(D) | 交通方式(O) | | | | | | | |
| --- | --- | --- | --- | --- | --- | --- | --- | --- |
| | 铁路 | 公路客运 | 城市轨道交通 | 常规公交 | 出租车 | 社会车辆 | 非机动车及步行 | 合计 |
| 铁路 | — | 0.4 | 1.8 | 3.1 | 1.4 | 1.3 | — | 8.1 |
| 公路客运 | 0.4 | — | 0.9 | 1.6 | 0.7 | 0.6 | — | 4.2 |
| 城市轨道交通 | 1.8 | 0.9 | — | 1.0 | 0.1 | 0.3 | 1.5 | 5.7 |
| 常规公交 | 3.1 | 1.6 | 1.0 | — | — | — | — | 5.7 |
| 出租车 | 1.4 | 0.7 | 0.1 | — | — | — | — | 2.2 |
| 社会车辆 | 1.3 | 0.6 | 0.3 | — | — | — | — | 2.2 |
| 非机动车及步行 | — | — | 1.5 | — | — | — | — | 1.5 |
| 合计 | 8.1 | 4.2 | 5.7 | 5.7 | 2.2 | 2.2 | 1.5 | — |

注：表中所列各种交通运输方式间换乘通道（单向）净宽度计算值均为设计下限值，具体设计取值应结合枢纽建筑条件、服务水平等因素综合确定。

出入口、楼梯、自动扶梯和自动步道等节点设施应考虑安全因素及良好的服务水平，服务能力不应小于换乘通道。依据《综合客运枢纽通用要求》（JT/T 1067—2016）、《城市综合交通体系规划标准》（GB/T 51328—2018）、《铁路旅客车站设计规范》（TB 10100—2018）、《综合客运枢纽换乘区域设施设备配置要求》（JT/T 1066—2016）等规范的有关规定，换乘楼梯净宽度应结合枢纽建筑条件、服务水平等因素,依据各种交通运输方式(含非机动车及步行)间超高峰小时旅客换乘量进行设计。某市东站按照A级服务水平设计换乘楼梯,提供速度选择及赶超慢速行人的机会,反向人流冲突极少。设计年度某市东站各种交通运输方式高峰小时换乘量见表9-9,超高峰系数取值1.4,计算设计年度某市东站换乘楼梯净宽度,见表9-22。

**设计年度某市东站换乘楼梯净宽度(m)计算表** 表9-22

| 交通方式(D) | 交通方式(O) | | | | | | | |
|---|---|---|---|---|---|---|---|---|
| | 铁路 | 公路客运 | 城市轨道交通 | 常规公交 | 出租车 | 社会车辆 | 非机动车及步行 | 合计 |
| 铁路 | — | 0.4 | 1.7 | 3.0 | 1.3 | 1.2 | — | 7.7 |
| 公路客运 | 0.4 | — | 0.9 | 1.5 | 0.7 | 0.6 | — | 4.0 |
| 城市轨道交通 | 1.7 | 0.9 | — | 1.0 | 0.1 | 0.3 | 1.4 | 5.4 |
| 常规公交 | 3.0 | 1.5 | 1.0 | — | — | — | — | 5.4 |
| 出租车 | 1.3 | 0.7 | 0.1 | — | — | — | — | 2.1 |
| 社会车辆 | 1.2 | 0.6 | 0.3 | — | — | — | — | 2.1 |
| 非机动车及步行 | — | — | 1.4 | — | — | — | — | 1.4 |
| 合计 | 7.7 | 4.0 | 5.4 | 5.4 | 2.1 | 2.1 | 1.4 | — |

依据《综合客运枢纽通用要求》(JT/T 1067—2016)、《城市综合交通体系规划标准》(GB/T 51328—2018)、《铁路旅客车站设计规范》(TB 10100—2018)、《综合客运枢纽换乘区域设施设备配置要求》(JT/T 1066—2016)等规范的有关规定,换乘自动扶梯或自动步道设备数量应结合枢纽建筑条件、服务水平等因素,依据各种交通运输方式(含非机动车及步行)间超高峰小时旅客换乘量进行设计,并符合《自动扶梯和自动人行道的制造与安装安全规范》(GB 16899—2011)的有关规定。某市东站自动扶梯单节阶梯沿运行方向斜边长或自动步道单节阶梯沿运行方向边长取值0.4m,运行速度取值0.65m/s,宽度取值0.8m。设计年度某市东站各种交通运输方式高峰小时换乘量见表9-9,超高峰系数取值1.4,计算设计年度某市东站换乘自动扶梯或自动步道设备数量,见表9-23。

**设计年度某市东站换乘自动扶梯或自动步道设备数量(台)计算表** 表9-23

| 交通方式(D) | 交通方式(O) | | | | | | | |
|---|---|---|---|---|---|---|---|---|
| | 铁路 | 公路客运 | 城市轨道交通 | 常规公交 | 出租车 | 社会车辆 | 非机动车及步行 | 合计 |
| 铁路 | — | — | 0.1 | 0.2 | 0.1 | 0.1 | — | 1.0 |
| 公路客运 | — | — | 0.1 | 0.1 | — | — | — | 1.0 |
| 城市轨道交通 | 0.1 | 0.1 | — | 0.1 | — | — | 0.1 | 1.0 |
| 常规公交 | 0.2 | 0.1 | 0.1 | — | — | — | — | 1.0 |
| 出租车 | 0.1 | — | — | — | — | — | — | 1.0 |
| 社会车辆 | 0.1 | — | — | — | — | — | — | 1.0 |
| 非机动车及步行 | — | — | 0.1 | — | — | — | — | 1.0 |
| 合计 | 1.0 | 1.0 | 1.0 | 1.0 | 1.0 | 1.0 | 1.0 | — |

换乘设施净高度按照地面完成面至吊顶、楼板或梁底面间的垂直距离设计，不应小于3m。当楼盖、屋盖的下悬构件或管道底面影响有效使用空间时，地面完成面至下悬构件下缘或管道底面间的垂直距离不应小于2.2m。枢纽中主要联运交通运输方式间换乘距离宜小于200m（含）。受用地条件限制或需设置大客流安全缓冲区时，换乘距离不宜大于300m，不应大于500m，且应考虑设置自动步道等辅助通行设施。各联运交通运输方式内部不同线路间换乘设施宜单独设计，且常规公交线路间换乘距离宜小于120m（含）。受节假日影响，客流量变化大的枢纽应设置旅客临时滞留区或缓冲区。

⑩安检设施。安检和检疫等设施应独立设置，并预留旅客排队空间，旅客人均排队空间不应低于0.3$m^2$/人。设计年度某市东站铁路、公路客运、城市轨道交通旅客发送量见表9-1、表9-2、表9-4，高峰小时系数取值0.12，超高峰系数取值1.4，未携带行李、携带中小件行李、携带大件行李旅客完成安检人均所需时间依次取值2s/人、4s/人、7s/人，铁路、公路客运未携带行李、携带中小件行李、携带大件行李旅客数量占比均依次取值5%、55%、40%，城市轨道交通未携带行李、携带中小件行李、携带大件行李旅客数量占比依次取值5%、65%、30%，计算设计年度某市东站安检机设备数量见表9-24。

**设计年度某市东站安检机设备数量（台）计算表**　　表9-24

| 铁　路 | 公路客运 | 城市轨道交通 | 合　计 |
|---|---|---|---|
| 5 | 3 | 4 | 12 |

## 三、枢纽交通建设方案

### 1.设计目标

（1）延续城市布局，协调枢纽与周边空间界面，打造未来高铁新城“城市客厅”。

（2）提高某市东站枢纽的交通可达性，保障某市东站核心区对外疏散能力，保障区域交通快速、便捷、流畅。

（3）考虑某市东站枢纽的多重城市功能，形成商业开发、交通换乘、城市休闲等功能为一体综合性枢纽。

（4）保障不同模式间换乘的便捷性和流畅性，紧凑衔接不同交通模式，优化换乘距离和换乘时间。

### 2.总体设计

（1）研究范围

某市东站枢纽位于某市高铁新城核心位置，广场面朝绿地景观公园及城市规划重要轴线。规划区车流主要来自迎客大道、河紫路、东环快速路三条城市干路。某市东站枢纽布局延续高铁新城规划布局，以某市东站为核心，规划范围分为南北两个地块；北侧地块主要为站前广场、常规公交场、休闲公园以及地下车库，总用地面积为78860$m^2$；南侧地块主要为公路客运场以及机场候机楼，总用地面积为36488$m^2$。项目区域用地规划如图9-3所示。

（2）核心区规划

某市东站枢纽地上地下空间一体化设计，统一开发。出租车、社会车辆、巴士送客实行高架桥快速化进站,其他交通方式(公路客运、常规公交、出租车和社会车辆接客)流线采用地面、地下布局。站区布局原则如图 9-4 所示。

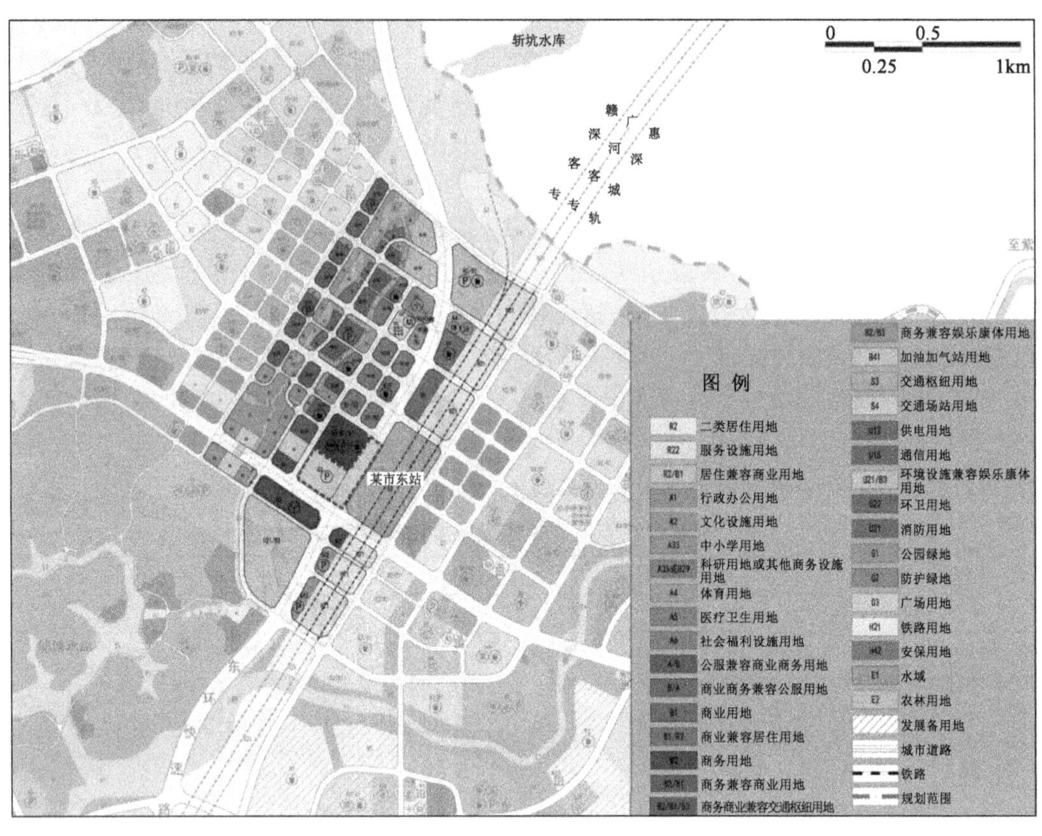


图 9-3　某市东站枢纽项目区域用地规划图

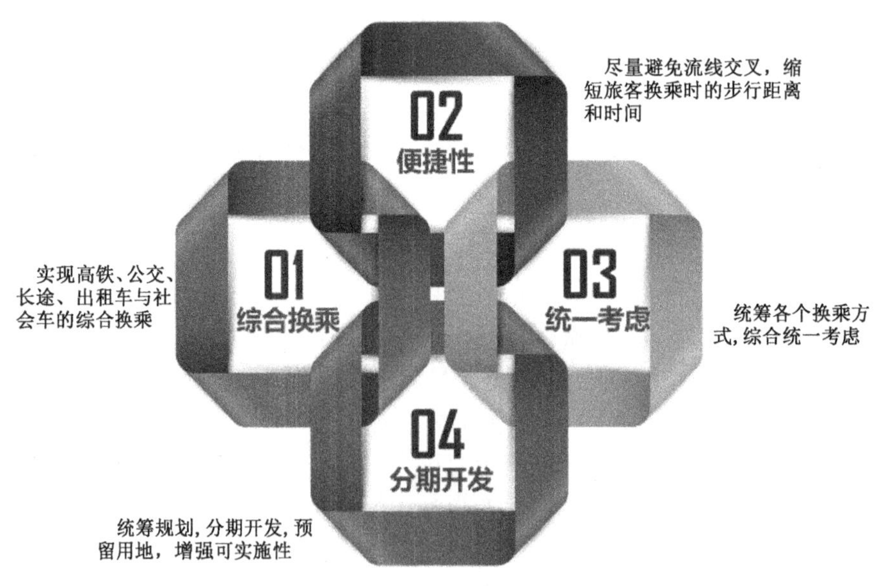


图 9-4　某市东站枢纽站区布局原则

①规划布局中严格控制用地规模,集约、节约用地,合理布局,分步实施,兼顾社会、经济、环境三大效益,确定合理的土地开发强度与环境容量。枢纽各交通设施规模满足设计年限内旅客需求,同时结合地下商业和休闲公园,打造成为具有商业活力和休闲功能的城市"客厅"。

②设计方案充分结合上位规划,将城市规划和站区规划紧密结合起来,打造立体化慢行系统,整合站区与周边商业。某市东站地处某市高铁新城核心位置,紧邻绿心,是未来城市发展的重要节点。因此,枢纽布局延续城市空间肌理,构建具有某市特色、多维一体的站城融合发展模式,打造高铁新城城市通廊与未来城市地标,助力高铁新城产业发展。

③对枢纽周边区域交通进行优化组织调整,构建流畅便捷的交通体系,站区与城市主要疏解干道紧密衔接,快速、安全地方便旅客进出站区,满足不同方式的交通方式快速到达高铁站,体现"快进快出"的设计理念。

④协调枢纽与周边空间界面,结合城市景观绿地规划,通过下沉广场、城市通廊、休闲公园的城市多重开放空间,将高铁站区与周边紧密联系,形成完善的站区景观体系,提升空间品质,创造优美的共享空间。

⑤布局上将各类换乘设施及社会车辆停车场进行立体设置,高效、便捷、快速引导换乘人流。并结合地下商业、下沉庭院、城市通廊,打造开放共享、便捷换乘、功能集约、商业开发的立体性、综合性的枢纽。

⑥站区周边地面道路由迎客大道、东环快速路、站前北路、规划纵七路、规划纵八路、规划横四路、迎客大道南路构成,通过对站前区域道路交通的流量及方向分析,统筹组织道路交通系统、高架匝道道路系统,整个站前区域的道路交通流线组织更为快速、便捷、合理。

⑦地上形成由城市高架匝道与站房平面构成的快速进站系统。南北地块一层统一组织地面车流系统,包括城市公交、公路客运、机场快线;地下层组织出租车及社会车辆的接送客流线、各类交通设施的换乘接驳以及未来商业开发。

某市东站枢纽核心区总体设计如图9-5所示。

3.设施及规模

(1)地面设施规模

常规公交场位于景观广场北侧,紧邻出站口,发车位面积10626m$^2$,发车位共计15个,预留发车位5个,充电桩车位10个。综合客运站位于景观广场南侧,建设用地面积36488m$^2$,其中停车坪18765m$^2$,为公路客运、旅游大巴、机场大巴公用停车场设施。发车位1689m$^2$,设发车位共计14个,停车位共计127个。景观广场建设面积59193m$^2$,其中城市休闲公园37886m$^2$,下沉广场与绿化广场12266m$^2$。其他换乘风雨廊、换乘楼扶梯、通道面积9041m$^2$。

(2)地下空间规模

地下一层设置出租车排队区、换乘设施及换乘通道、站前下沉庭院、商业开发及设备用房等,总建筑面积65933m$^2$(不含下沉庭院)。出租车停车场及候车区16445m$^2$,换乘设施及通道25662m$^2$,商业开发空间23826m$^2$。地下空间采用经济柱网8.4m×8.4m布局,提高停车效率。商业开发部分采用半开放式处理手法,结合站前下沉广场,将周边人群引入地下商业街,同时将局部顶板打开形成自然通风采光天井,采光天井与广场铺装绿化进行统一设计,形成良好的景观效果以及丰富的空间体验。地下二层车库层总建筑面积43443m$^2$,设计社会车辆停车场、新能源停车位以及设备用房。社会车辆停车位 1026 个(其中充电车位 104 个),下客位 15 个。

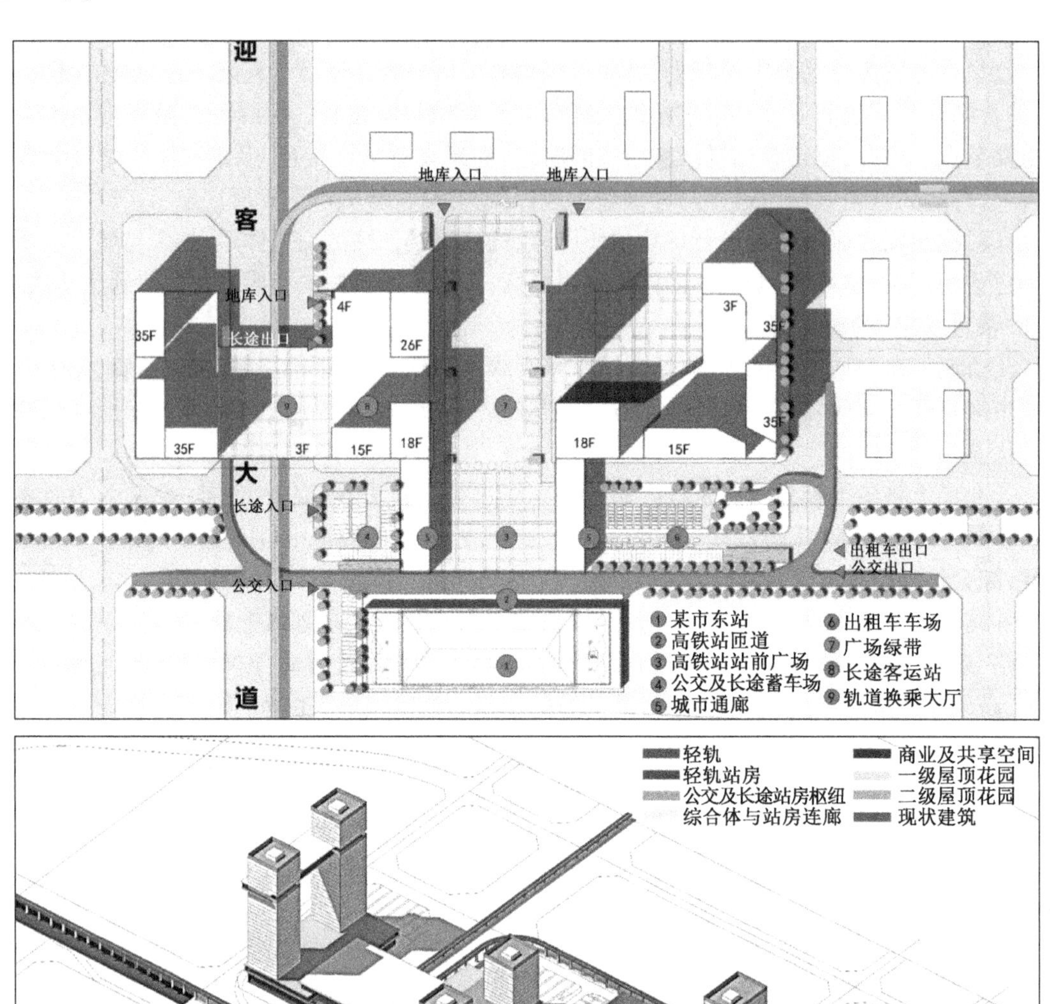


图 9-5　某市东站枢纽核心区总体设计图

某市东站枢纽工程量指标见表 9-25。

某市东站枢纽工程量指标　　表 9-25

| 项　　目 | 数值($m^2$) |
| --- | --- |
| 匝道 | 12894 |

续上表

| 项　　目 | | 数值($m^2$) |
|---|---|---|
| 总建设用地面积 | | 115348 |
| 其中 | 站前广场及绿化 | 19685 |
| | 公交场站用地 | 23520 |
| | 城市休闲公园 | 37886 |
| | 公路客运场 | 36438 |
| 地上总建筑面积 | | 6033 |
| 其中 | 机场快线 | 2356 |
| | 公路客运站 | 3677 |
| 地上综合开发 | | 301560 |
| 地下建筑面积 | | 109376 |
| B1 | 换乘中心及设备用房 | 25652 |
| | 长途轻轨换乘中心 | 3000 |
| | 出租车场站 | 16445 |
| | 商业区 | 23826 |
| B2 | 地下车库 | 43443 |

4. 功能分区

某市东站枢纽景观广场层中轴对称布置,强化高铁车站与城市轴线关系;沿轴线布置下沉庭院,增加广场空间层次;广场南侧布置站前休闲公园,为市民提供日常交往场所;北侧紧邻出站口布置常规公交场;迎客大道南侧地块布置公路客运站与机场候机楼;两个地块通过地下换乘层进行联系。站区功能分区如图9-6所示,设计方案总平面如图9-7所示,鸟瞰图如图9-8所示。

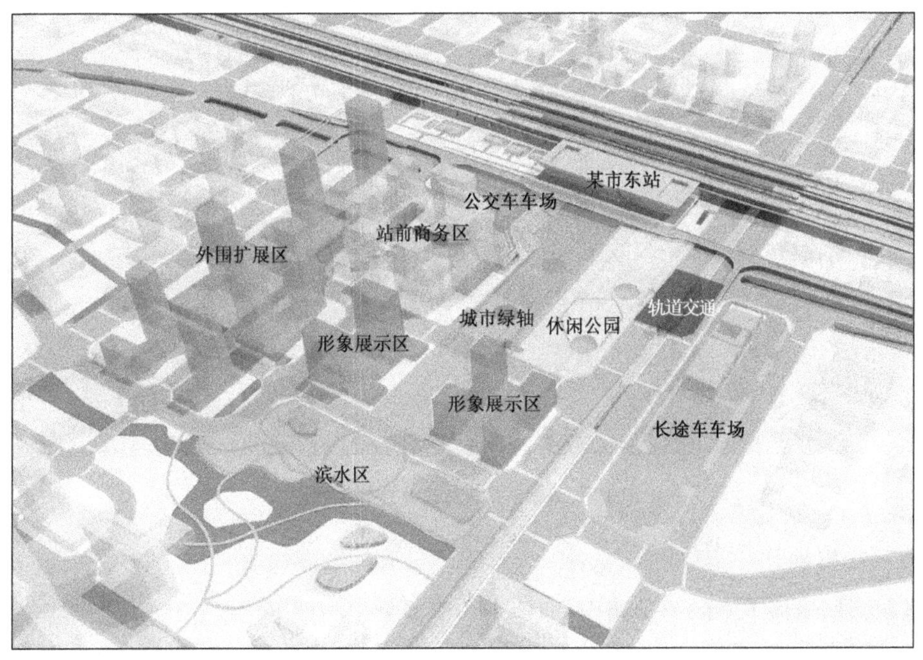


图9-6　某市东站枢纽站区功能分区

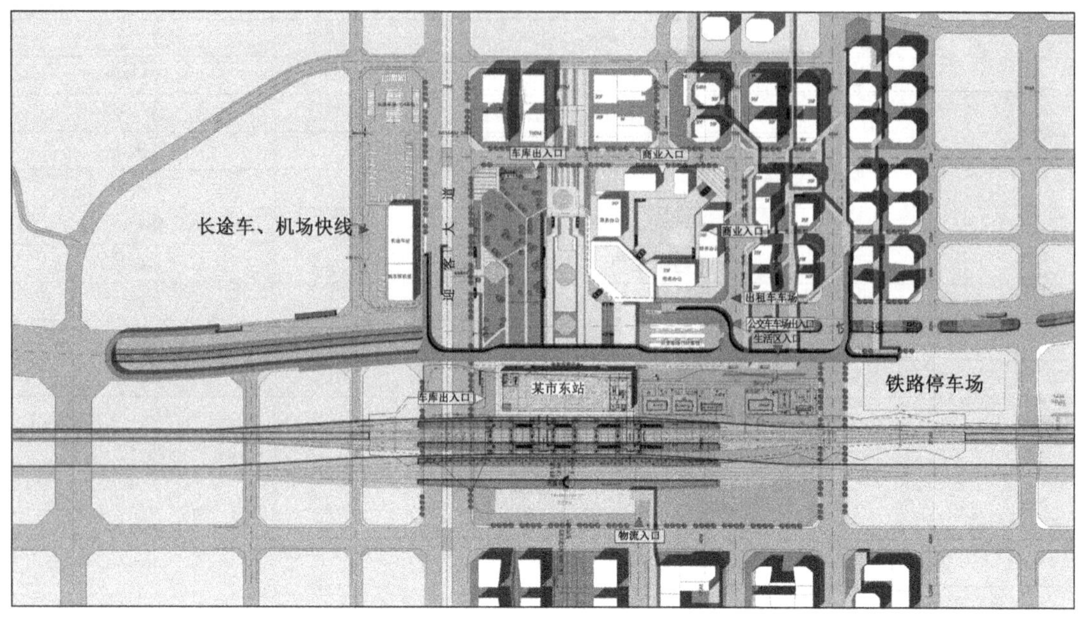


图 9-7　某市东站枢纽设计方案总平面图

图 9-8　某市东站枢纽设计方案鸟瞰图

5. 地下空间设计

某市东站枢纽地下空间分为两层，即地下一层换乘层与地下二层车库层，如图 9-9 所示。地下一层换乘层（图 9-10）布置出租车场站、商业与各类交通换乘设施；换乘层换乘通道采用十字交叉形式，水平串联长途换乘厅、轨道换乘厅、地下商业、下沉广场、高铁站以及站前商业综合体，强化换乘轴线关系，分区与交通指向性明确，高效、便捷、快速引导出站换乘旅客和商业人流；竖向通过垂直扶梯，可立体换乘高铁、公路客运、常规公交、轨道交通、地下车库，到达商业综合体和地面景观广场；换乘通道中央设置自动扶梯，两侧布置商业，提升换乘体验和商业价值。

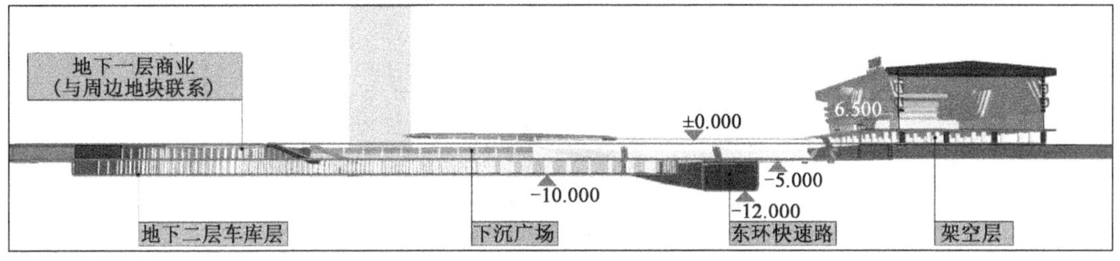


图 9-9　某市东站枢纽空间剖面示意图（高程单位：m）

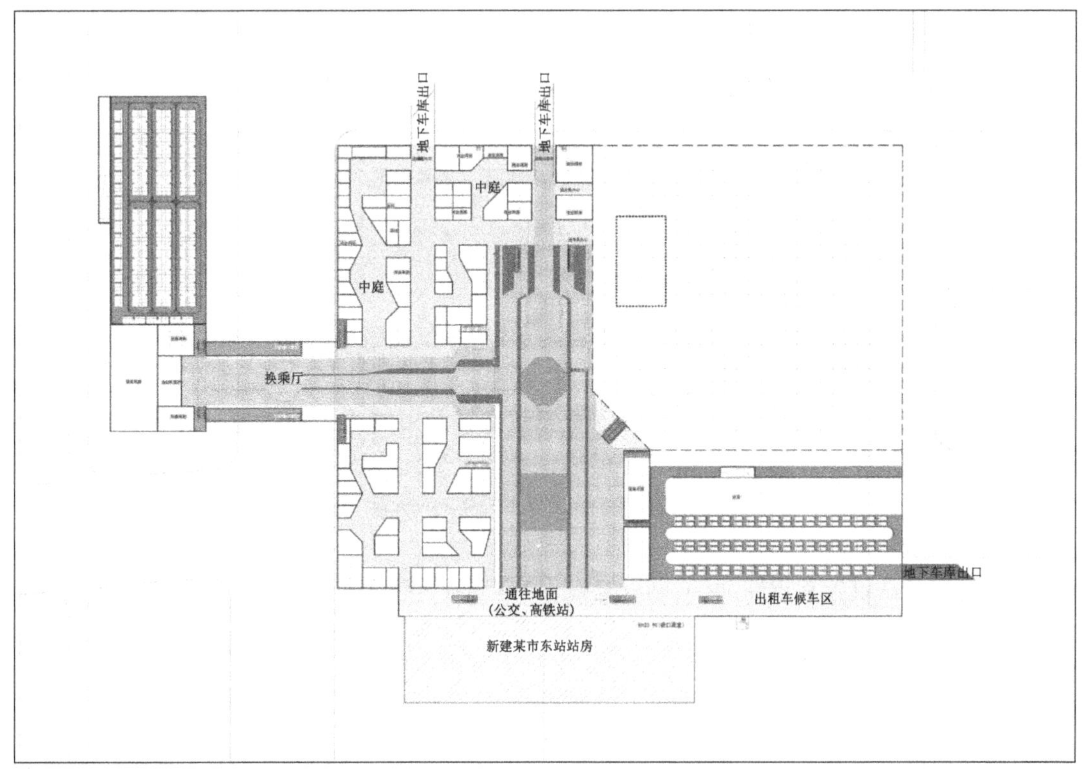


图 9-10　某市东站枢纽地下一层平面图

地下二层车库层（图 9-11）设计社会车辆停车场、新能源停车位以及设备用房。进出站旅客可通过垂直扶梯快速换乘；同时在邻近高铁站附近，设计候车区域与智能停车系统，方便旅客上下车、停车、取车。

图 9-11　某市东站枢纽地下二层平面图

6. 联运交通组织

(1)公路客运

综合客运中心设置在枢纽南侧,包含长途客运候车厅、旅游集散中心、机场候机楼、商业等功能,客运中心通过地下换乘厅与枢纽地下一层连接,方便旅客换乘,长途汽车、旅游大巴的综合停车场与其紧邻布置在候车大厅西侧,方便到站落客及发车。公路客运沿迎客大道南路右转进入长途客运站停车场接送客,通过发车站台进行发车,沿迎客大道南路进入东环快速路和迎客大道,驶离长途客运站。公路客运流线组织如图 9-12 所示。

(2)常规公交

常规公交场站设置在枢纽北侧,贴近高铁出站口,旅客换乘步行距离短。常规公交车辆从站前北路右转进入常规公交场站。车辆发车后通过出口驶入站前北路离开枢纽。常规公交流线组织如图 9-13 所示。

(3)出租车

迎客大道西向东方向送客车辆通过高架匝道 A 驶入站前下客区,东向西方向送客车辆通过规划纵八路、规划横四路进入东环快速路高架匝道 B 进而驶入站前下客区。东环快速路北向南方向送客车辆出地面经掉头匝道 C 驶入站前下客区,南向北方向送客车辆通过高架匝道 B 驶入站前下客区。送客后,出租车可通过出租车接客匝道快速进入地下出租车候车区排队等候换乘旅客。前往枢纽接客出租车通过专用道路进入地下接客。接客后经出租车出口进入站前北路驶离枢纽。出租车流线组织如图 9-14 所示。

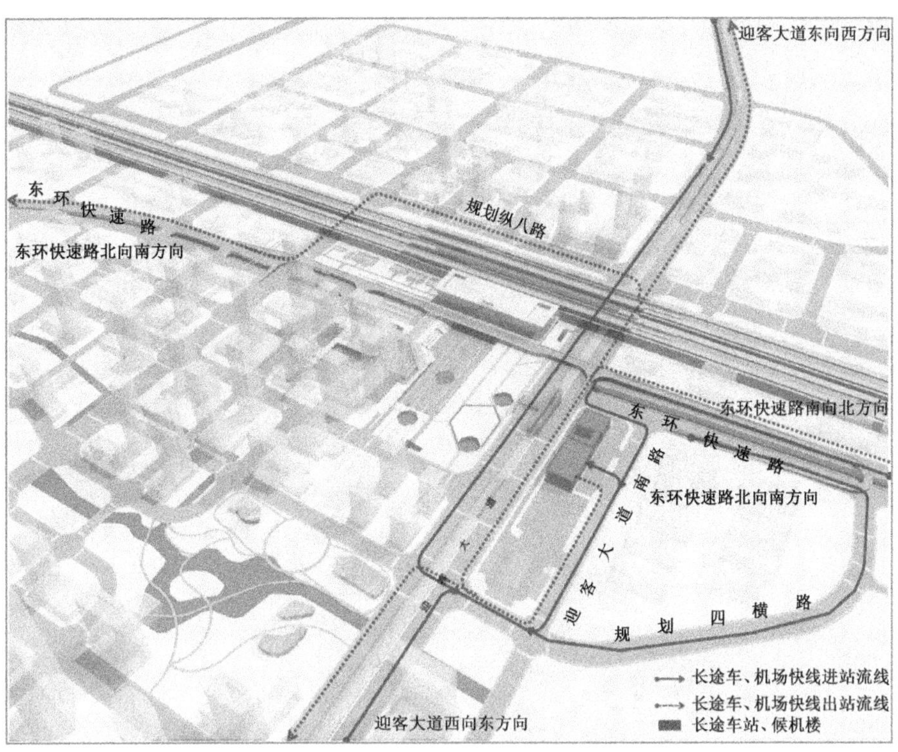


图 9-12　某市东站枢纽公路客运流线组织

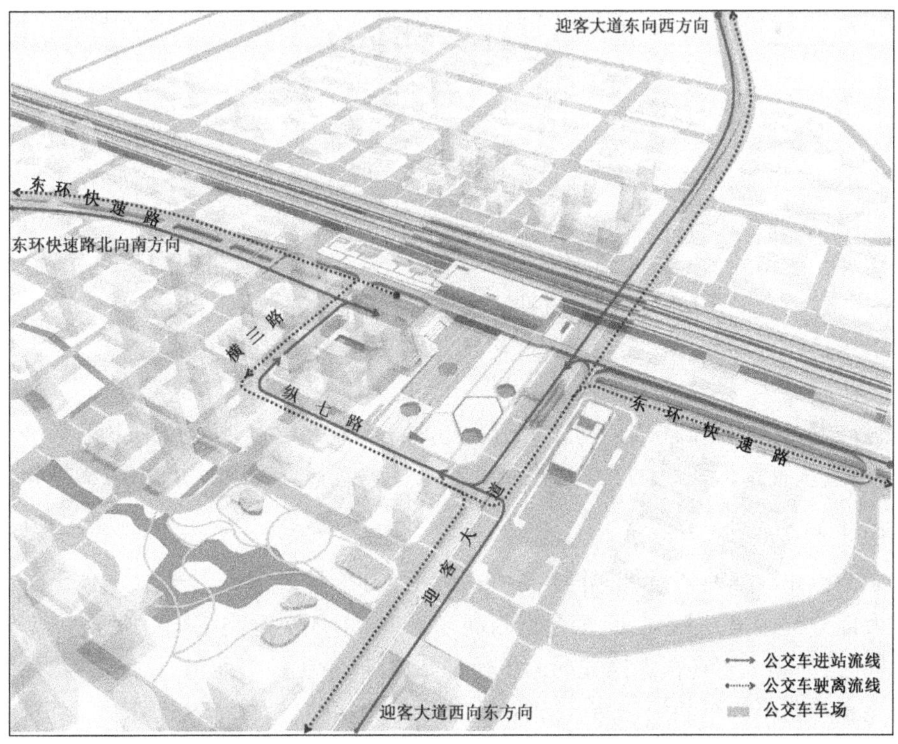


图 9-13　某市东站枢纽常规公交流线组织

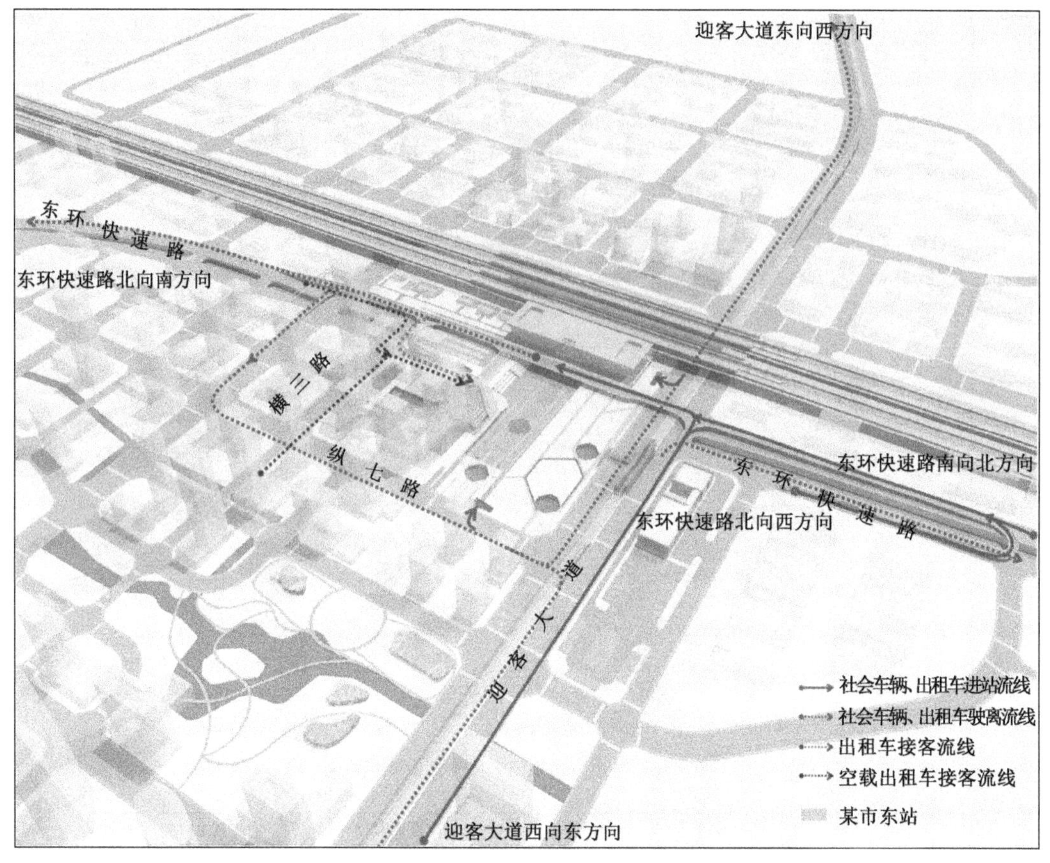


图9-14　某市东站枢纽出租车流线组织

(4)社会车辆

迎客大道西向东方向送客车辆通过高架匝道A驶入站前下客区,东向西方向送客车辆通过规划八纵路、规划四横路进入东环快速路高架匝道B进而驶入站前下客区。东环快速路北向南方向送客车辆出地面经掉头匝道C驶入站前下客区,南向北方向送客车辆通过高架匝道B驶入站前下客区。接客社会车辆通过迎客大道、规划纵七路、站前北路地下车库入口进入地下停车场等候接客后离开。社会车辆流线组织如图9-15所示。

(5)换乘人流

出站人群通过地面连廊换乘常规公交,通过垂直扶梯到达换乘层换乘出租车、公路客运、轨道交通,通过垂直扶梯到达地下二层换乘社会车辆。换乘流线组织如图9-16所示。

7. 道路规划

某市东站枢纽高架匝道设计遵循快速化、可达性和便捷性原则。未来迎客大道和东环快速路承担大部分交通量,因此在迎客大道西向东方向、东环快速路南向北设计快速化进站匝道。与此同时,为满足东环快速路北向南快速进站要求,设置掉头匝道,以便快速进站;快速化出站匝道止于站北路和东环快速路,达到快速进出站要求。另设计出租车接客匝道,满足出租车接客需求。

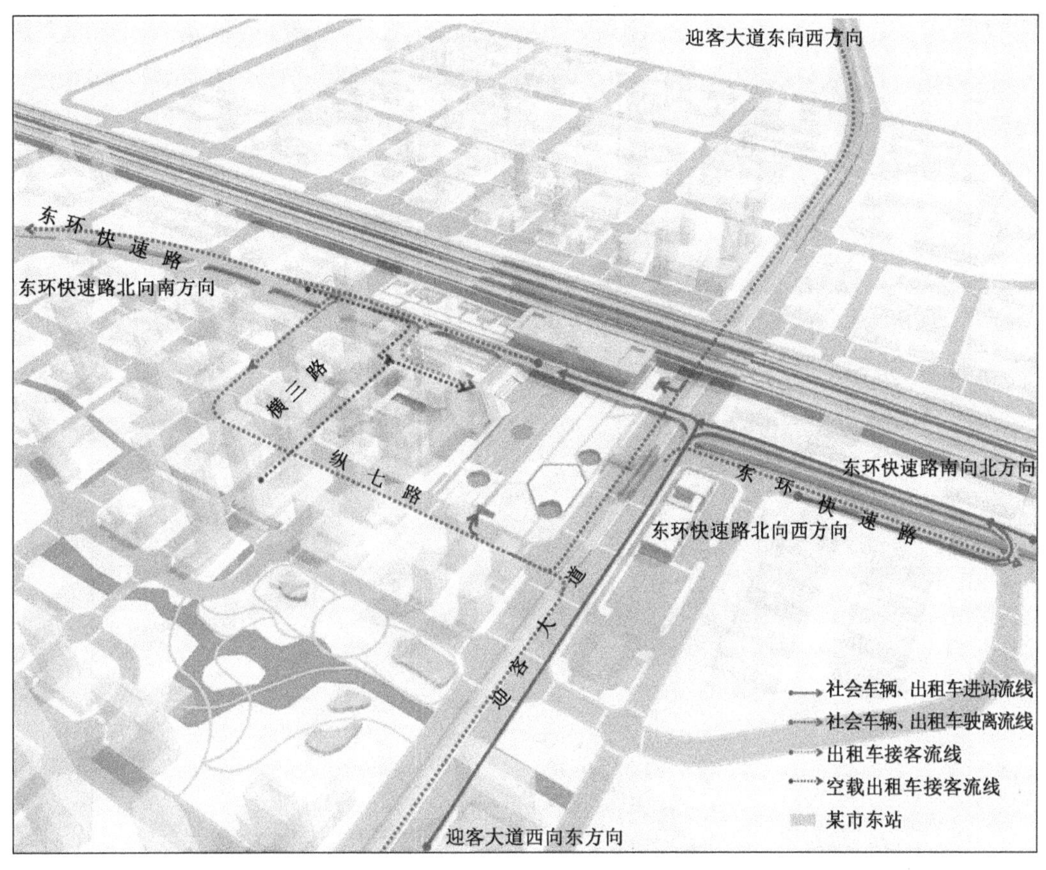


图9-15　某市东站枢纽社会车辆流线组织

1)高架匝道系统

(1)设计原则

①方案设计遵循交通一体化发展的战略思想,适当体现道路交通建设超前的意识,使本工程具有完善的交通功能,并适应交通量不断增长发展的需求。

②提出合理、协调的交通衔接方案,完善交通功能,选取适宜的服务水平和适度的技术标准,充分满足枢纽的交通需求。

③在满足工程功能定位的前提下,研究方案的技术可行性、投资合理性、是否满足建设进度的要求,进行方案比选和论证。

(2)技术标准

采用的主要技术指标如下:

①设计速度:30km/h。

②横断面宽度:9m。

③路面设计标准轴载:BZZ-100。

④路面结构:沥青混凝土路面。

主要技术指标见表9-26。

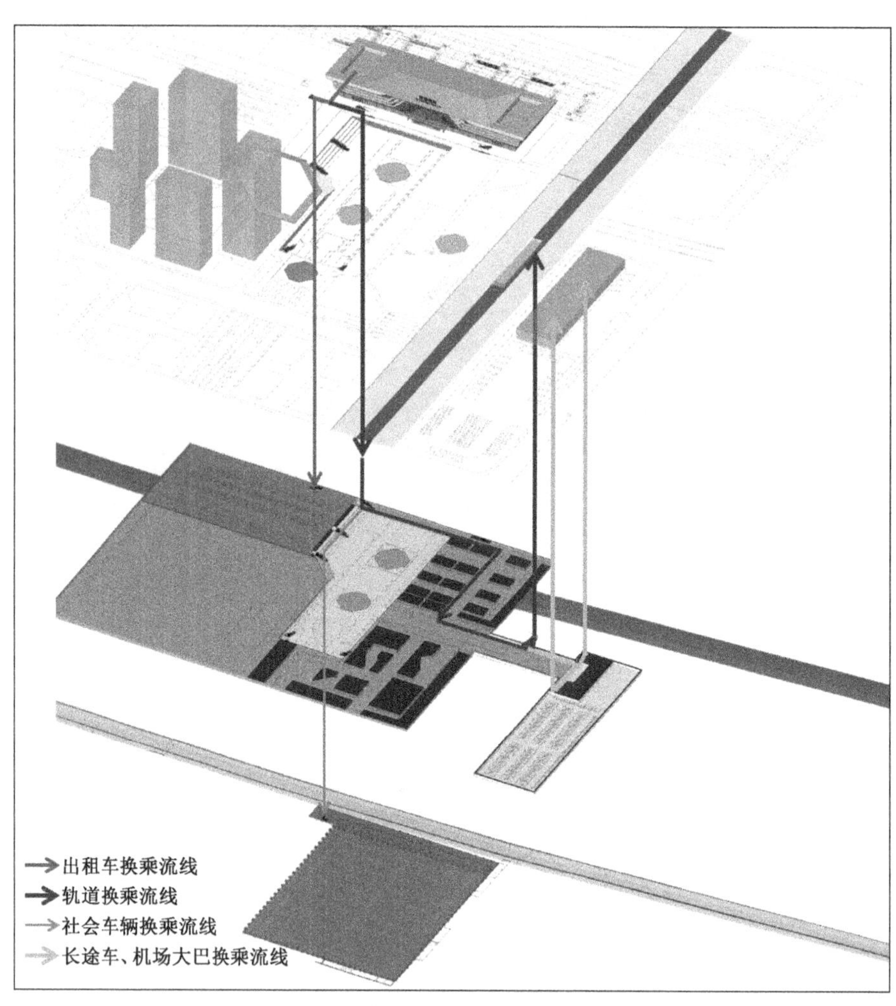


图 9-16　某市东站枢纽换乘流线组织

某市东站枢纽高架匝道主要技术指标一览表　表 9-26

| 技术指标名称 | | 单　　位 | 规　范　值 |
|---|---|---|---|
| 设计速度 | | — | 30 |
| 单车道宽度 | | m | 3.5 |
| 标准轴载 | | kN | BZZ-100 |
| 平面 | 不设超高的最小圆曲线半径 | m | 45 |
| | 平曲线最小长度 | m | 70 |
| | 回旋线最小长度 | m | 35 |
| 纵断面 | 最大纵坡值(一般值) | % | 8 |
| | 竖曲线最小长度(一般值) | m | 40 |
| | 凸形竖曲线一般最小半径(一般值) | m | 400 |
| | 凹形竖曲线一般最小半径(一般值) | m | 375 |
| 道路横坡 | 机动车道 | % | 1.5 |

(3)建设方案

根据规划及枢纽交通组织需求,某市东站枢纽高架匝道系统设置6条匝道(图9-17),其中,A、B、F匝道为进站匝道,A匝道与迎客大道衔接,B匝道与东环快速路辅路衔接,F匝道为东环快速路主路进站匝道;C、D、E匝道为出站匝道,C匝道与规划横三路衔接,D匝道与东环快速路辅路衔接,E匝道为进入出租车停车库匝道,匝道全长约1.82km。

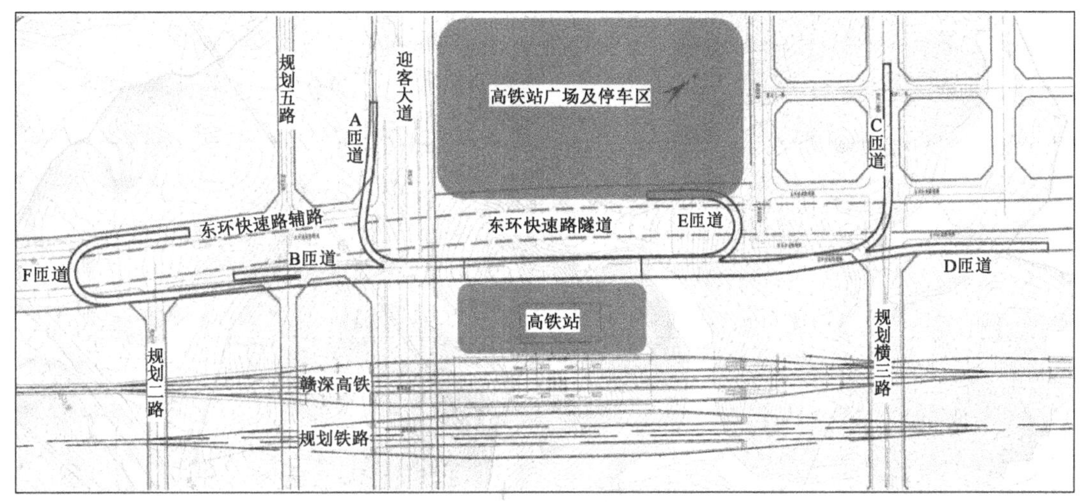


图9-17　某市东站枢纽高架匝道平面图

结合枢纽交通需求及市政道路的功能等级,匝道标准横断面宽9m,具体布置为0.5m防撞护栏+8m行车道+0.5m防撞护栏,如图9-18所示。

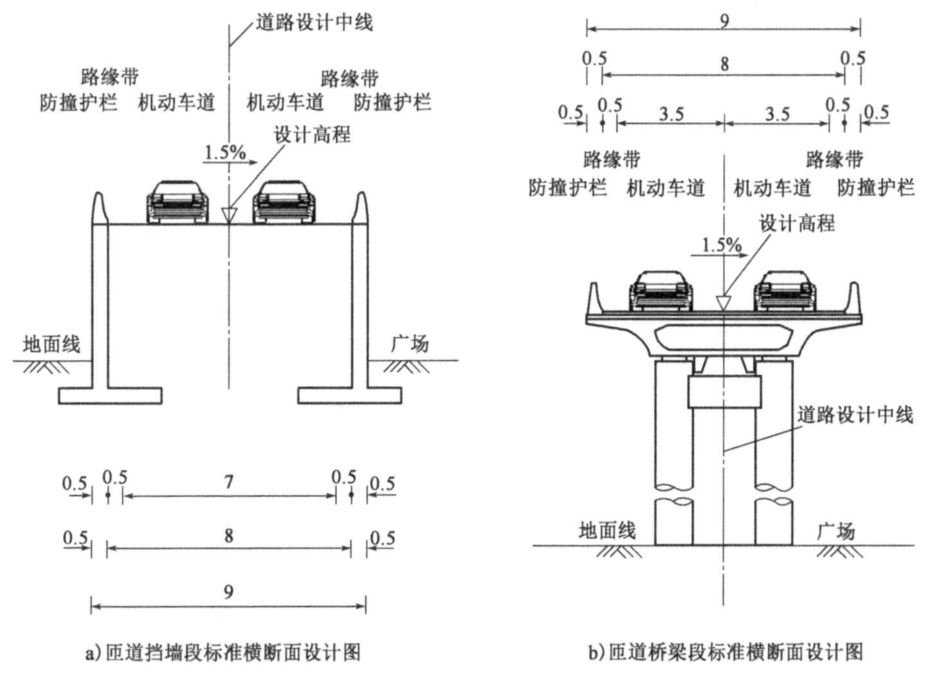


图9-18　某市东站枢纽高架匝道横断面设计图(尺寸单位:m)

(4)桥梁设计

由于匝道上跨东环快速路隧道,且暂未取得隧道相关资料,本设计匝道桥梁暂按在东环快速路隧道中间设墩进行考虑。桥梁设置见表9-27。

某市东站枢纽高架匝道桥梁设置一览表

表9-27

| 桥　名 | 匝道名称 | 孔数-跨径(m) | 桥梁全长(m) | 上部结构类型 | 下部结构形式 | 桥梁宽度(m) | 桥梁面积($m^2$) | 备注 |
|---|---|---|---|---|---|---|---|---|
| F匝道1号桥 | A匝道、B匝道、F匝道 | 23.5+30+43+35 | 131.5 | 现浇预应力混凝土连续箱梁桥 | 桩柱式 | 16~23 | 2801 | — |
| A匝道1号桥 | A匝道 | 17+23.8+21+17 | 82.3 | 现浇钢筋混凝土连续箱梁桥 | 桩柱式 | 9 | 717.5 | 曲线半径 $R=35\text{m}$ |
| F匝道1号桥 | B匝道、F匝道 | 3×35 | 108.5 | 预制预应力混凝土连续小箱梁桥 | 桩柱式 | 16~18.9 | 1800 | — |
| F匝道1号桥 | F匝道 | 32.5+35+32.5 | 100 | 预制预应力混凝土连续小箱梁桥 | 桩柱式 | 9 | 900 | — |
| F匝道1号桥 | F匝道 | 4×30 | 120 | 预制预应力混凝土连续小箱梁桥 | 桩柱式 | 9 | 1073 | — |
| F匝道1号桥 | F匝道 | 24.41+2×22.5+2×18 | 103.41 | 现浇预应力混凝土连续箱梁桥 | 桩柱式 | 9 | 864.5 | 曲线半径 $R=33\text{m}$ |
| D匝道1号桥 | C、D、E匝道 | 3×20 | 63.5 | 预制预应力混凝土连续小箱梁桥 | 桩柱式 | 22~23 | 1460.5 | — |
| C匝道1号桥 | C匝道 | 3×21.5 | 71.5 | 现浇钢筋混凝土连续箱梁桥 | 桩柱式 | 9 | 646 | — |
| D匝道2号桥 | D匝道 | 2×25 | 57 | 预制预应力混凝土连续小箱梁桥 | 桩柱式 | 9 | 513 | 曲线半径 $R=50\text{m}$ |

进口处匝道(图9-19~图9-21)设计起点与某市东站站房顺接,A、B、F匝道上跨迎客大道后进行分离:A匝道上跨东环快速路辅路、东环快速路隧道,A匝道曲线半径为 $R=35\text{m}$;B匝道上跨规划五路;F匝道上跨规划五路、规划六路、东环快速路辅路、东环快速路隧道,F匝道曲线半径为 $R=33\text{m}$。

出站口匝道(图9-22)设计起点与某市东站站房顺接,C匝道上跨东环快速路辅路、东环快速路隧道,规划横三路,曲线半径为 $R=50\text{m}$;D匝道上跨规划横三路。

考虑减少施工工期、节约成本的因素,结合净空条件,等宽或较小变宽段上部采用预制预应力混凝土连续小箱梁结构;曲线范围段,由于曲线半径较小,结合跨径大小上部采用现浇钢筋混凝土连续箱梁结构或现浇预应力混凝土连续箱梁结构;变宽较大范围段上部采用现浇预应力混凝土连续箱梁结构;下部结构均采用桩柱式。

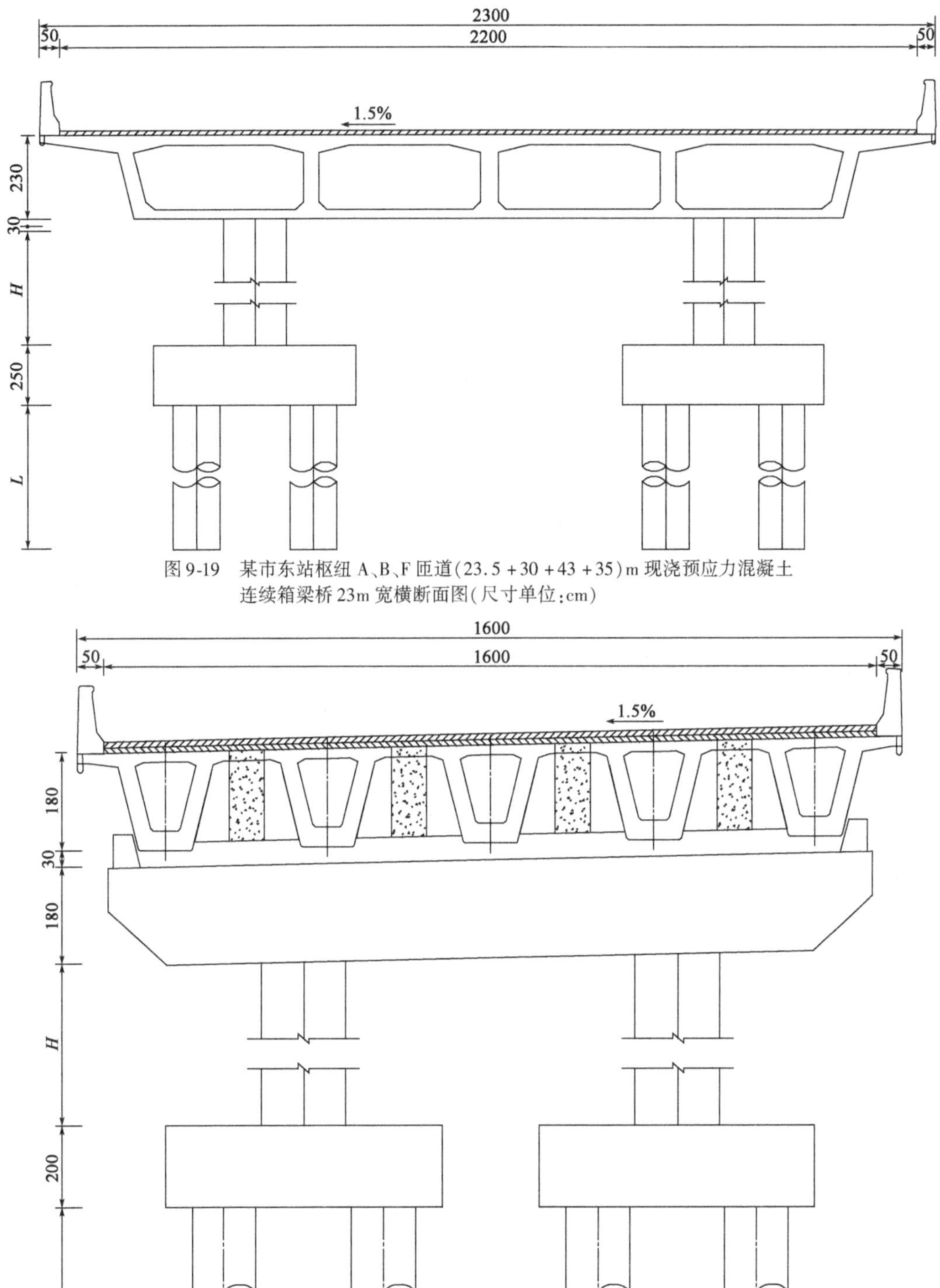


图 9-19　某市东站枢纽 A、B、F 匝道(23.5 + 30 + 43 + 35)m 现浇预应力混凝土连续箱梁桥 23m 宽横断面图(尺寸单位:cm)

图 9-20　某市东站枢纽 B、F 匝道 3 × 35m 预制预应力混凝土连续小箱梁桥 16m 宽横断面图(尺寸单位:cm)

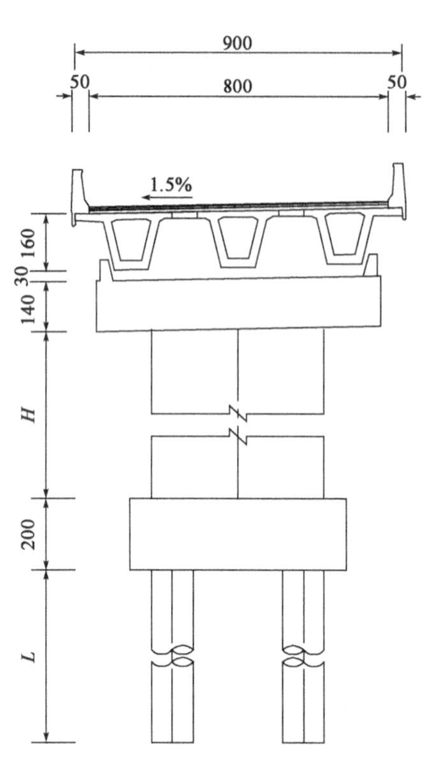


图9-21　某市东站枢纽F匝道4×30m预制预应力混凝土连续小箱梁桥9m宽横断面图(尺寸单位:cm)

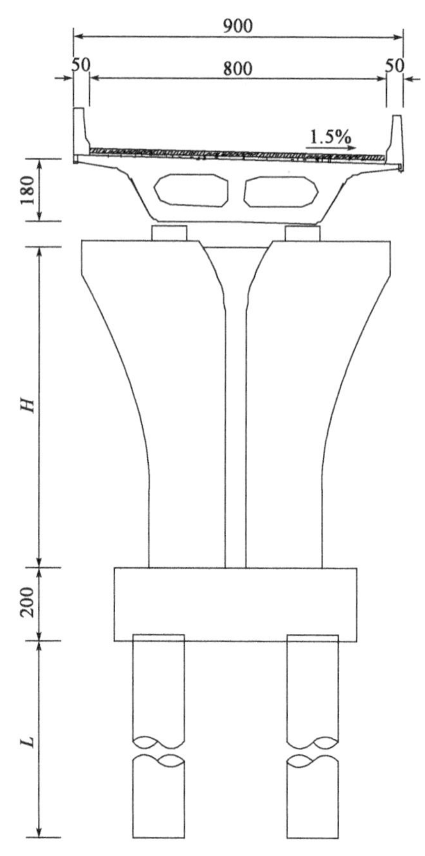


图9-22　某市东站枢纽C匝道3×21.5m现浇钢筋混凝土连续箱梁桥9m宽横断面图(尺寸单位:cm)

(5)路基设计

匝道路基顶面回弹模量应不小于20MPa。路基填筑前先清除垃圾及草皮、树根、淤泥等,垃圾层较厚的局部路段,需全部清走。路基压实度应达到规范要求。在有现状路的位置破除现状路,不计入清表量。对于路基范围内的一般路段(现为土路或房基等,含水率较小、无软弱土层场地),应开挖或回填到结构层底,然后由下至上按序施作路面结构。

(6)路面设计

匝道采用的路面结构组合为4cm细粒式沥青混凝土(AC-13C)+7cm粗粒式沥青混凝土(AC-25C)+1cm下封层+32cm水泥稳定碎石(分层压实)+16cm水泥稳定碎石底基层,路面结构层总厚度为59cm。

2)地面道路系统

站前区域规划站北路、规划纵七路、站前北路、东环快速路辅路以及迎客大道南路。其中,站前北路、规划纵七路以及迎客大道南路连接常规公交场站出入口、出租车场站出入口以及公路客运、机场巴士出入口。地面交通组织如图9-23所示。

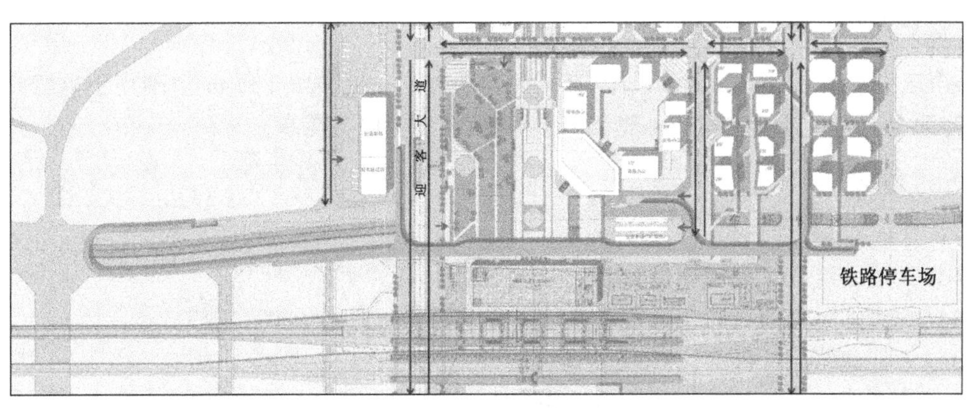


图 9-23　某市东站枢纽地面交通组织

8. 枢纽规划

某市东站枢纽的总体规划遵循“人行优先”“公共交通优先”“集约开发”等基本原则，统一协调布置，延续城市规划布局，枢纽沿轴线对称设计，延续高铁新城生态布局，站房和广场位于一条景观中轴线上，使某市东站成为未来高铁新城城市通廊下的视觉焦点，并设置丰富多样的空间景观节点，合理布置商业与交通换乘设施，综合组织各类流线。

(1)地面无社会车辆，体现“人行优先”的设计理念，通过设置多层次的景观节点，结合下沉庭院、景观绿地、采光天井、景观水池等景观要素，打造尺度适宜、风景宜人的绿化景观，将枢纽打造成为具有开放性、多层次的城市休憩客厅，营造出较为良好的步行体验。依据“公共交通优先”的换乘思路，就近布置公交发车位、出租车场站，使其紧邻出站口，减少步行距离，方便旅客换乘。依据“集约开发”的原则，将社会车辆停车场、出租车停车场、换乘设施布置在地下一层，这种布局方式既充分利用了场地，又使得换乘最为便捷。

(2)枢纽空间结合城市通廊、下沉庭院、采光天窗等，形成富有变化的空间节点，延续高铁新城城市绿轴生态布局，广场两侧种植大面积植被，呈竖向条形分布，呼应广场中心铺装的流线造型。开放的广场为人们提供城市与站房间的自由过境空间，四列树阵以中轴线对称整齐排列，使广场更具仪式感，同时为进站主街与两侧绿化起到了很好的过渡作用。建筑与静水池相配，使建筑影像摇曳倒映在游客眼前，打造开放性、多层次的城市客厅空间。

植物配置遵循适地适树原则，设计中选用在当地生长良好、树形优美、易维护、耐修剪的树种，打造集生态、艺术和功能为一体的植物景观。场地绿化面积约为 24622$m^2$，通过乔木、灌木、铺地类植物的科学配置，形成组团式的立体景观。根据广场规划形式及周边景观特色，利用植物的分割和渗透功能，用不同品种、类型和规格的植物把广场空间动静分离开来，体现不同区域的植物景观特色。同时充分考虑植物的特点与景观效果，对色相、季相进行精心设计，以绿色为主基调，综合考虑不同植物的叶色、花色、果色、花期、树冠形状、植物高度等方面的特点，统筹配置，构建具有季相特色的园林植物景观。选择早春开花的黄槐、茶花等，夏季开花的凤凰花、大叶紫薇、夹竹桃、鸡蛋花等，秋季开花或全年开花的红花羊蹄甲、木芙蓉、朱槿、米仔兰等，以及四季常绿的榕树、椰子、杧果、杜英、散尾葵等，还有变叶木、红背桂、红叶石楠、红花檵木、南天竹等色叶树种，组成四季有花、月月有景、步移景异、美不胜收的岭南园林。

9. 商业开发

某市东站枢纽结合交通换乘设施,在北侧地块地下一层预留 2 万 $m^2$空间用于枢纽商业开发,作为架空层商业开发空间的补充,满足换乘旅客商业服务需求。

10. 信息系统

1)设计依据

(1)《交通建筑电气设计规范》(JGJ 243—2011)。

(2)《综合客运枢纽智能化系统建设总体技术要求》(JT/T 980—2015)。

(3)《智能建筑设计标准》(GB 50314—2015)。

(4)《综合客运枢纽换乘区域设施设备配置要求》(JT/T 1066—2016)。

(5)《综合布线系统工程设计规范》(GB 50311—2016)。

2)设计原则

(1)遵循统一规划、统一标准、资源共享的原则,满足安全、可靠、先进、可扩展的要求。

(2)设置综合信息管理平台,完成信息资源共享以及系统功能的联动。

(3)根据各单体建筑群的规模和用途,进行信息配套设计,各区域内信息子系统应具备独立运行的能力。

(4)信息系统与外部网络的连接及信息交互采用安全隔离和防护措施。

3)主要技术内容

根据某市东站枢纽的特点和运营需求,信息系统按区域设置子系统,见表 9-28。

**某市东站枢纽信息子系统表** 表 9-28

| 序号 | 位置 | 综合信息管理平台 | 信息显示系统 | 广播系统 | 监控系统 | 停车场智能管理系统 | 办公自动化系统 | 综合布线系统 | 其他信息系统 |
|---|---|---|---|---|---|---|---|---|---|
| 1 | 综合交通信息机房及调度室 | √ | | | | | | | |
| 2 | 公路客运场站 | | √ | √ | √ | | √ | √ | √ |
| 3 | 常规公交场站 | | √ | √ | √ | | √ | √ | |
| 4 | 社会车辆停车场 | | √ | √ | √ | √ | √ | √ | |
| 5 | 出租车场站 | | √ | √ | √ | | √ | √ | |
| 6 | 地下人防、商业开发 | | √ | √ | √ | | √ | √ | |
| 7 | 站前广场 | | √ | √ | √ | | | | |

注:其他信息系统包含站务、调度指挥、信息查询、时钟、有线电视、多媒体会议、一卡通、无线视频监控等系统。

(1)综合交通信息机房及调度室

综合交通信息机房设置综合信息管理平台。综合信息管理平台为枢纽配套基础设施涉及的各建筑群内的子系统和其他外部应用系统提供一个统一的数据交换平台,实现信息共享。该管理平台完成指挥调度、数据交换、信息发布、防灾应急等功能。

综合信息管理平台设备由数据库服务器、应用服务器、接口服务器、磁盘阵列等组成,另在调度室设置指挥调度终端,供日常指挥协调和防灾应急指挥协调用。同时配置显示大屏,供现场图像调用。

(2)公路客运场站

公路客运场站配套设置广播、信息显示、视频监控、办公自动化、配套的综合布线及站务、调度指挥、信息查询、时钟、有线电视、多媒体会议、一卡通、无线视频监控等系统。

①广播系统。广播系统具备自动广播、紧急广播、背景音乐及人工广播以及监测监听功能。广播系统由音源设备、音频矩阵控制系统、管理计算机系统、功率放大器系统、信号传输网络和扬声器系统等组成。广播系统可接收来自消防报警系统的火灾发生信号,自动实现相邻区域的紧急消防广播。

②信息显示系统。信息显示系统实时响应班车计划和动态信息,通过各类显示设备及时向旅客发布购票、候车、检票上车等各类信息,保障公路客运场站的正常运行。信息显示系统信息传输介质由综合布线系统支持,所有显示媒体的控制主机均以 TCP/IP 协议向显示设备发布信息。

③视频监控系统。视频监控系统对公路客运场站管辖区域内的旅客活动场所以及重点防范区域进行监视,辅助车站工作人员进行运营管理。视频监控系统采用数字视频监视系统,前端设备采用数字摄像机,控制显示设备采用管理工作站、存储服务器、存储阵列、监视器等设备。视频监控系统覆盖公路客运场站的站前广场、售票厅、候车室、检票区域、设备机房、财务部门、通道区域(防火通道、紧急疏散)等部位。

另外,视频监控系统与入侵报警系统合设,在售票室、票据库、财务室等重点场所设置入侵探测器,由现场控制箱接收信号后转发至值班室的报警控制设备,进行实时告警。

④办公自动化系统。办公自动化系统利用计算机网络实现日常业务工作的规范化、电子化、标准化、流程化。办公自动化系统通过千兆以太网与主干网络相联。办公自动化系统设置办公服务器,服务器与用户工作站通过星型以太网相连接,通过访问服务器、路由器和防火墙组成的接口子系统与外界互连。

⑤综合布线系统。在公路客运场站设置综合布线系统,为语音、数据、图像等信息提供高速通道。综合布线系统设计参照《综合布线系统工程设计规范》(GB 50311—2016)进行配置,采用光缆及铜芯对绞电缆混合组网,满足高质量的不同带宽信号传输要求。系统水平线缆采用 6 类布线方案。数据垂直主干采用室内单模光缆,话音垂直主干采用大对数双绞线。

⑥站务系统。站务系统主要功能包括调度、售票、检票、结算、财务统计、站务查询、站务导向等功能。站务系统设置 2 台数据库服务器,实现双机热备,共享 1 套磁盘阵列,设置 1 台 WEB 服务器。

另外,根据运营需要,设置系统管理工作站、财务结算工作站、行包工作站、查询工作站、接口工作站等。

⑦调度指挥系统。调度指挥系统采用一体化智能调度指挥系统,满足公路客运场站对调度指挥系统、应急指挥系统的日常运营调度和分级处置应急事故的功能需求。调度指挥系统采用融合的通信一体化平台,集传统 PBX、IP-PBX 于一体,集成 CTI、IVR、ACD、APP 等服务功能,可完成录音、传真、会议、留言等多种增值业务。调度指挥系统由 1 台调度主机、1 台数据库服务器、1 台应用服务器、1 台语音存储工作站以及调度工作站(带触摸屏)、显示屏、电话终端等组成。

⑧查询系统。旅客通过多媒体自助查询设备与数据服务器进行系统连接,获取班车到发、票务、天气、交通、旅游等信息,为出行服务。多媒体自助查询设备主要由计算机、彩色显示器、触摸屏、金属机柜等组成。自助查询终端主要分布在各售票厅、候车室。

⑨时钟系统。时钟系统主要为车站客运作业人员及旅客提供统一的时钟信息,同时为车站各系统提供时间同步。时钟系统采用子母钟系统,设置二级母钟设备和 NTP 服务器,母钟具备多路数字式及指针式输出接口,用于驱动不同类型车站子钟。NTP 服务器按照统一的同步策略,为广播、引导、监控等系统提供同步信号。母钟与各子钟之间采用 RS-422/485 接口,扩展方便。子钟可采用单面数字式子钟、双面数字式子钟等不同形式,分别安装于楼内的各个功能区域。

⑩有线电视系统。有线电视节目源由有线电视网节目、自办节目(录像机、影碟机)、车次信息三部分组成。有线电视系统设置 1 套车次服务器、1 套控制计算机、1 台录像机、1 台影碟机、1 套多通道字幕机、多路分配器、调制器、混合器以及线路上配套的放大器、分配器、分支器及用户终端盒等。

⑪多媒体会议系统。在公路客运场站会议室设置多媒体会议系统。系统由视频显示系统、数字会议系统、会议追踪摄像、视频会议系统组成。视频显示系统由投影机、电动投影幕组成,投影机采用电动升降式吊装,平常暗藏在吊顶内,使用时通过遥控降至预置位置。数字会议系统设置合理席位,考虑搭建的灵活性,配置采用桌面式单元。会议追踪摄像配置快球摄像机,可实现与会议系统的联动。

⑫一卡通系统。一卡通系统用于对公路客运场站内进出通道、机房、管理用房、办公房屋等处所进行安全技术防护,另外,可实现员工身份识别和考勤管理功能。门禁系统由主控微机、就地控制器、读卡器、各种电磁锁具等组成。感应卡按非接触 IC 卡考虑,系统配备数码照相机以及卡片印刷机,用于卡片的持有人图像及身份资料的印刷。

⑬无线视频监控系统。无线视频监控系统由 GPS 全球卫星定位系统、视频数据无线网络传输系统、GIS 地理信息处理系统及 VMC 车辆监控中心系统、车载终端等组成。信息机房安装视频存储服务器、磁盘阵列、接入服务器、数据服务器、地图服务器等数据处理设备以及网络设备等。控制中心安装监视大屏、管理工作站、控制工作站设备。通过运营商提供的视频数据无线网络传输系统,系统即可完成监控中心和 GPS、车内监控终端的无线视频数据通信。

(3)常规公交场站

常规公交场站配套设置广播、信息显示、视频监控、办公自动化以及配套的综合布线等系统。各系统设置与公路客运场站的相关系统设置要求及配置原则基本相同,仅根据规模不同、运用需求不同做相应调整。

(4)社会车辆停车场、出租车场站

社会车辆停车场配套设置停车场智能管理、广播、信息显示、视频监控、办公自动化以及配套的综合布线等系统。

出租车场站不设置停车场智能管理系统,其他系统设置与社会车辆停车场相同。

①停车场智能管理系统。

a. 系统功能。停车场智能管理系统主要完成车辆的识别、记录、计费、统计等功能。

b. 系统构成。停车场智能管理系统由入口管理站、出口管理站、制卡设备、车辆检测设备、道闸、车位显示屏、监控等设备构成。

入口部分由道闸、车辆检测设备、入口发卡读卡机、车位显示屏、监控等设备组成。

出口部分由道闸、车辆检测设备、出口读卡机、监控等设备组成。

岗亭设备由管理控制电脑(内配图像捕捉卡、多用户通信卡)、收费读卡器等组成。

管理控制计算机通过 RS-422 接口与出入口发/读卡机实时通信。

c. 系统设置地点。停车场智能管理系统设置在社会车辆停车场。

②其他信息系统。其他信息系统包括广播、信息显示、视频监控以及配套的综合布线等系统。各系统设置与公路客运场站的相关系统设置要求及配置原则基本相同,仅根据规模不同做相应调整。

(5)地下广场人防、商业区

地下广场人防、商业区配套设置广播、信息显示、视频监控、办公自动化以及配套的综合布线等系统。各系统设置与公路客运场站的相关系统设置要求及配置原则基本相同,仅根据规模不同、运用需求不同做相应调整。

(6)站前广场

站前广场配套设置广播、信息显示、视频监控等系统。各系统设置与公路客运场站的相关系统设置要求及配置原则基本相同,仅根据规模不同、运用需求不同做相应调整。

4)系统运行环境

(1)信息用房

根据各建筑体规模,按需要设置信息机房、配线间及监控室等,为方便管理,在公路客运场站、常规公交场站以及站前广场内分别设置监控室一处,其中暂定将站前广场内的综合监控室作为主监控室。

(2)电源

信息系统设备全部采用分区集中供电方式,外供电源为Ⅰ级负荷。原则上机房内设备均采用 UPS 供电,终端设备采用交流直供。

(3)防雷与接地

防雷采用分级防护体制,在交流配电设备的输入端设置电源防雷箱,在 UPS 设备、交流配电设备内部设置防雷器件及浪涌吸收装置,同时结合建筑物防雷接地,共同构成信息系统的防雷体系。

信息系统接地采用建筑物共用接地方式,接地电阻≤1Ω。

# 第二节　某区站枢纽

## 一、项目背景分析

### 1. 建设背景

某区站位于北京市昌平区马池口镇,是新建京张城际铁路及既有京包、京通铁路枢纽站,位于昌平新城西部,南距六环路约 2.6km,东距京新高速公路约 1.3km、京藏高速公路约 3.2km,北距水南路约 1.2km。《北京城市总体规划(2016—2035 年)》提出“加强枢纽和交通节点建设，提高换乘效率和服务水平"，围绕2个国际航空枢纽、10个全国枢纽、若干个区域枢纽，构建"2+10+X"的枢纽格局。某区站为区域枢纽之一，是新建京张城际铁路及既有京包、京通铁路枢纽站，功能定位为区域枢纽，未来将主要对接昌平新城及周边地区，服务长途及城际客流、通勤客流、旅游客流。《昌平分区规划(2017—2035年)》提出昌平新城规划构建"一轴一带一廊、两城一区多点"的空间结构。某区站站前区作为两城之一的昌平新城重要组成部分，未来将主要依托京张城际铁路的建设，加快昌平新城跨京藏、京新高速公路向西发展，形成新城西部地区门户，打造新城西部产业增长极，加快昌平新城西部地区经济社会发展。

2. 建设必要性

某区站的建设将促进交通运输与新城西部产业融合，加快昌平新城西部地区经济社会发展。某区站是服务昌平新城及周边地区的区域枢纽，依托京张城际铁路及既有京包、京通铁路，配套完善的有轨电车、常规公交、机场巴士及旅游巴士、出租车(含小汽车租赁)和社会车辆停车系统，强化联运方式间的衔接与协作，旅客换乘"零距离"、物流衔接"无缝化"、运输服务"一体化"，将促进交通运输与新城西部产业融合，形成新城西部地区门户，打造新城西部产业增长极，加快昌平新城西部地区经济社会发展。

京张铁路建设及某区站车站的升级改建工程中，某区站东侧路规划线位主要经过下念头村、上念头村，西侧路主要经过下念头村、西北地，枢纽主要经过下念头村。建设项目征地拆迁工程量较大，实施困难。某区站东侧路、西侧路无法按期在2019年底铁路通车前实施，无法发挥某区站接驳功能，枢纽亦无法按规划功能实现，因此提出初期临时建设方案，主要服务2022年北京冬奥会使用。

## 二、枢纽交通与设施规模预测

1. 预测年限

根据《新建铁路北京至张家口铁路线某区站施工图》，京张城际铁路某区站客流预测近期规划年为2028年，远期规划年为2038年。2022年北京冬奥会开幕。

考虑站场设计统一，某区站枢纽工程及周边市政配套道路工程以2019年为预测基年，依据《公路工程技术标准》(JTG B01—2014)、《城市道路工程设计规范(2016年版)》(CJJ 37—2012)等规范对道路设计年限的有关规定，综合确定项目设计交通量预测年限为20年，初期服务北京冬奥会工程设计年度采用2022年，近期设计年度采用2028年，远期设计年度采用2038年。

2. 枢纽交通预测

某区站站前区作为两城之一的昌平新城重要组成部分，未来将主要依托京张城际铁路的建设，加快昌平新城跨京藏、京新高速公路向西发展，形成新城西部地区门户，打造新城西部产业增长极，加快昌平新城西部地区经济社会发展。某区站设计铁路2台7线(含正线)，配套常规公交、机场巴士及旅游巴士、出租车(含小汽车租赁)和社会车辆停车场，规划有轨电车T3线、T11线，打造昌平地区又一区域对外枢纽。

(1)铁路

根据《新建铁路北京至张家口铁路线某区站施工图》，某区站2022年、2028年、2038年铁路旅客发送量分别为 24 万人次/年、30 万人次/年、45 万人次/年，最高聚集人数为 500 人，见表 9-29。

研究年度某区站枢纽铁路旅客发送量预测表　　表 9-29

| 类　别 | 2022 年 | 2028 年 | 2038 年 |
|---|---|---|---|
| 旅客发送量(万人次/年) | 24 | 30 | 45 |
| 最高聚集人数(人) | 500 | | |

(2)公路客运(含机场巴士、旅游巴士)

结合《昌平分区规划(2017—2035 年)》《昌平区"十三五"时期全域旅游发展规划》规划成果，某区站规划合场建设公路客运站，打造公铁联运枢纽，配套机场巴士，满足旅客去往北京首都国际机场、北京大兴国际机场的航空出行需求；配套旅游巴士，满足旅客去往明十三陵、居庸关长城、辽代银山塔林、九龙游乐园、小汤山、中国航空博物馆、温都水城等景区的旅游出行需求。综合考虑昌平区国民生产总值、常住人口、人均 GDP、人均可支配收入未来增长趋势，某区站公路客运站规划技术等级为四级，2022 年、2028 年、2038 年年均发送旅客 19 万人次/年、24 万人次/年、37 万人次/年，见表 9-30。

研究年度某区站公路旅客发送量预测表　　表 9-30

| 类　别 | | 2022 年 | 2028 年 | 2038 年 |
|---|---|---|---|---|
| 旅客发送量 | 万人次/年 | 19 | 24 | 37 |
| | 人次/d | 523 | 667 | 1000 |

(3)城市轨道交通

根据《昌平分区规划(2017—2035 年)》《昌平区轨道交通系统规划研究(含中低运量)》，某区站站前规划有轨电车 T3 线、T11 线，分别联系昌平线南邵站、西山口站。某区站考虑有轨电车的接驳条件，有轨电车运力主要接驳铁路及公路客运，同时预留一定的运力服务车站周边地块公共交通出行，2028 年、2038 年年均发送旅客 37 万人次/年、55 万人次/年，见表 9-31。

研究年度某区站城市轨道交通旅客发送量预测　　表 9-31

| 类　别 | | 2028 年 | 2038 年 |
|---|---|---|---|
| 旅客发送量 | 万人次/年 | 37 | 55 |
| | 人次/d | 1000 | 1500 |

(4)常规公交、出租车、社会车辆、非机动车等接驳方式

依据昌平区社会经济及交通运输发展状态，如城市经济总量、人口规模数量、居民收入水平、机动化发展水平、交通出行结构、公共交通出行比例等，依据"公交优先"原则，预测设计年度某区站铁路、公路客运、有轨电车对应的常规公交、出租车、社会车辆、非机动车等接驳方式接驳比例，见表 9-32、表 9-33。

设计年度(2022 年)某区站枢纽铁路、公路客运接驳比例(%)　　表 9-32

| 类　别 | 铁　路 | 公路客运 | 常规公交 | 出租车 | 社会车辆 | 非机动车及步行 |
|---|---|---|---|---|---|---|
| 铁路 | — | 5.0 | 61.8 | 17.1 | 16.2 | 0.0 |
| 公路客运 | 6.2 | — | 61.0 | 16.9 | 16.0 | 0.0 |

设计年度(2038 年)某区站枢纽铁路、公路客运、有轨电车接驳比例(%)　　表 9-33

| 类　别 | 铁　路 | 公路客运 | 有轨电车 | 常规公交 | 出租车 | 社会车辆 | 非机动车及步行 |
|---|---|---|---|---|---|---|---|
| 铁路 | — | 5.0 | 22.8 | 39.0 | 17.1 | 16.2 | 0.0 |
| 公路客运 | 6.2 | — | 22.5 | 38.5 | 16.9 | 16.0 | 0.0 |
| 有轨电车 | 18.7 | 15.0 | — | 23.2 | 3.3 | 6.6 | 33.1 |

将设计年度某区站铁路、公路客运、有轨电车旅客到达量按照各接驳方式接驳比例进行分配,同时考虑预留一定的运力服务车站周边地块出行,预测常规公交、出租车、社会车辆、非机动车等接驳方式旅客发送量,见表 9-34、表 9-35。

设计年度(2022 年)某区站枢纽常规公交、出租车、社会车辆、非机动车等接驳方式旅客发送量　　表 9-34

| 类　别 | 常规公交 | 出租车 | 社会车辆 | 非机动车及步行 |
|---|---|---|---|---|
| 旅客发送量(万人次/年) | 63 | 14 | 14 | 10 |

设计年度(2038 年)某区站枢纽常规公交、出租车、社会车辆、非机动车等接驳方式旅客发送量　　表 9-35

| 类　别 | 常规公交 | 出租车 | 社会车辆 | 非机动车及步行 |
|---|---|---|---|---|
| 旅客发送量(万人次/年) | 89 | 16 | 20 | 66 |

(5)换乘量

汇总计算设计年度某区站各种交通运输方式旅客到发量(含发送量和达到量),见表 9-36、表 9-37。

设计年度(2022 年)某区站枢纽各种交通运输方式旅客到发量及客流比例(%)　　表 9-36

| 类　别 | 铁路(通勤、旅游轨道) | 公路客运(含机场巴士、旅游巴士) | 常规公交 | 出租车 | 社会车辆 | 非机动车及步行 | 合计 |
|---|---|---|---|---|---|---|---|
| 年旅客到发量(万人次/年) | 47 | 38 | 63 | 14 | 14 | 10 | 187 |
| 日旅客到发量(人次/d) | 1289 | 1045 | 1720 | 397 | 375 | 287 | 5113 |
| 客流比例(%) | 25.2 | 20.4 | 33.6 | 7.8 | 7.3 | 5.6 | 100.0 |

设计年度(2038 年)某区站枢纽各种交通运输方式旅客到发量及客流比例(%)　　表 9-37

| 类　别 | 铁路(通勤、旅游轨道) | 公路客运(含机场巴士、旅游巴士) | 有轨电车 | 常规公交(含 BRT)考虑公交枢纽 | 出租车 | 社会车辆(考虑周边商业停车) | 非机动车及步行 | 合计 |
|---|---|---|---|---|---|---|---|---|
| 年旅客到发量(万人次/年) | 90 | 73 | 110 | 177 | 31 | 40 | 131 | 652 |
| 日旅客到发量(人次/d) | 2466 | 2000 | 3000 | 4851 | 859 | 1099 | 3602 | 17877 |
| 客流比例(%) | 13.8 | 11.2 | 16.8 | 27.1 | 4.8 | 6.1 | 20.2 | 100.0 |

结合设计年度某区站铁路、公路客运、有轨电车对应的各接驳方式接驳比例，按照“到发守恒”原则，预测设计年度某区站各种交通运输方式换乘比例分布，见表9-38、表9-39。

设计年度(2022年)某区站枢纽各种交通运输方式换乘比例(%)分布　　表9-38

| 交通方式(D) | 交通方式(O) | | | | | |
|---|---|---|---|---|---|---|
| | 铁路 | 公路客运 | 常规公交 | 出租车 | 社会车辆 | 非机动车及步行 |
| 铁路 | — | 5.0 | 61.8 | 17.1 | 16.2 | 0.0 |
| 公路客运 | 6.2 | — | 61.0 | 16.9 | 16.0 | 0.0 |
| 常规公交 | 46.3 | 37.1 | — | 0.0 | 0.0 | 16.7 |
| 出租车 | 55.5 | 44.5 | 0.0 | — | 0.0 | 0.0 |
| 社会车辆 | 55.5 | 44.5 | 0.0 | 0.0 | — | 0.0 |
| 非机动车及步行 | 0.0 | 0.0 | 100.0 | 0.0 | 0.0 | — |

设计年度(2038年)某区站枢纽各种交通运输方式换乘比例(%)分布　　表9-39

| 交通方式(D) | 交通方式(O) | | | | | | |
|---|---|---|---|---|---|---|---|
| | 铁路 | 公路客运 | 有轨电车 | 常规公交 | 出租车 | 社会车辆 | 非机动车及步行 |
| 铁路 | — | 5.0 | 22.8 | 39.0 | 17.1 | 16.2 | 0.0 |
| 公路客运 | 6.2 | — | 22.5 | 38.5 | 16.9 | 16.0 | 0.0 |
| 有轨电车 | 18.7 | 15.0 | — | 23.2 | 3.3 | 6.6 | 33.1 |
| 常规公交 | 19.8 | 15.9 | 14.3 | — | 0.0 | 0.0 | 50.0 |
| 出租车 | 49.1 | 39.3 | 11.6 | 0.0 | — | 0.0 | 0.0 |
| 社会车辆 | 36.2 | 29.0 | 18.1 | 0.0 | 0.0 | — | 16.7 |
| 非机动车及步行 | 0.0 | 0.0 | 27.6 | 67.3 | 0.0 | 5.1 | — |

将设计年度某区站各种交通运输方式旅客发送量代入换乘比例分布表，预测设计年度某区站各种交通运输方式高峰小时换乘量，见表9-40、表9-41。

设计年度(2022年)某区站枢纽各种交通运输方式高峰小时换乘量(人次/h)　　表9-40

| 交通方式(D) | 交通方式(O) | | | | | | |
|---|---|---|---|---|---|---|---|
| | 铁路 | 公路客运 | 常规公交 | 出租车 | 社会车辆 | 非机动车及步行 | 发送量合计 |
| 铁路 | — | 5 | 60 | 17 | 16 | 0 | 98 |
| 公路客运 | 5 | — | 48 | 13 | 13 | 0 | 79 |
| 常规公交 | 60 | 48 | — | 0 | 0 | 22 | 130 |
| 出租车 | 17 | 13 | 0 | — | 0 | 0 | 30 |
| 社会车辆 | 16 | 13 | 0 | 0 | — | 0 | 29 |
| 非机动车及步行 | 0 | 0 | 22 | 0 | 0 | — | 22 |
| 到达量合计 | 98 | 79 | 130 | 30 | 29 | 22 | 388 |

设计年度(2038年)某区站枢纽各种交通运输方式高峰小时换乘量(人次/h)　　表9-41

| 交通方式(D) | 交通方式(O) | | | | | | | |
|---|---|---|---|---|---|---|---|---|
| | 铁路 | 公路客运 | 有轨电车 | 常规公交 | 出租车 | 社会车辆 | 非机动车及步行 | 发送量合计 |
| 铁路 | — | 9 | 42 | 72 | 32 | 30 | 0 | 185 |
| 公路客运 | 9 | — | 34 | 58 | 25 | 24 | 0 | 150 |
| 有轨电车 | 42 | 34 | — | 52 | 7 | 15 | 75 | 225 |
| 常规公交 | 72 | 58 | 52 | — | 0 | 0 | 182 | 364 |
| 出租车 | 32 | 25 | 7 | 0 | — | 0 | 0 | 64 |
| 社会车辆 | 30 | 24 | 15 | 0 | 0 | — | 14 | 82 |
| 非机动车及步行 | 0 | 0 | 75 | 182 | 0 | 14 | — | 270 |
| 到达量合计 | 185 | 150 | 225 | 364 | 64 | 82 | 270 | 1341 |

3. 枢纽设施规模预测

依据《城市综合交通体系规划标准》(GB/T 51328—2018)、《综合客运枢纽通用要求》(JT/T 1067—2016)《铁路旅客车站设计规范》(TB 10100—2018)、《汽车客运站级别划分和建设要求》(JT/T 200—2020)、《交通客运站建筑设计规范》(JGJ/T 60—2012)、《城市道路公共交通站、场、厂工程设计规范》(CJJ/T 15—2011)、《车库建筑设计规范》(JGJ 100—2015)、《城市公共停车场工程项目建设标准》(建标128—2010)、《综合客运枢纽换乘区域设施设备配置要求》(JT/T 1066—2016)等规范的有关规定,基于某区站各种交通运输方式旅客到发量及换乘量,计算设计年度某区站各种交通运输方式场站设施技术指标。

初期服务北京冬奥会工程设计年度(2022年)某区站枢纽站前交通设施用地规模0.51hm$^2$,各种交通运输方式设施规模取值见表9-42。

设计年度(2022年)某区站枢纽各种交通运输方式设施规模理论计算值　　表9-42

| 类　别 | 指　标 | 类　别 | 指　标 |
|---|---|---|---|
| 常规公交 | 上行车位2个,下行车位2个 | 社会车辆 | 停车位13个 |
| 巴士 | 上下客车位2个 | 自行车 | 停车位36个 |
| 出租车 | 上下客车位4个 | | |

远期设计年度(2038年)某区站枢纽站前交通设施用地规模5.25hm$^2$,各种交通运输方式设施规模取值见表9-43。

设计年度(2038年)某区站枢纽各种交通运输方式设施规模理论计算值　　表9-43

| 类　别 | 用地规模(m$^2$) | 设　施 | 建筑面积(m$^2$) | 备　注 |
|---|---|---|---|---|
| 大车场(公路客运、常规公交) | 12292 | 市政客运综合服务中心 | 1985 | 公路客运站技术等级为四级,日均发车27班,发车位3个,停车位37个;常规公交场站为中型公交枢纽,进行夜间停车,班线5条,停靠站台5个,线路配车101辆,高峰小时发车30班 |
| | | 巴士停车坪 | 2121 | |
| | | 巴士发车位 | 303 | |
| | | 公交停车坪 | 5862 | |
| | | 公交回车道、行车道、候车亭和落客区 | 2021 | |

续上表

| 类　　别 | 用地规模($m^2$) | 设　　施 | 建筑面积($m^2$) | 备　　注 |
| --- | --- | --- | --- | --- |
| 小车场(出租车、社会车辆) | 9197 | 出租车场 | 805 | 出租车上客位2个,下客位3个,蓄车泊位23个;社会车辆停车位280个 |
| | | 社会车辆停车场 | 8392 | |
| 自行车车场 | 1231 | 自行车停车场 | 1231 | 停车位615个(其中自行车租赁108个) |
| 步行空间 | 7884 | 集散广场 | 3754 | 满足枢纽旅客进站、出站、换乘需要,以及应急疏散、城市景观、枢纽扩建储备用地等需要 |
| | | 换乘通廊 | 4130 | |

## 三、枢纽交通建设方案

1. 总体设计

(1)设计理念

①生态优先,充分利用规划范围内的水域等现有生态因素,塑造高品质的城市生态环境,合理规划、整合枢纽站周边地区资源。

②功能整合,铁路周边新开发与原有老城区相互协调,高铁片区、老城区功能衔接,形成统一整体。

③交通优化,处理好高铁建设对城市交通的影响,同时倡导枢纽综合化发展,将铁路、公路客运与有轨电车、地面常规公交进行一体化规划布局,实现无缝换乘。

④设施完善,高铁地区开发坚持完善的市政基础设施和公共交通设施配置,构建围绕枢纽的快捷化集散道路体系,实现枢纽与城市主要道路功能区快速可达。

(2)设计原则

①规模适当,按照需求预测的结果,结合现状用地条件,并考虑一定的弹性空间,配置合理的设施规模。

②以人为本,充分考虑慢行交通问题,做好针对弱势群体的无障碍设计、旅客步行空间设计,对人行区域和车行区域进行分离,确保旅客在设施间换乘过程中有安宁舒适的步行空间。

③公交优先,在设施配置、空间布局、设施设计等方面优先考虑公共交通的服务,将铁路、公路客运、有轨电车、地面常规公交进行一体化规划设计,使乘坐公交方式最为便捷。

④换乘高效,主要换乘方式之间能够便捷联系,尽量缩短换乘距离,确保换乘流线简洁、清晰、便于识别。

⑤分区组织,枢纽交通组织体现进出分离、动静分离、内外分离,以及公交、巴士等大型车辆与出租车、社会车辆等小型车辆的适当分离等。

⑥合理布局,在保证行人广场和景观要求的前提下,充分利用地上、地面空间,合理利用地下空间,分层布局,分层组织。

⑦分期实施,由于核心区各主要交通设施建成次序存在差异,因而各设施之间应预留用地和设施接口,做好分期实施的安排。

2. 2038 年远期规划方案

(1)总平面布局

某区站枢纽位于水南路与昌流南路之间,占地规模约为 5. 25hm$^2$,遵循统一协调布置、集约开发、"人行优先"、"公共交通优先"、留有余地的基本原则,合理布置停车场地,综合组织站前公交及巴士流线、社会车辆流线、出租车流线及人行流线。人行流线组织遵循步行距离短、减少换乘时间的原则,将公交巴士发车区、出租车接客区紧邻枢纽北侧布局,并通过换乘通廊使旅客无风雨换乘。考虑公交、巴士等大型车辆与出租车、社会车辆等小型车辆分离布置,北侧开口用于出租车、社会车辆等小型车辆以及铁路进场车辆进出使用,南侧靠近景观广场开口用于公交、巴士等大型车辆进出使用。市政客运综合服务中心布置于大车场与小车场之间,提供车辆调度、办公、购票、候车等服务,同时面向站外提供旅客餐饮、临时休息等服务。2038 年某区站枢纽规划设计方案如图 9-24 所示。

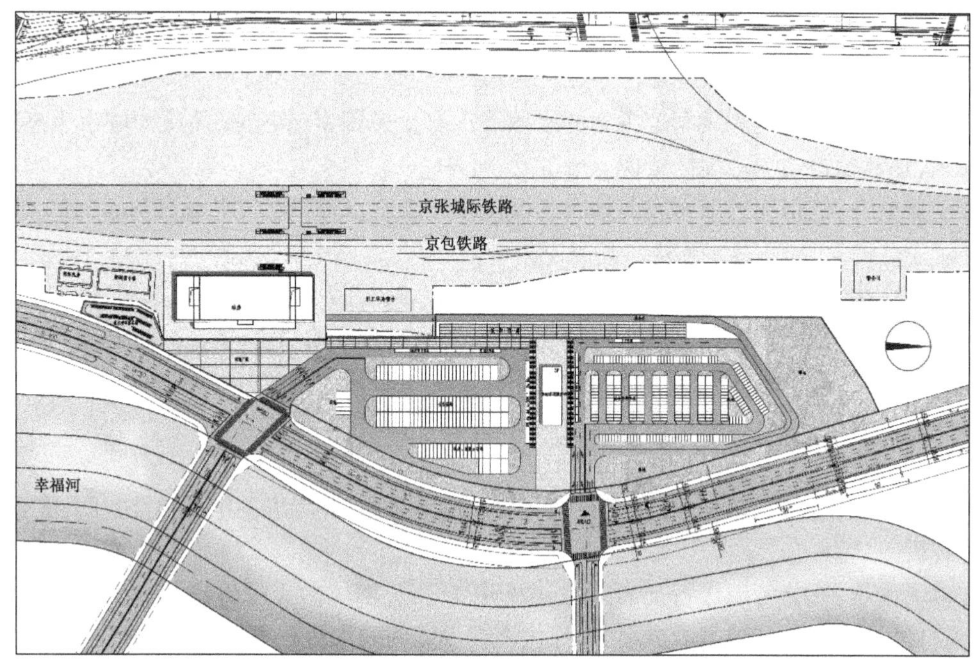


图 9-24　2038 年某区站枢纽规划设计平面图

某区站枢纽采用带状形布局形式,由北至南分别布置出租车蓄车场、社会车辆停车场、市政客运综合服务中心、公交及巴士车场、站前广场、非机动车停车场,如图 9-25 所示。站前广场正对站房,主要作为广场步行区域,功能为交通换乘及城市礼仪广场。在外部交通组织中,按照"公共交通优先"的原则,将所有交通换乘设施尽量靠近站房布置,缩短旅客换乘距离。靠近站前广场一侧设置公交车场及巴士车场。

(2)进出站流线分析

①公交、巴士进出站流线。公交、巴士沿昌流路向西行驶进入公交巴士停车场,经过调度完成上下客后驶离,如图 9-26 所示。

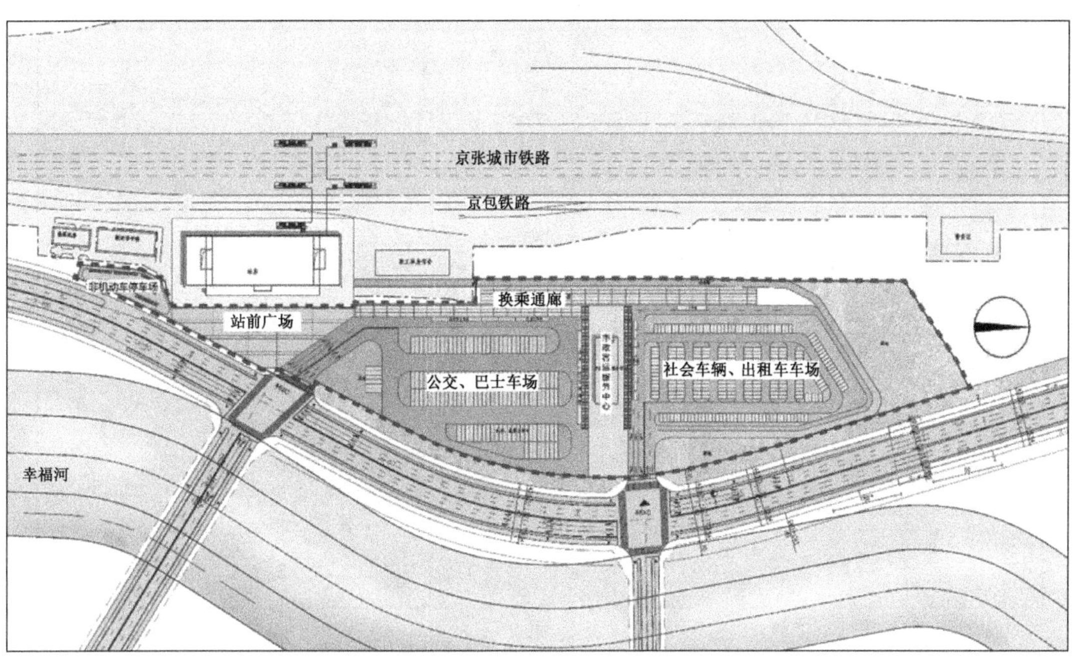


图 9-25　某区站枢纽平面功能分区

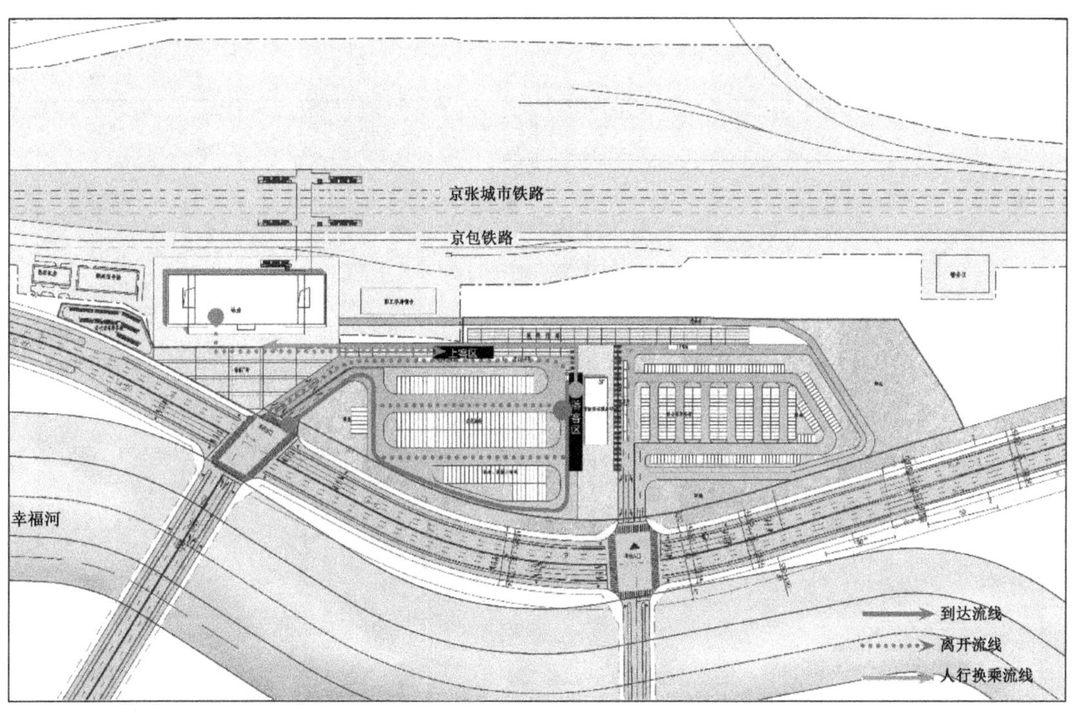


图 9-26　某区站枢纽公交、巴士流线分析

②出租车进出站流线。出租车通过规划道路进入站房北侧出租车车场,经停落客区后,继续驶入上客区排队候客,如图 9-27 所示。

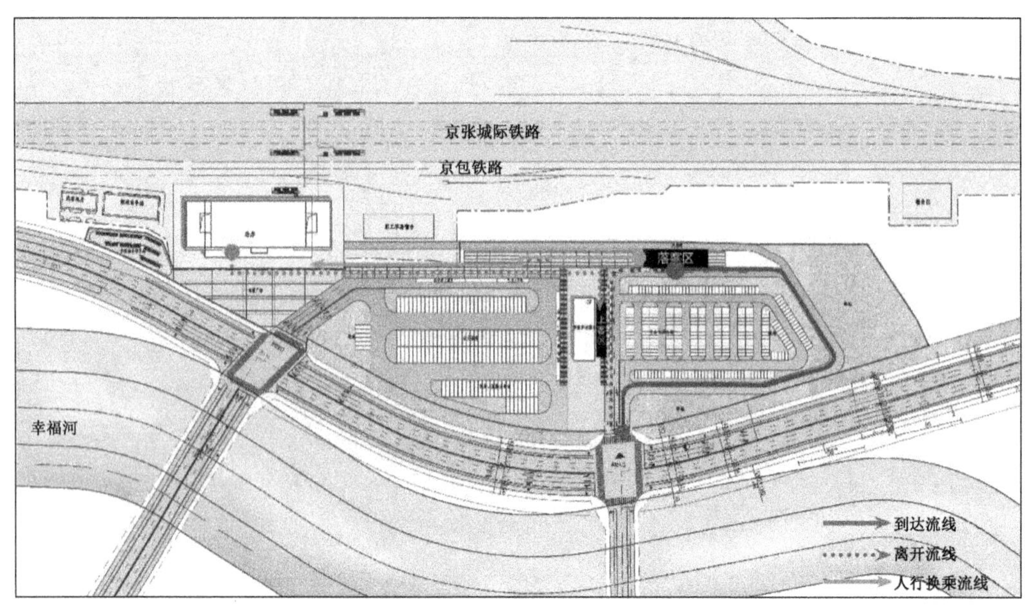


图 9-27　某区站枢纽出租车流线分析

③社会车辆进出站流线。社会车辆通过规划道路进入站房北侧社会车辆车场，经落客、候客、载客后驶离，如图 9-28 所示。

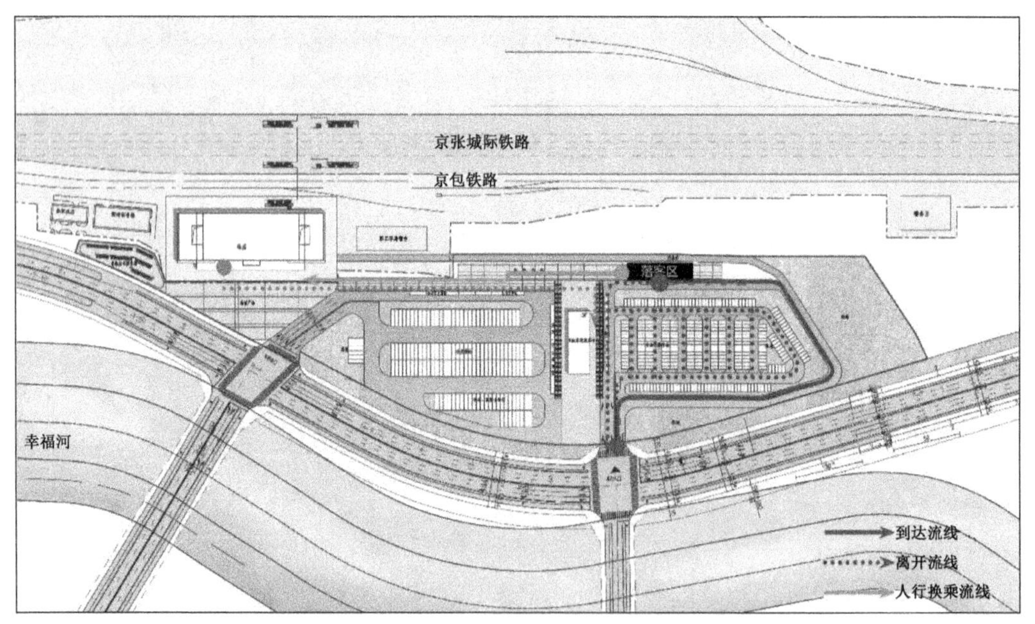


图 9-28　某区站枢纽社会车辆流线分析

(3)市政客运综合服务中心

市政客运综合服务中心设置在公交、巴士车场与社会车辆、出租车车场之间的夹心地带，方便旅客换乘,其功能包含长途、巴士候车厅及游客餐饮、服务等配套功能。市政客运综合服务中心总建筑面积 2200m²,为三层钢筋混凝土建筑。其中公交、巴士客运站房 1500m²,餐饮、服务面积 700m²。建筑中间为二层通高候车厅挑空,候车厅面积 500m²。一层包括候车厅、游客餐饮区、售票厅、售票办公区、行包库房、行包服务、检补票室、办公室、值班室、广播及调度室等功能用房,平面布局如图 9-29 所示。

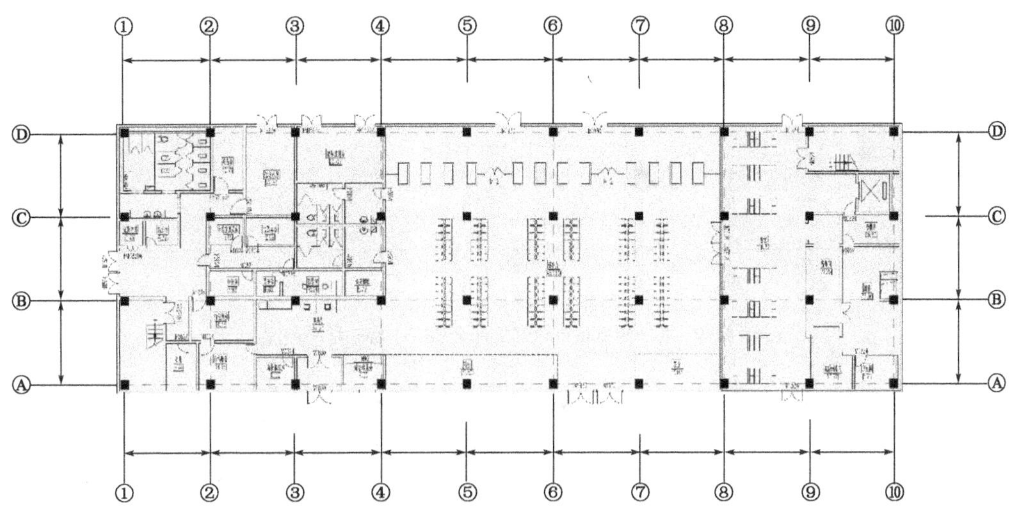

图 9-29　某区站枢纽市政客运综合服务中心一层平面图

二层包括候车厅挑空、员工就餐区、办公等功能用房,平面布局如图 9-30 所示。

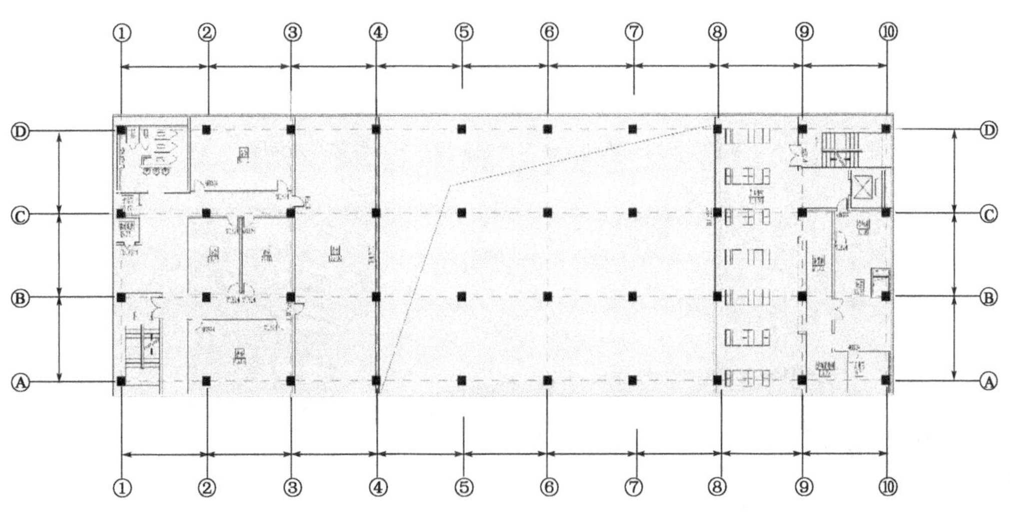

图 9-30　某区站枢纽市政客运综合服务中心二层平面图

三层包括办公室、监控室、配线间、信息机房、会议室、值班室、休息室、男女驾驶员换班交接室、男女更衣室、线路调度室等功能用房,平面布局如图 9-31 所示。

市政客运综合服务中心方案效果如图 9-32、图 9-33 所示。

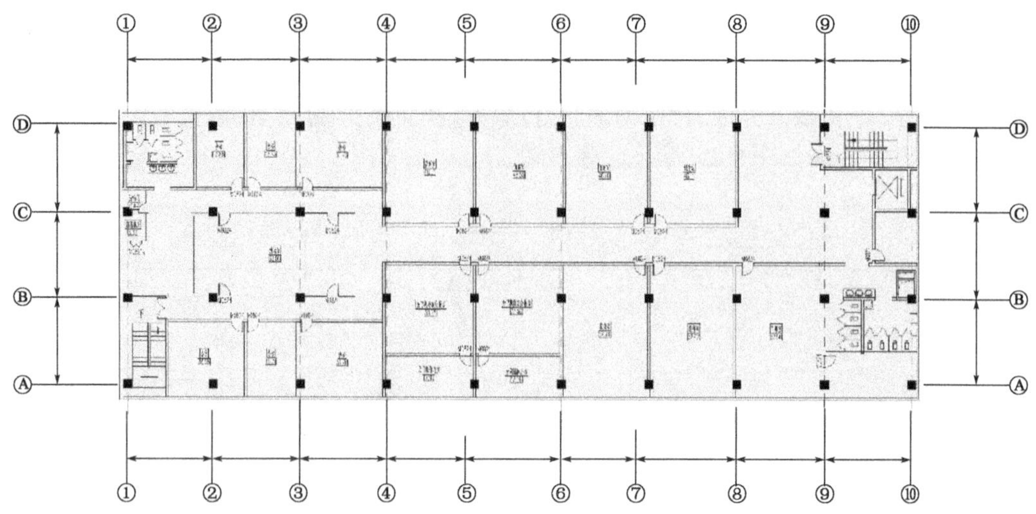


图 9-31　某区站枢纽市政客运综合服务中心三层平面图

图 9-32　某区站枢纽市政客运综合服务中心方案一效果图

图 9-33　某区站枢纽市政客运综合服务中心方案二效果图

(4)换乘通廊

换乘通廊采用轻钢玻璃雨棚形式,并配有座椅等游客服务设施。换乘通廊位于站房北侧,从站房经换乘通廊可直接到达市政客运综合服务中心,方便旅客换乘。站房至公交、巴士车场的步行距离约为150m,距社会车辆、出租车车场的步行距离约为280m,均可通过换乘通廊进行无风雨换乘,如图9-34所示。

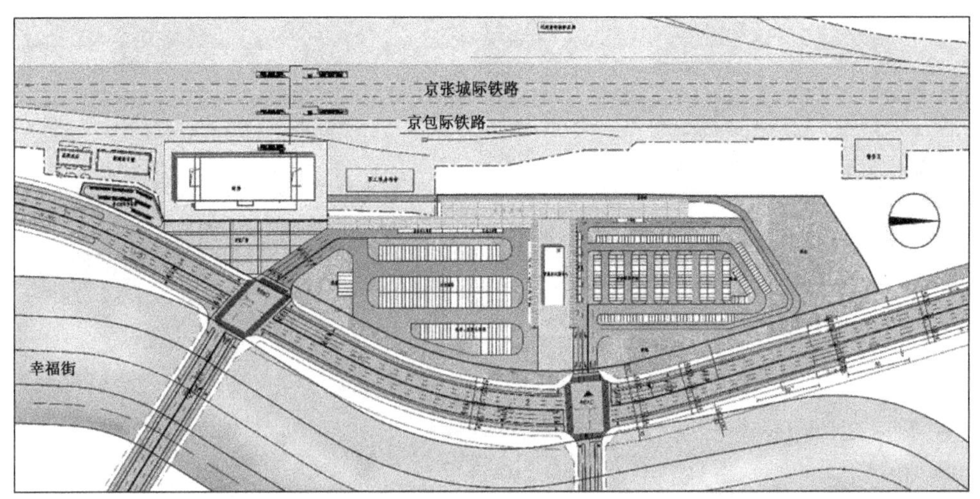


图9-34　某区站枢纽换乘通廊平面图

3.2022年临时规划方案

1)总平面布局

某区站规划东侧路、西侧路及站前枢纽主要经过下念头村、上念头村、西北地。由于规划路拆迁量较大,枢纽无法在铁路2019年底通车前实施、发挥某区站接驳功能,亦无法实现规划功能,故提出初期利用某区站站前三角区域建设服务北京冬奥会工程方案,并作为枢纽规划方案实施期间的过渡方案使用。服务北京冬奥会工程利用站前三角区域,用地规模0.51$hm^2$,如图9-35所示。

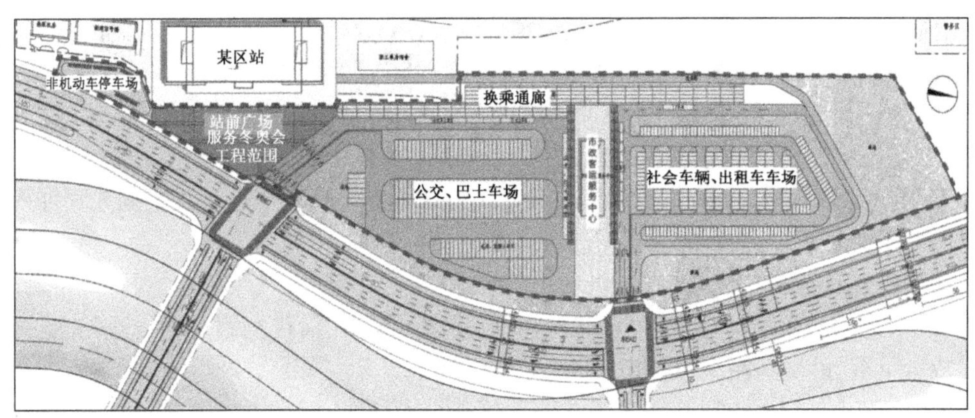


图9-35　某区站枢纽服务北京冬奥会工程位置图

考虑公交优先原则，由西至东分别布置公交中途站（2 上行车位，2 下行车位）、旅游及机场巴士上下车位 2 个、出租车等候车位 4 个、社会车辆停车位 13 个、自行车停车位 36 个。广场中间设有人行道和无障碍坡道，作为人行交通换乘区域，可直接通向站房。换乘通廊采用轻钢玻璃雨棚形式，位于公交、巴士、出租车换乘区域，为旅客提供无风雨换乘便利，如图 9-36 所示。

图 9-36　某区站枢纽服务北京冬奥会工程示意图

铁路站房与枢纽区域存在高差，站房最东侧车道与规划的枢纽区域存在高差，在车辆入口处需做坡道处理，不方便旅客出行换乘，车辆进出均需通过坡道，造成停车位减少，面积浪费，并且由于空间局促、坡道转弯半径和长度受限，因此出入口坡道坡度要达到 8%，需采取防滑材料，外侧车道与内部停车、人行换乘区域存在高差，内部需设挡土墙，既增加投资成本，又影响站区美观。本次服务北京冬奥会工程实施方案考虑把铁路站房与枢纽区域存在高差填平，方便旅客的换乘，节约用地和投资成本；广场及道路考虑近远期结合，坡度低，车辆通行顺畅，步行安全舒适；应急疏散功能完善；用地高差低，设施用地利用率高；排水系统近远期结合，排水顺畅；景观、绿化效果好。某区站枢纽服务北京冬奥会工程平面布局如图 9-37 所示。

2）进出站流线分析

（1）公交进出站流线。公交沿昌流路向西行驶进入枢纽，沿进场路逆时针进站，进入公交车场完成上下客，沿出场路逆时针出站，如图 9-38 所示。

（2）巴士进出站流线。巴士沿昌流路向西行驶进入枢纽，沿进场路逆时针进站，进入巴士车场完成上下客，沿出场路逆时针出站，如图 9-39 所示。

(3)出租车进出站流线。出租车沿昌流路向西行驶进入枢纽,沿进场路逆时针进站,进入出租车场完成上客、下客、候客,沿出场路逆时针出站,如图9-40所示。

(4)社会车辆进出站流线。社会车辆沿昌流路向西行驶进入枢纽,沿进场路逆时针进站,进入社会车辆停车场完成上客、下客、候客,沿出场路逆时针出站,如图9-41所示。

(5)自行车进出站流线。自行车沿昌流路向西进入枢纽,于广场行人休憩区停放车辆,沿广场中央人行道完成进出站,如图9-42所示。

(6)步行进出站流线。步行沿昌流路向西进入枢纽,经广场行人休憩区,沿广场中央人行道完成进出站,如图9-43所示。

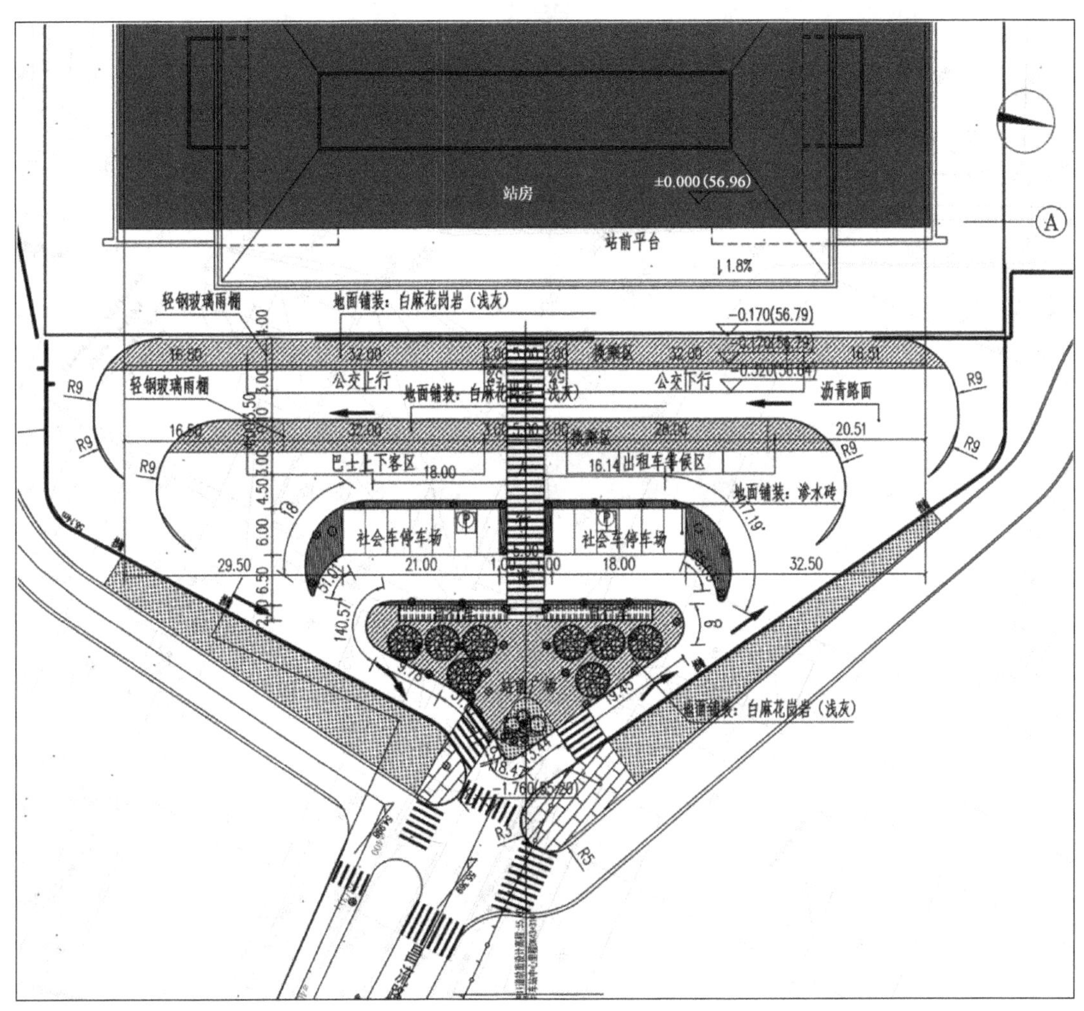


图9-37　某区站枢纽服务北京冬奥会工程平面设计图(尺寸单位:m;高程单位:m)

3)雨棚

换乘通廊采用轻钢玻璃雨棚形式,位于公交、巴士、出租车换乘区域。从站房经换乘通廊可直接换乘,为旅客提供无风雨换乘便利,如图9-44所示。

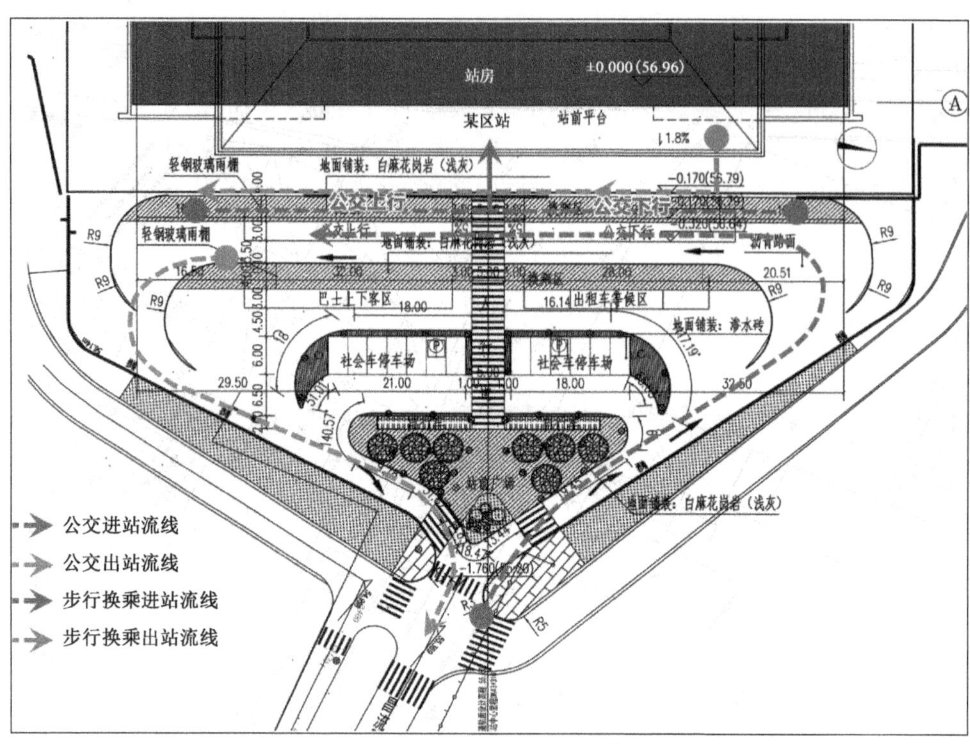


图 9-38　某区站枢纽公交进出站流线分析(尺寸单位:m;高程单位:m)

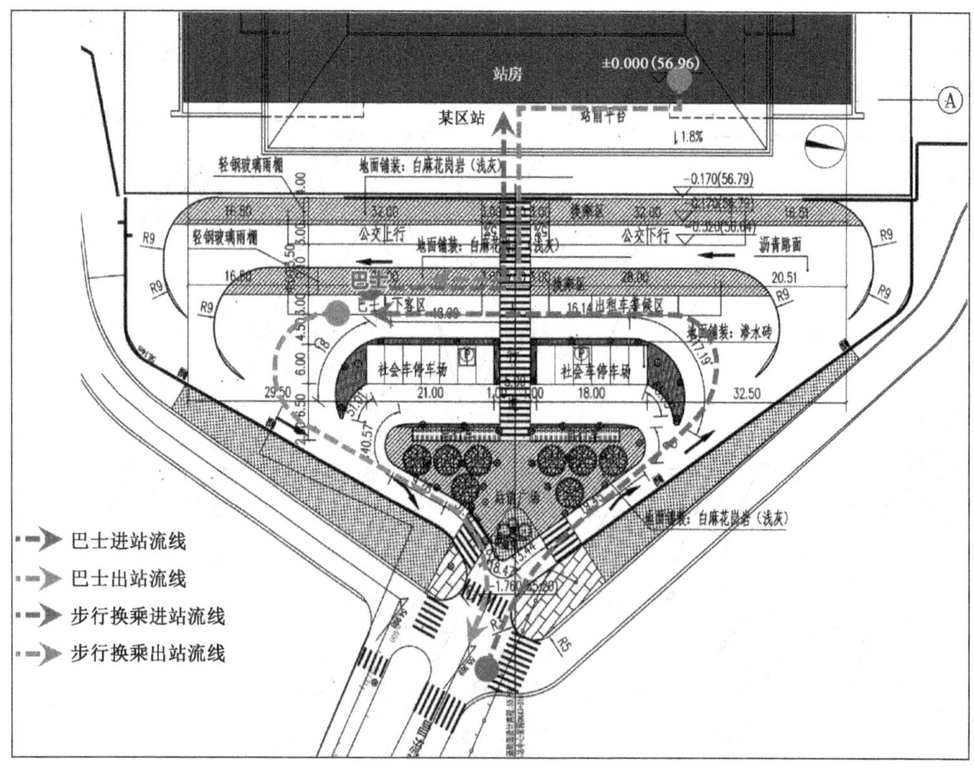


图 9-39　某区站枢纽巴士进出站流线分析(尺寸单位:m;高程单位:m)

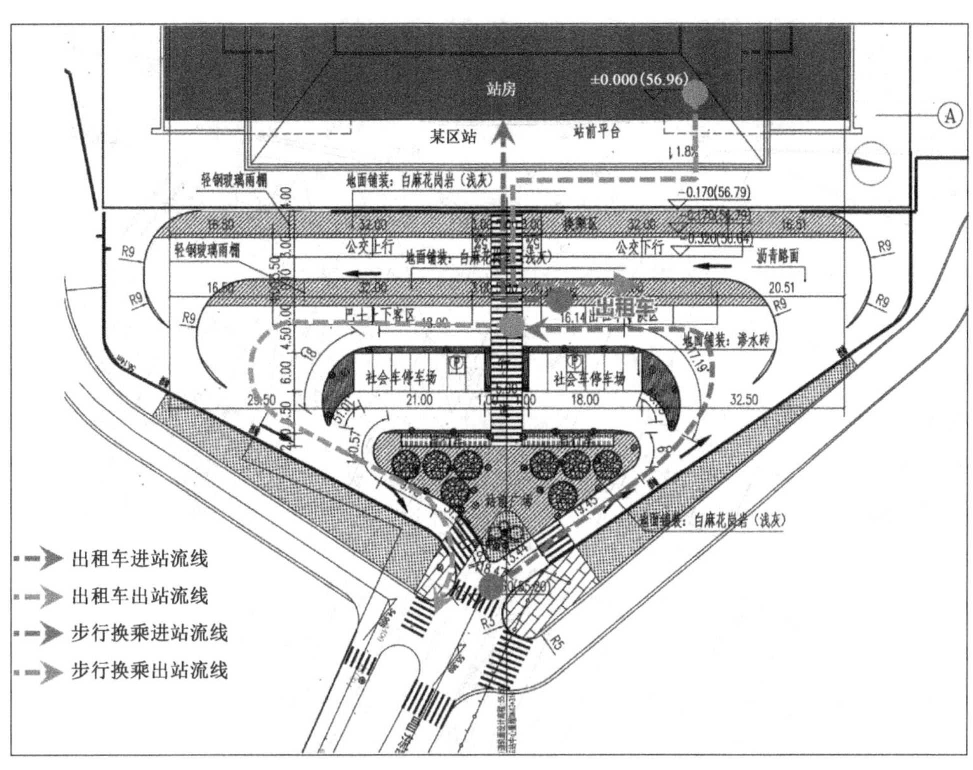

图9-40　某区站枢纽出租车进出站流线分析(尺寸单位:m;高程单位:m)

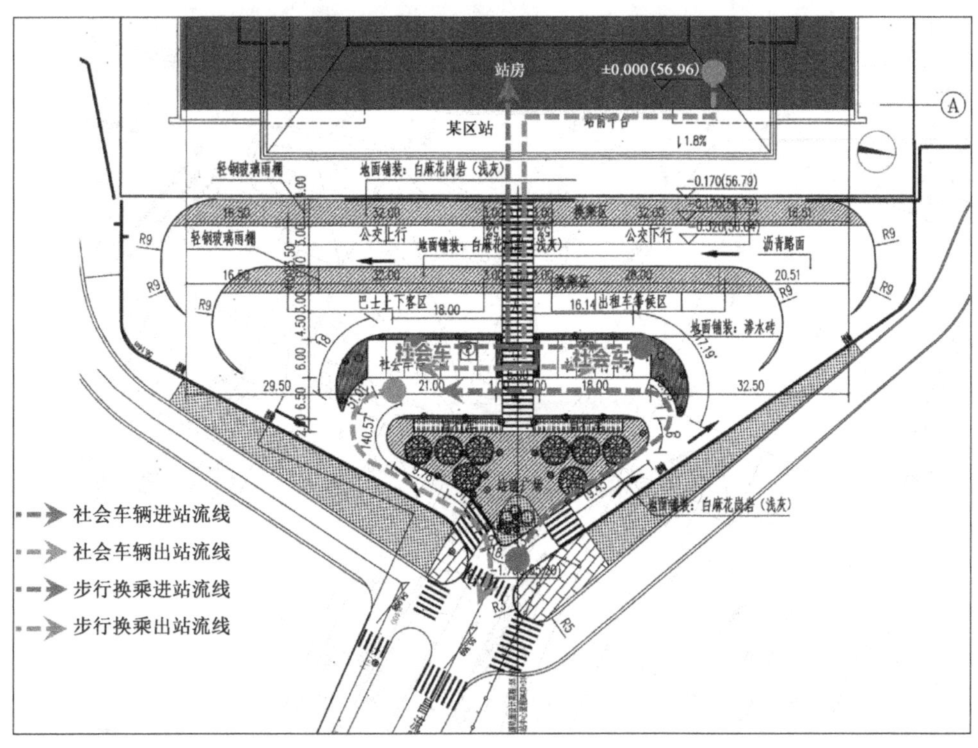

图9-41　某区站枢纽社会车辆进出站流线分析(尺寸单位:m;高程单位:m)

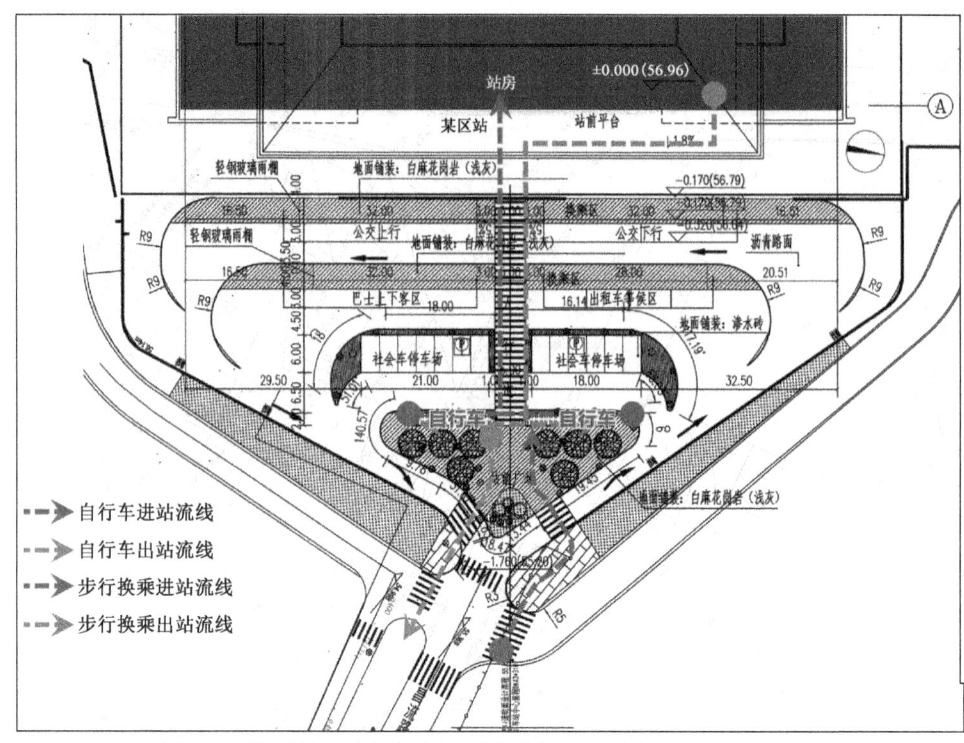


图9-42　某区站枢纽自行车进出站流线分析(尺寸单位:m;高程单位:m)

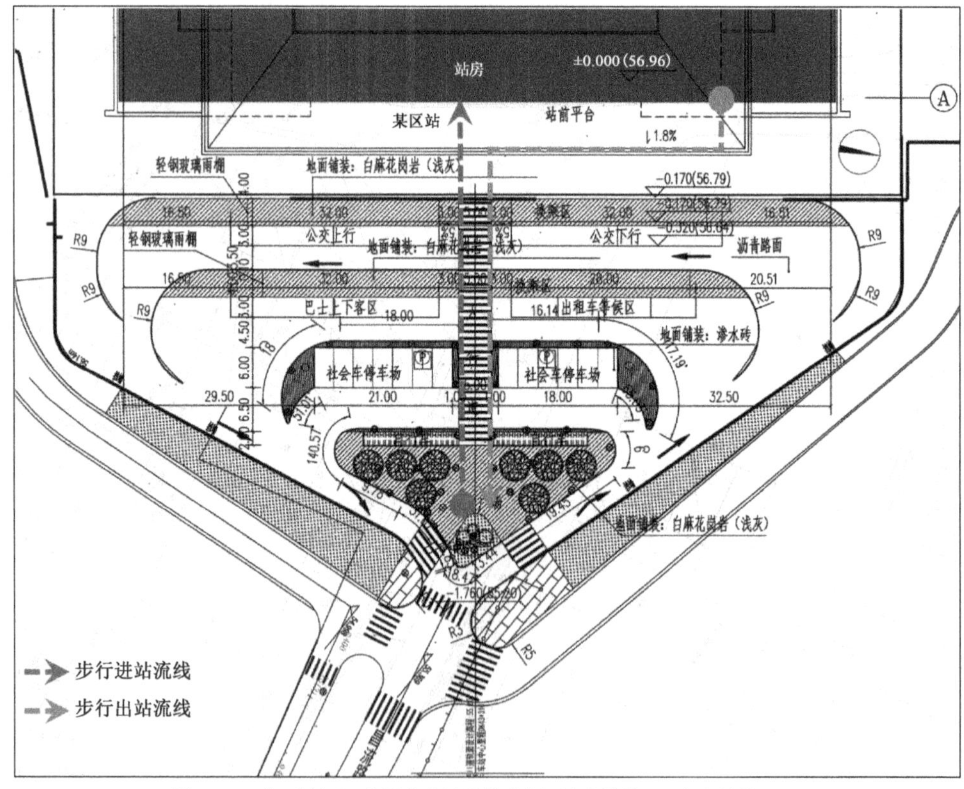


图9-43　某区站枢纽步行进出站流线分析(尺寸单位:m;高程单位:m)

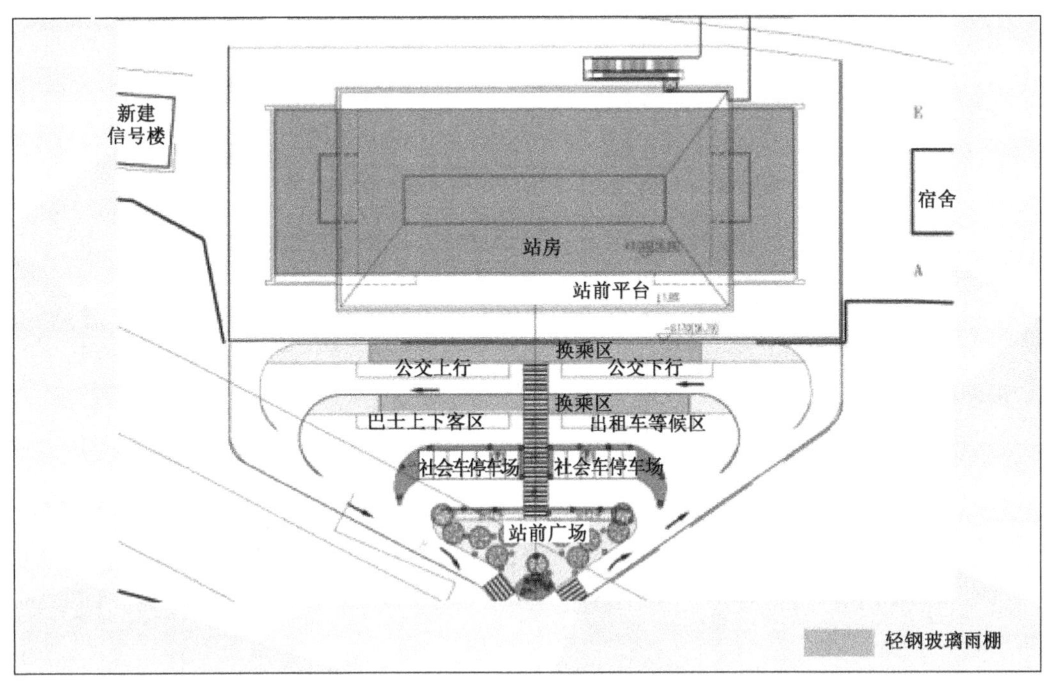


图9-44　某区站枢纽轻钢雨棚平面布置(高程单位:m)

4)构造说明及做法

(1)道路的做法如下:

①设计图纸尺寸除注明外,其余均以 m 计。

②在进行道路结构层施工前,路床压实度必须达到设计标准。

③人行步道路基压实度不小于93%(轻型击实标准)。

④铺装:

a.所有收边花岗岩遇有弧形处须异型加工。

b.平面、立面石材铺装砂浆采用1:3干硬性水泥砂浆。

c.石板铺装石材要求强度均匀,抗压强度不小于30MPa。

d.灰土垫层压实度为95%。

⑤基层:

a.基层压实度不小于93%(重击实标准),回弹模量不小于80MPa。

b.土基压实度不小于90%(环刀取样),回弹模量不小于20MPa。

⑥构造做法:

a.枢纽内部道路及人行道采用沥青道路,做法如图9-45所示。

b.枢纽换乘区及自行车停车场采用花岗岩铺装,做法如图9-46所示。

c.社会车辆停车场采用透水砖铺装,做法如图9-47、图9-48所示。

d.道路两侧设置花岗岩平道牙,周边绿化采用下凹绿地,做法图9-49、图9-50所示。

4cm细粒式沥青混凝土上面层AC-13C
乳化沥青黏层油(PC-3)
6cm中粒式沥青混凝土下面层AC-20C
1cm下封层
乳化沥青透层油(PC-2)
16cm水泥稳定碎石基层(≥3.0MPa)
16cm水泥稳定碎石基层(≥2.0MPa)
40
60
16
16

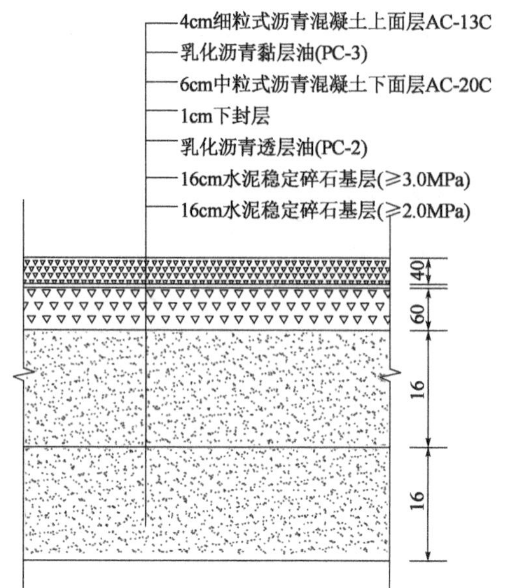

图 9-45　某区站枢纽沥青路面做法详图(尺寸单位:mm)

50mm厚石材
30mm厚1:3干硬性水泥砂浆
150mm厚C20混凝土内配$\phi$8钢筋间距250mm
200mm厚3:7灰土垫层
素土夯实
50
30
150
200

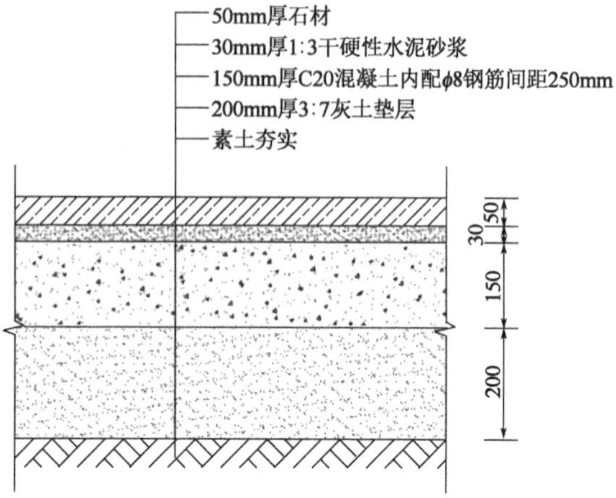

图 9-46　某区站枢纽花岗岩地面做法详图(尺寸单位:mm)

50mm厚透水砖(砂扫缝)
30mm厚1:3干硬性水泥砂浆
120mm厚1:6水泥豆石(无砂)大孔混凝土
300mm厚级配碎石压实
素土夯实
50
30
100
150

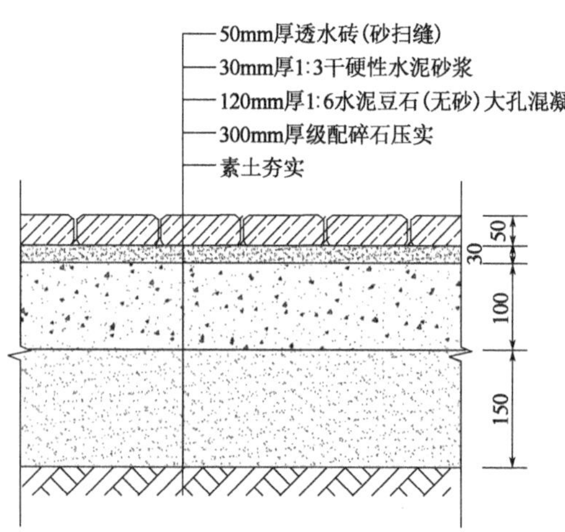

图 9-47　某区站枢纽透水砖做法详图(尺寸单位:mm)

指定面层
30mm厚1:3干硬性水泥砂浆
100mm厚C15混凝土
150mm厚3:7灰土垫层
素土夯实
种植
30
100
50
50
150
100
100

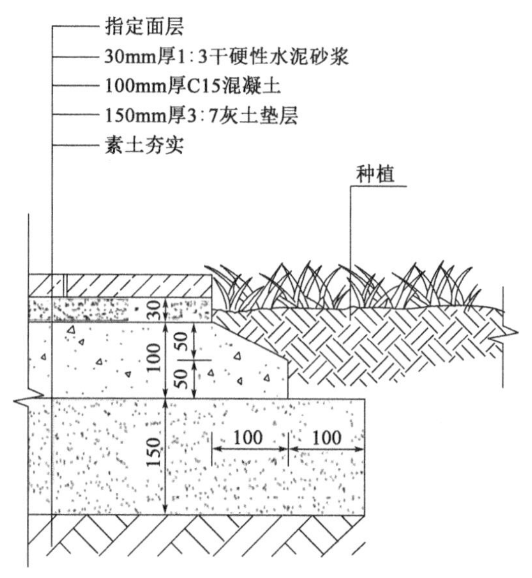

图 9-48　某区站枢纽透水砖收头做法详图(尺寸单位:mm)

(2)雨棚的做法如下:

①钢结构标准:

a. 结构设计使用年限为 25 年。

b. 结构的安全等级为二级,重要性系数取 1.0。

c. 结构的抗震设防烈度为 8 度,设计基本地震加速度值为 0.2$g$,设计地震分组为第二组。

d. 车站抗震设防类别为丙类。

e. 本工程防火等级为二级,防火涂料采用薄涂型防火涂料,钢柱耐火极限取 2h、钢梁取 1.5h。

②荷载标准：

a. 车站基本风压按 50 年一遇，取 0.45kN/m²。

b. 地面粗糙度类别为 B 类。

c. 基本雪压按 50 年一遇，取 0.40kN/m²。

③材料选用标准：钢柱采用矩管，钢梁采用焊接 H 型钢，钢材选用 Q235B。

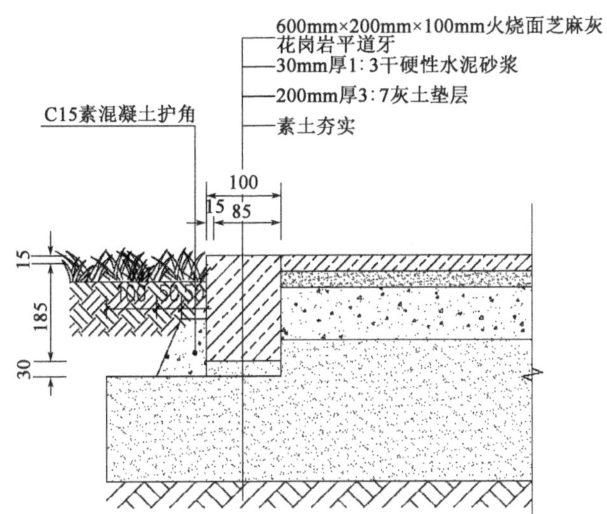


图 9-49　某区站枢纽平道牙一做法详图（绿化与铺装交接处）（尺寸单位：mm）

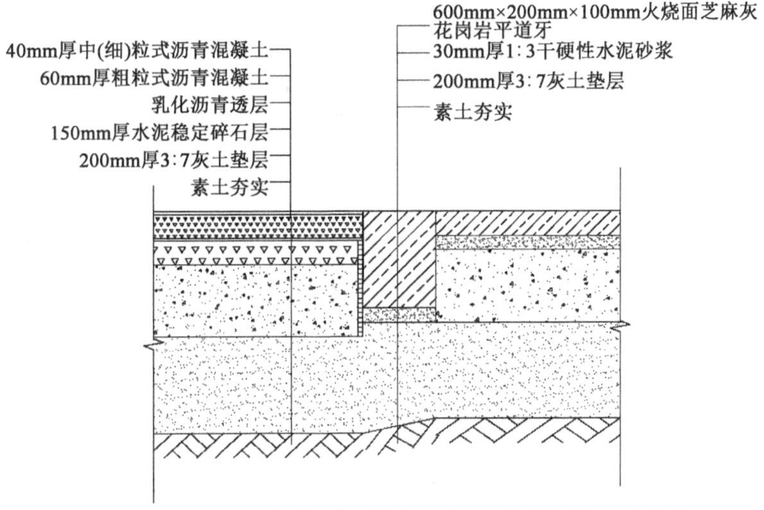


图 9-50　某区站枢纽平道牙二做法详图（沥青地面与花岗岩地面交接处）

# 第三节　某市西站枢纽

## 一、项目背景分析

某市始建于夏商周，属于越国，有 1800 多年建城史，是国家历史文化名城。这里是孔子后裔的第二故乡，史称“东南阙里、南孔圣地”，是儒文化在江南的传播中心。这里还是中国围棋的发祥地。某市现拥有全国两座孔氏家庙之一的孔氏南宗家庙、保存完好的古城府、中国“围棋仙地”之称的烂柯山等文物古迹，以孔子文化和棋子文化（围棋文化）为代表的地域特色文化底蕴深厚。某市位于浙江省西部，南接福建南平，西连江西上饶、景德镇，北邻安徽黄山，东与省内金华、丽水、杭州三市相交。“居浙右之上游，控鄱阳之肘腋，制闽越之喉吭，通宣歙之声势”，是浙闽赣皖四省边界的贸易中心和交通枢纽，是四省边际中心城市，素有“四省通衢、五路总头”之称。旅游资源丰富，另有“神奇山水，名城某市”之称。境内有江郎山、烂柯山、龙游石窟等150多处景点，境内以山地及丘陵为主，森林覆盖率达70%，具有良好的旅游环境资源（烂柯山、江郎山、龙游石窟等）。2012年，某市在全国率先创建“首个国家休闲区”。2013年，成为首批国家循环经济示范城市，是浙江省唯一上榜的地级市。

随着杭衢高铁的落地、杭深高铁的逐步实现，某市成为杭州湾“大湾区”和粤港澳“大湾区”的中位门户、联系纽带，同时也是“长三角经济圈”与“海峡西经济区”的联系纽带。某市需要主动接受“长三角”经济圈的辐射，加强与“海峡西”经济区的合作，淡化行政区划，促进跨区合作。某市高铁新城位于某市西北部，将规划7个特色小镇，包括本次规划设计的高铁小镇，以及教育小镇、快乐运动小镇、医养小镇、科创金融小镇、文创文旅小镇、儒学文化小镇，如图9-51所示。

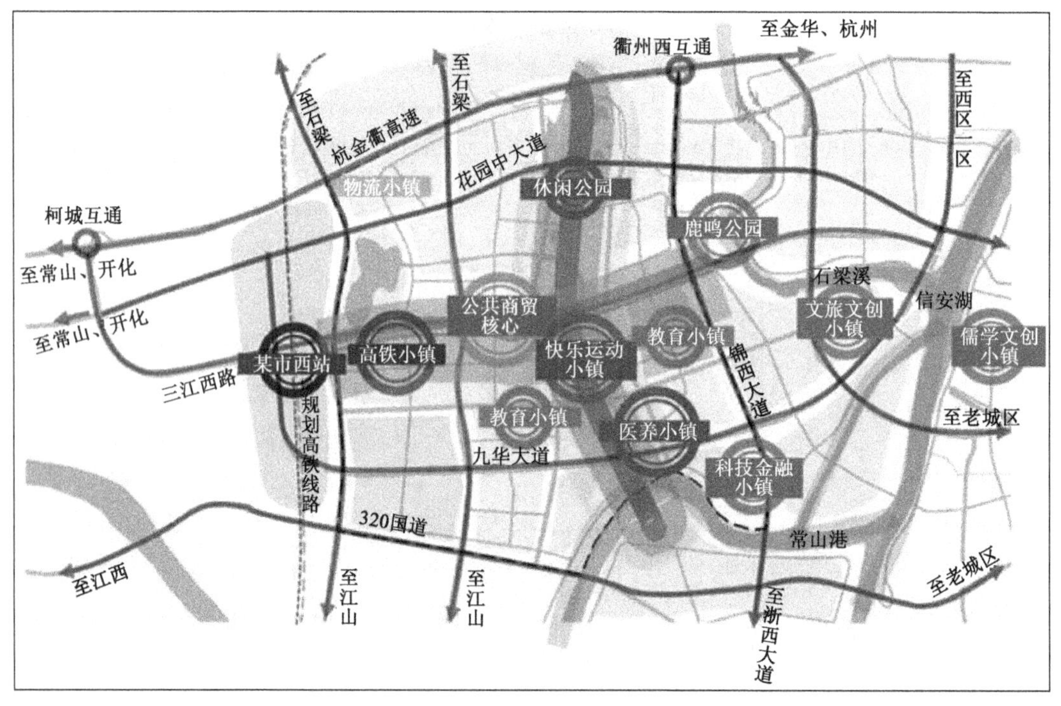


图9-51　某市特色小镇建设规划示意图

某市西站枢纽坐落于高铁小镇范围内，位于三江西路以南、石华线以东、教育小镇以西，以某市西站为核心，与周围街区一体化设计的建筑群范围约为33hm²，周边地块概念城市设计范围约为1km²，主要打造四省边际旅游集散中心、四省边际商贸中心、四省边际会展中心、绿色农产品电子商务园、绿色农产品“中央厨房”，如图9-52所示。某市西站枢纽规划坚持TOD发展理念,从枢纽自身的复合功能、枢纽与城市的核心关系出发,按照“零距离”换乘要求,有效发挥交通集散作用,高度融合城市各类功能,带动周边一体化发展,塑造换乘高效、出行便捷的品质化地区,发展定位为“站城一体、高效便捷”“青山绿水、精致和谐”“立体复合、多维开发”“人本尺度、活力宜居”。

图 9-52　某市西站枢纽基地上位规划图

## 二、枢纽交通与设施规模预测

1. 预测年限

近期规划年为2030年，远期规划年为2040年，远景规划年为2050年。

2. 枢纽交通预测

旅客发送量预测是确定枢纽场站合理建设规模、投资估算及安排建设时序的重要依据。依据所在地区的社会经济活动以及交通情况，预测未来特征年该地区的规划数据，作为评价未来特征年该地区交通情况的基础。旅客发送量预测是在分析经济增长、社会发展同交通运输的相关关系的基础上，对规划地区的社会经济、交通运输的发展趋势进行研究，采用定量和定性相结合的方法，预测旅客发送量的期望值。

(1)铁路

铁路旅客发送量的预测采用定量和定性相结合的方法。首先，基于某市历年全社会客运量，综合考虑某市国民经济发展趋势、人口增长趋势等因素，预测未来特征年某市全社会客运量；其次，基于某市历年铁路、公路、民航客运分担率，考虑某市国民经济发展趋势、人口增长趋势等因素，预测未来特征年铁路分担率，进而预测未来特征年某市铁路旅客发送总量；最后，分析某市铁路客运站发展定位，预测未来特征年某市西站铁路旅客发送量。

某市位于浙江省西部，常住人口257.49万人，现状境内有沪昆高铁和沪昆铁路，办理某市的旅客乘降以及货物运输，规划建设九景衢铁路、衢丽铁路、衢建铁路、衢宁铁路，其中衢建铁路在某市建立某市西站。2015年某市站旅客发送量为253.6万人，衢建铁路建成后，旅客发送量将逐步增长。采用国际上较为常用的运输需求量预测方法——四阶段法，运用重力模型等多种运输需求预测模型预测2030年和2040年某市地区铁路旅客发送量分别为570万人和800万人，其中某市西站铁路旅客发送量分别为270万人和400万人。未来随着某市地区经济的快速发展，某市西站的铁路旅客发送量将有较大幅度的提升，预测远景年度某市西站铁路旅客发送量为600万人，最高聚集人数为3000人，见表9-44。

**研究年度某市西站铁路旅客发送量预测** 表9-44

| 类　别 | 2030年 | 2040年 | 2050年 |
|---|---|---|---|
| 旅客发送量(万人次/年) | 270 | 400 | 600 |
| 最高聚集人数(人) | 3000 | | |

(2)公路客运(含机场巴士、旅游巴士)

结合《某市城市总体规划(2006—2020)》(2013修订版)、《某市国家公路运输枢纽总体规划(2010—2020)》、《某市城市综合交通规划(2014—2030)》、《某市区公共交通专项规划(2015—2030)》、《某市西区二期(高铁新城)公共服务设施专项规划(2017)》和《某市综合交通运输"十三五"发展规划》规划成果，某市西站规划合场建设公路客运站，打造公铁联运枢纽。综合考虑某市国民生产总值、常住人口、人均GDP、人均可支配收入未来增长趋势，同时满足旅客去往某市机场及周边黄山屯溪国际机场、杭州萧山国际机场、温州龙湾国际机场的出行需求，规划某市西站公路客运站为二级站，预测未来特征年某市西站公路客运(含机场巴士、旅游巴士)旅客发送量。考虑公铁竞争关系,某市西站公路客运量未来增长乏力,存在一定下行压力,设计标准采用设计年度(2040 年)公路日均发送旅客 5000 人次/d,年均发送旅客 183 万人次/年。

(3)城市轨道交通

随着城市轨道交通发展,铁路与轨道交通的换乘也得到迅速发展。铁路与城市轨道交通的换乘客流量取决于多种因素,包括城市轨道交通在整个城市中的线网密度,以及城市轨道交通与铁路客运站换乘衔接的方便程度。另外,大部分客流选择城市轨道交通的另一个原因是其具有准点、舒适、安全、速度快等特点。由于近年来我国各大城市大力发展城市轨道交通,并大力发展铁路客运站的零换乘衔接,所以选择城市轨道交通的客流将会占据越来越高的比重。研究年度某市城市轨道交通 1 号线将接入某市西站,基于某市城区人口规模、高铁片区用地规划及高铁旅客到发量,预测未来特征年某市西站城市轨道交通旅客发送量,见表 9-45。

**研究年度某市城市轨道交通 1 号线客流指标**　　表 9-45

| 类　别 | | 2030 年 | 2040 年 |
|---|---|---|---|
| 城市轨道交通 1 号线 | 全日客运量(万人次/d) | 6.08 | 9.95 |
| | 单向高峰小时最大断面(万人次/h) | 0.26 | 0.41 |
| 某市西城市轨道交通站 | 旅客发送量(万人次/d) | 0.65 | 1.05 |

(4)其他接驳方式

依据某市社会经济及交通运输发展状态,如城市经济总量、人口规模数量、居民收入水平、机动化发展水平、交通出行结构、公共交通出行比例等,依据“公交优先”原则,预测未来特征年某市西站铁路、公路客运(含机场巴士、旅游巴士)、城市轨道交通对应的各接驳方式分担率,见表 9-46。

**设计年度(2040 年)某市西站铁路、公路客运(含机场巴士、旅游巴士)、城市轨道交通接驳分担率(%)**　　表 9-46

| 类　别 | 铁路 | 公路客运(含机场巴士、旅游巴士) | 城市轨道交通 | 常规公交(含 BRT) | 出租车(含小汽车租赁) | 社会车辆 | 非机动车及步行 | 合计 |
|---|---|---|---|---|---|---|---|---|
| 铁路 | 0.0 | 5.0 | 22.8 | 39.0 | 17.1 | 16.2 | 0.0 | 100.0 |
| 公路客运(含机场巴士、旅游巴士) | 11.0 | 0.0 | 21.4 | 36.5 | 16.0 | 15.1 | 0.0 | 100.0 |
| 城市轨道交通 | 23.8 | 10.2 | 0.0 | 23.1 | 3.3 | 6.6 | 33.0 | 100.0 |

将未来特征年某市西站铁路、公路客运(含机场巴士、旅游巴士)、城市轨道交通旅客接驳总量按照各接驳方式分担率进行分配,预测未来特征年某市西站常规公交(含 BRT)、出租车(含小汽车租赁)、社会车辆、非机动车及步行等接驳方式旅客发送量,见表 9-47。

**设计年度(2040 年)某市西站其他接驳方式旅客发送量**　　表 9-47

| 类　别 | 常规公交(含 BRT) | 出租车(含小汽车租赁) | 社会车辆 | 非机动车及步行 |
|---|---|---|---|---|
| 旅客发送量(万人次/年) | 311 | 110 | 118 | 127 |

汇总未来特征年某市西站各种交通运输方式旅客发送量，计算某市西站客流比例分布，见表9-48。

设计年度(2040年)某市西站各种交通运输方式旅客发送量及客流比例分布表　　表9-48

| 类　别 | 铁　路 | 公路客运(含机场巴士、旅游巴士) | 城市轨道交通 | 常规公交(含BRT) | 出租车(含小汽车租赁) | 社会车辆 | 非机动车及步行 | 合计 |
|---|---|---|---|---|---|---|---|---|
| 年旅客发送量(万人次/年) | 400 | 183 | 383 | 311 | 110 | 118 | 127 | 1631 |
| 日均旅客发送量(人次/d) | 10959 | 5000 | 10500 | 8520 | 3022 | 3220 | 3466 | 44688 |
| 客流比例(%) | 24.5 | 11.2 | 23.5 | 19.1 | 6.8 | 7.2 | 7.8 | 100.0 |

(5)方式间换乘量

结合未来特征年某市西站铁路、公路客运(含机场巴士、旅游巴士)、城市轨道交通对应的各接驳方式分担率，按照"到发守恒"原则，预测未来特征年某市西站各种交通运输方式换乘比例分布，见表9-49。

设计年度(2040年)某市西站各种交通运输方式换乘比例(%)分布　　表9-49

| 交通方式(D) | 交通方式(O) | | | | | | | |
|---|---|---|---|---|---|---|---|---|
| | 铁路 | 公路客运(含机场巴士、旅游巴士) | 城市轨道交通 | 常规公交(含BRT) | 出租车(含小汽车租赁) | 社会车辆 | 非机动车及步行 | 合计 |
| 铁路 | — | 5.0 | 22.8 | 39.0 | 17.1 | 16.2 | 0.0 | 100.0 |
| 公路客运(含机场巴士、旅游巴士) | 11.0 | — | 21.4 | 36.5 | 16.0 | 15.1 | 0.0 | 100.0 |
| 城市轨道交通 | 23.8 | 10.2 | — | 23.1 | 3.3 | 6.6 | 33.0 | 100.0 |
| 常规公交(含BRT) | 50.1 | 21.4 | 28.5 | — | 0.0 | 0.0 | 0.0 | 100.0 |
| 出租车(含小汽车租赁) | 62.0 | 26.5 | 11.5 | 0.0 | — | 0.0 | 0.0 | 100.0 |
| 社会车辆 | 55.0 | 23.5 | 21.5 | 0.0 | 0.0 | — | 0.0 | 100.0 |
| 非机动车及步行 | 0.0 | 0.0 | 100.0 | 0.0 | 0.0 | 0.0 | — | 100.0 |

将未来特征年某市西站各种交通运输方式旅客发送量代入换乘比例分布表，预测枢纽内各种交通运输方式之间的客流换乘量，见表9-50。

设计年度(2040年)某市西站各种交通运输方式换乘量(人次/d)　　表9-50

| 交通方式(D) | 交通方式(O) | | | | | | | |
|---|---|---|---|---|---|---|---|---|
| | 铁路 | 公路客运(含机场巴士、旅游巴士) | 城市轨道交通 | 常规公交(含BRT) | 出租车(含小汽车租赁) | 社会车辆 | 非机动车及步行 | 发送量合计 |
| 铁路 | — | 548 | 2499 | 4268 | 1874 | 1770 | 0 | 10959 |
| 公路客运(含机场巴士、旅游巴士) | 548 | — | 1068 | 1825 | 801 | 757 | 0 | 5000 |

续上表

| 交通方式(D) | 交通方式(O) | | | | | | | |
|---|---|---|---|---|---|---|---|---|
| | 铁路 | 公路客运（含机场巴士、旅游巴士） | 城市轨道交通 | 常规公交（含 BRT） | 出租车（含小汽车租赁） | 社会车辆 | 非机动车及步行 | 发送量合计 |
| 城市轨道交通 | 2499 | 1068 | — | 2427 | 347 | 693 | 3466 | 10500 |
| 常规公交(含 BRT) | 4268 | 1825 | 2427 | — | 0 | 0 | 0 | 8520 |
| 出租车(含小汽车租赁) | 1874 | 801 | 347 | 0 | — | 0 | 0 | 3022 |
| 社会车辆 | 1770 | 757 | 693 | 0 | 0 | — | 0 | 3220 |
| 非机动车及步行 | 0 | 0 | 3466 | 0 | 0 | 0 | — | 3466 |
| 到达量合计 | 10959 | 5000 | 10500 | 8520 | 3022 | 3220 | 3466 | 44688 |

3. 枢纽设施规模预测

依据《城市综合交通体系规划标准》(GB/T 51328—2018)、《综合客运枢纽通用要求》(JT/T 1067—2016)、《铁路旅客车站设计规范》(TB 10100—2018)、《汽车客运站级别划分和建设要求》(JT/T 200—2020)、《交通客运站建筑设计规范》(JGJ/T 60—2012)、《城市道路公共交通站、场、厂工程设计规范》(CJJ/T 15—2011)、《车库建筑设计规范》(JGJ 100—2015)、《城市公共停车场工程项目建设标准》(建标 128—2010)、《综合客运枢纽换乘区域设施设备配置要求》(JT/T 1066—2016)等规范的有关规定，基于某市西站各种交通运输方式旅客到发量及换乘量预测值，计算各类设施规模结果见表 9-51。

**设计年度(2040 年)某市西站各种交通运输方式设施规模理论计算值**　　表 9-51

| 交通方式 | 用地规模($m^2$) | 设施 | 建筑面积($m^2$) | 备注 |
|---|---|---|---|---|
| 公路客运（含机场巴士、旅游巴士） | 18000 | 客运站房 | 3000 | 二级客运站，日均发车 135 班，发车位 8 个 |
| | | 停车坪 | 7093 | |
| | | 发车位 | 1013 | |
| 常规公交（含 BRT） | 22153 | 回车道、行车道、候车亭和落客区 | 4260 | 定位为大型公交枢纽，进行夜间停车，班线 11 条，停靠站台 11 个，线路配车 213 辆，高峰小时发车 64 班 |
| | | 办公用房(容积率 3.0) | 1278 | |
| | | 停车坪 | 12354 | |
| | | 绿化及储备用地 | 5112 | |
| 出租车（含小汽车租赁） | 12562 | 办公用房（容积率 1.0） | 2355 | 上客位 4 个，下客位 6 个，蓄车泊位 389 个。小汽车租赁办公用房面积 236$m^2$、停车面积 1021$m^2$ |
| | | 停车坪 | 10207 | |
| 社会车辆 | 26226 | 停车坪 | 26226 | 停车位 656 个，下客位 6 个 |
| 非机动车（含自行车租赁） | 1123 | 停车坪 | 1123 | 停车位 562 个(其中自行车租赁 62 个) |
| 步行 | — | 综合换乘空间 | 15015～22523 | 满足枢纽旅客进站、出站、换乘需要，以及应急疏散、城市景观、枢纽扩建储备用地等需要 |

换乘设施包括地面换乘走廊、地下通道、天桥等形式，应依据各种交通运输方式（含非机动车及步行）间高峰小时旅客换乘量进行设计，满足旅客换乘、应急疏散等需要。各种交通运输方式间换乘设施可合并设置，单向通行通道净宽度应大于3m（含），双向混行通道净宽度应大于4m（含）。依据《综合客运枢纽通用要求》（JT/T 1067—2016）、《综合客运枢纽换乘区域设施设备配置要求》（JT/T 1066—2016）等规范，基于某市西站各种交通运输方式旅客换乘量预测值，计算各种交通运输方式间换乘通道净宽度结果，见表9-52。

**设计年度（2040年）某市西站各种交通运输方式间换乘通道（单向）净宽度（m）理论计算值** 表9-52

| 交通方式（D） | 交通方式（O） | | | | | | | |
|---|---|---|---|---|---|---|---|---|
| | 铁路 | 公路客运（含机场巴士、旅游巴士） | 城市轨道交通 | 常规公交（含BRT） | 出租车（含小汽车租赁） | 社会车辆 | 非机动车及步行 | 合计 |
| 铁路 | — | 0.2 | 1.0 | 1.8 | 0.8 | 0.7 | — | 4.6 |
| 公路客运（含机场巴士、旅游巴士） | 0.2 | — | 0.4 | 0.8 | 0.3 | 0.3 | — | 2.1 |
| 城市轨道交通 | 1.0 | 0.4 | — | 1.0 | 0.1 | 0.3 | 1.5 | 4.4 |
| 常规公交（含BRT） | 1.8 | 0.8 | 1.0 | — | — | — | — | 3.6 |
| 出租车（含小汽车租赁） | 0.8 | 0.3 | 0.1 | — | — | — | — | 1.3 |
| 社会车辆 | 0.7 | 0.3 | 0.3 | — | — | — | — | 1.4 |
| 非机动车及步行 | — | — | 1.5 | — | — | — | — | 1.5 |
| 合计 | 4.6 | 2.1 | 4.4 | 3.6 | 1.3 | 1.4 | 1.5 | — |

注：表中所列各种交通运输方式间换乘通道（单向）净宽度理论计算值均为设计下限值，具体设计取值应结合枢纽建筑条件、服务水平等因素综合确定。

## 三、枢纽交通建设方案

1. 规划结构分析

某市西站枢纽规划建设"一枢纽，四中心，三轴线，三绿园"，以高铁站点为功能核心，打造四省边际旅游集散中心、现代商贸中心、国际会展中心和高端设计中心，布局高铁生态公园轴线、中央文化公园轴线和立体休闲公园轴线，规划文化休闲公园、高铁生态公园和城市中央公园，如图9-53～图9-55所示。

2. 建筑方案设计

1）建筑立面

（1）方案一

某市拥有南宗孔氏家庙，被誉为"南孔圣地，某市有礼"。单元模块的屋顶造型呼应孔庙古建筑中的飞檐意向，如图9-56所示。本方案采用现代手法体现当地建筑特色，通过小尺度单元拼接降低大屋顶压迫感，建筑主体通透大气，给人以亲切的、有礼的印象。方案设计如图9-57～图9-62所示。

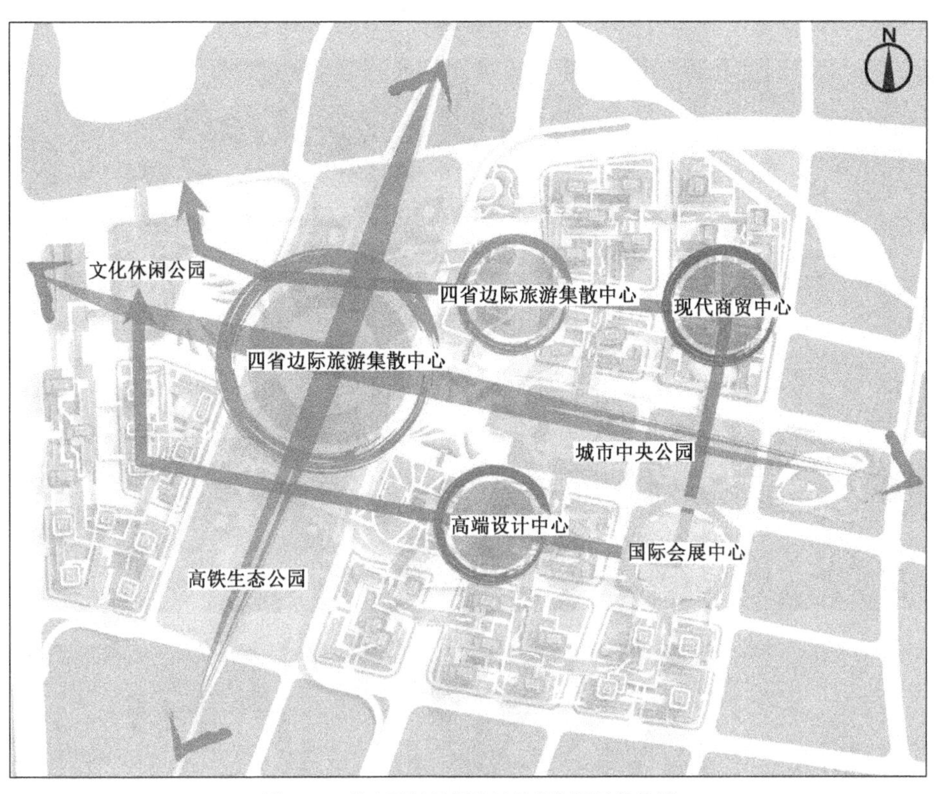


图 9-53　某市西站及周边地块规划设计结构图

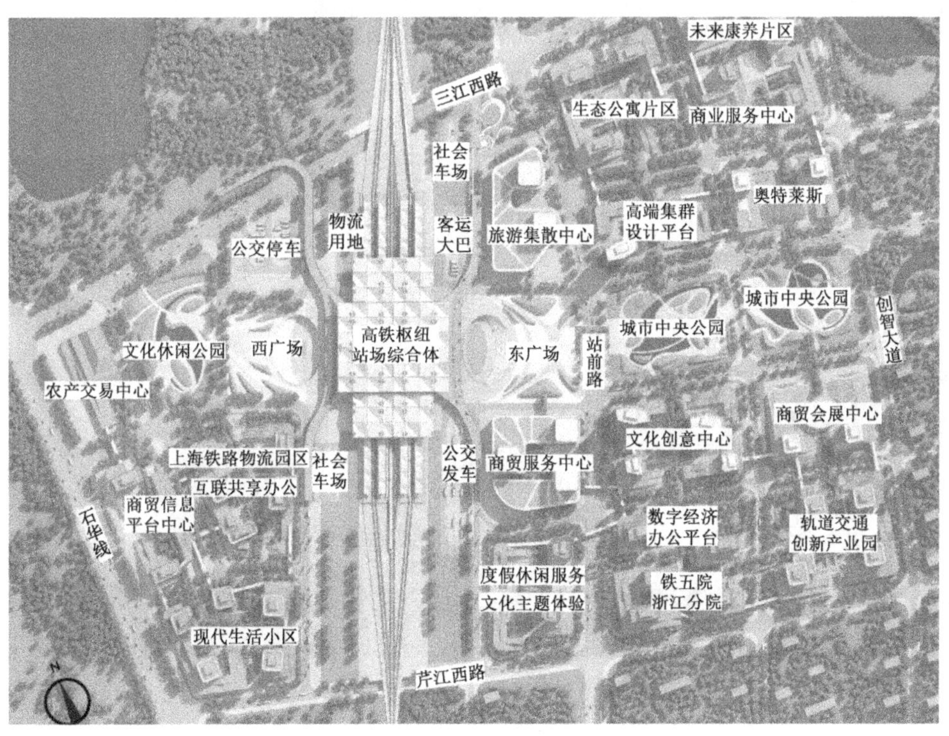


图 9-54　某市西站及周边地块规划设计布局图

图 9-55 某市西站及周边地块规划设计效果图

图 9-56 “南孔圣地，某市有礼”文化概念图

图 9-57　某市西站枢纽鸟瞰效果图

图 9-58　某市西站枢纽正透视效果图

图 9-59　某市西站枢纽侧透视效果图

图9-60　某市西站枢纽候车厅效果图

图9-61　某市西站枢纽商业夹层效果图

图9-62　某市西站枢纽出站厅效果图

(2)方案二

某市被誉为“南孔圣地”,保存有水亭门、周宣灵王庙、进士牌坊、神农殿等著名古建筑。本方案汲取某市古建筑的飞檐和重檐的设计特点,结合通透的采光中庭,形成灵动飞扬的造型。室内空间恢宏大气,通透天窗贯穿整个站房。入口前厅高耸并且向两侧延伸,空间开阔。中央候车大厅吸取我国古建精髓,秩序井然,磅礴大气。方案设计如图9-63~图9-66所示。

图9-63　某市西站枢纽鸟瞰效果图

图9-64　某市西站枢纽正透视效果图

(3)方案三

江浙古城某市,自古以来素以桂花飘香而闻名遐迩。某市桂花酒、衢式桂花饼、桂花糕都是远近闻名的地方小吃,桂花作为某市市花深入人心。本方案以某市桂花为原型,选取四瓣对称的花朵造型作为基本造型,站房主体为一个整体向四个方向伸出的花瓣,并使用新型光伏材料区分出不同层次。入口雨棚与站台雨棚组合成第二层次的四个花瓣造型。鸟瞰角度是花的整体造型,人视角度融合了某市经典古建筑水亭门的飞檐翘角与天妃庙的花瓣双重意象,气势非凡。衢者,意为四通八达的道路。以此为名的某市处于连通浙江、江西、安徽、福建四省的中央地带,自古就是重要的交通枢纽。某市陆路水路交通四通八达,本方案在造型上融入了此概念,花瓣分两个层次向八个方向延伸,象征着某市四通八达的交通枢纽地位,同时也呼应了某市市名。方案设计如图9-67~图9-70所示。

图9-65　某市西站枢纽侧透视效果图

图9-66　某市西站枢纽候车厅效果图

图9-67　某市西站枢纽鸟瞰效果图

图 9-68　某市西站枢纽正透视效果图

图 9-69　某市西站枢纽侧透视效果图

图 9-70　某市西站枢纽候车厅效果图

2)建筑平面

(1)总平面

某市西站枢纽总平面如图 9-71 所示,建筑技术指标见表 9-53。

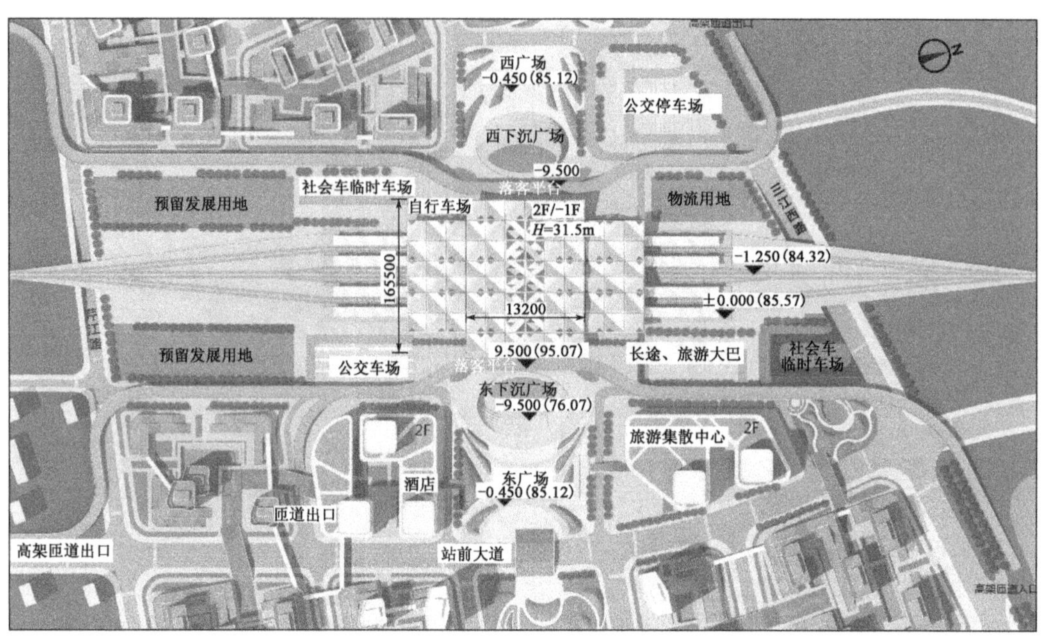


图 9-71　某市西站枢纽总平面图(高程单位:m;尺寸单位:m)

**某市西站枢纽建筑技术指标**　　表 9-53

<table>
<tr><th>序号</th><th colspan="2">工 程 内 容</th><th>工程规模</th><th>工 程 情 况</th></tr>
<tr><td>1</td><td colspan="2">铁路</td><td>—</td><td>—</td></tr>
<tr><td>1.1</td><td colspan="2">预留城市轨道交通</td><td>1 台 1 线</td><td>3 列编组</td></tr>
<tr><td>1.2</td><td colspan="2">车场(台/线)</td><td>4 台 8 线</td><td>总宽 450m</td></tr>
<tr><td rowspan="5">1.3</td><td colspan="2">站房(m²)</td><td>34500</td><td>面宽/高度/进深 126m/40m/165m</td></tr>
<tr><td rowspan="4">其中</td><td>三层(m²)</td><td>5000</td><td>—</td></tr>
<tr><td>二层(m²)</td><td>18700</td><td>—</td></tr>
<tr><td>一层(m²)</td><td>6300</td><td>—</td></tr>
<tr><td>地下一层(m²)</td><td>4500</td><td>—</td></tr>
<tr><td>1.4</td><td colspan="2">两场站台雨棚(m²)</td><td>23500</td><td>最大跨度 22m</td></tr>
<tr><td>1.5</td><td colspan="2">两场站台铺面(m²)</td><td>23500</td><td>—</td></tr>
<tr><td>1.6</td><td colspan="2">垂梯(个)</td><td>4</td><td>—</td></tr>
<tr><td>1.7</td><td colspan="2">扶梯(个)</td><td>20</td><td>—</td></tr>
<tr><td>1.8</td><td colspan="2">旅客休息平台(m²)</td><td>5200</td><td>宽度 15m</td></tr>
<tr><td>1.9</td><td colspan="2">车行高架匝道(m²)</td><td>36000</td><td>3 车道,宽度 15m</td></tr>
<tr><td>1.10</td><td colspan="2">地下城市通廊(m²)</td><td>5800</td><td>宽度 22</td></tr>
<tr><td>2</td><td colspan="2">交通枢纽</td><td>—</td><td>—</td></tr>
<tr><td>2.1</td><td colspan="2">地面广场与景观</td><td>—</td><td>—</td></tr>
<tr><td rowspan="2">2.1.1</td><td rowspan="2">站前广场东广场(m²)</td><td rowspan="2">33000</td><td>广场铺装</td><td>25500</td></tr>
<tr><td>广场绿化</td><td>7500</td></tr>
</table>

续上表

| 序号 | 工 程 内 容 | | 工程规模 | 工 程 情 况 |
|---|---|---|---|---|
| 2.1.2 | 站前广场西广场($m^2$) | 20900 | 广场铺装 | 15900 |
| | | | 广场绿化 | 5000 |
| 2.1.3 | 铁路物流集散用地($m^2$) | | 1500 | — |
| 2.1.4 | 枢纽道路($m^2$) | | 35000 | — |
| 2.2 | 地面公共交通设施 | | — | — |
| 2.2.1 | 社会车辆停车场(东、西) | 占地面积($m^2$) | 7000 | — |
| | | 车位数(个) | 196 | — |
| 2.2.2 | 公交发车场(东) | 占地面积($m^2$) | 9800 | — |
| | | 发车位(个) | 27 | — |
| 2.2.3 | 长途、机场大巴发车场(东) | 占地面积($m^2$) | 5500 | — |
| | | 发车位(个) | 21 | 其中机场巴士3个 |
| 2.2.4 | 长途客运站房 | 建筑面积($m^2$) | 580 | — |
| 2.2.5 | 公交调度 | 建筑面积($m^2$) | 80 | — |
| 2.2.6 | 公交、长途大巴停车场(西) | 占地面积($m^2$) | 12500 | — |
| | | 发车位(个) | 150 | — |
| 2.3 | 地下公共交通设施 | | — | — |
| 2.3.1 | 出租车车场(东、西) | 建筑面积($m^2$) | 12900 | — |
| | | 车位数(个) | 132 | — |
| 2.3.2 | 社会车辆车场(东、西) | 建筑面积($m^2$) | 19400 | — |
| | | 车位数(个) | 600 | — |
| 2.3.3 | 城市候机楼 | 建筑面积($m^2$) | 1500 | — |
| 2.3.4 | 交通换乘大厅 | 建筑面积($m^2$) | 2800 | — |
| 2.4 | 地下商业开发 | | 4500 | — |
| 2.5 | 地下设备用房、走廊、辅助用房 | | 8200 | — |

(2)地下一层

地下一层包含铁路站房出站厅、补票室、卫生间、行包库设备用房,面积约为5000$m^2$。人行地下城市通廊位于中部,连接东西两个广场,北侧设置物流地下通道,通过行包坡道可以上到站台与首层物流用地。东西两侧结合地下城市通廊布局东西两换乘厅,可便捷换乘轻轨、公交、长途大巴、城市候机等公共交通设施,并在四角设置出租车场与社会车辆停车场。地下一层平面如图9-72所示,交通流线如图9-73所示。

(3)地面一层

地面一层站房主要为站台、东西进站广厅、两侧售票厅、VIP进站厅、行包库入口、卫生间、设备等。地面层进站人群主要是乘坐公交或长途车、骑行、步行到达的,也有部分社会车辆送客人群(可停于社会车辆临时停车场)通过东西进站厅进站,乘坐楼扶梯到达二层候车厅检票进站。一层平面如图9-74所示,交通流线如图9-75所示。

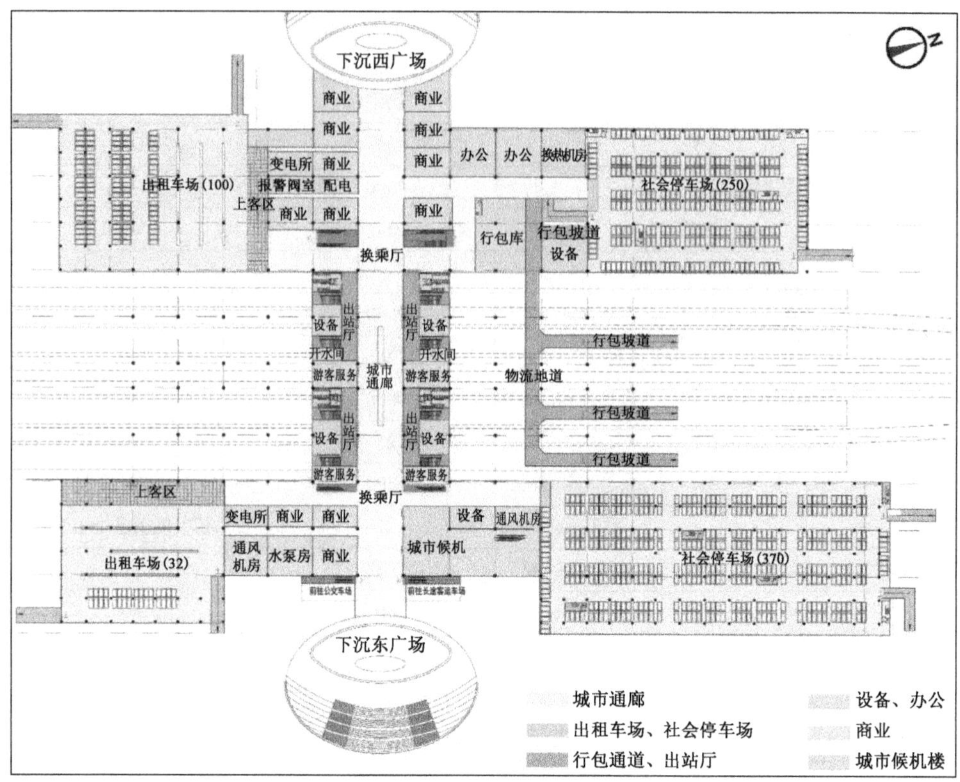


图 9-72　某市西站枢纽地下一层平面图

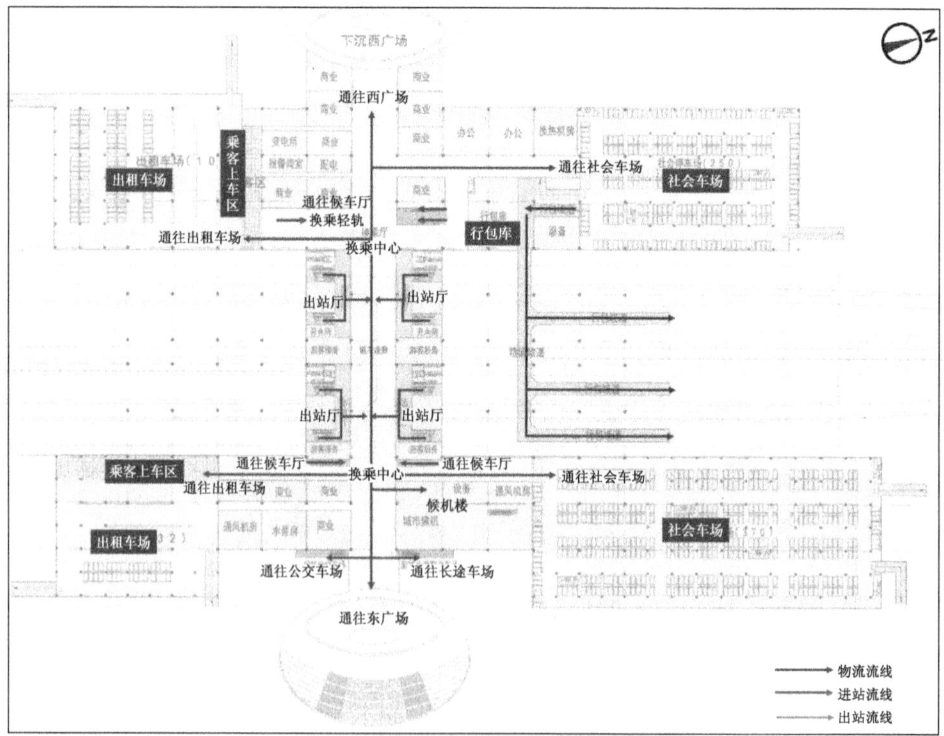


图 9-73　某市西站枢纽地下一层交通流线

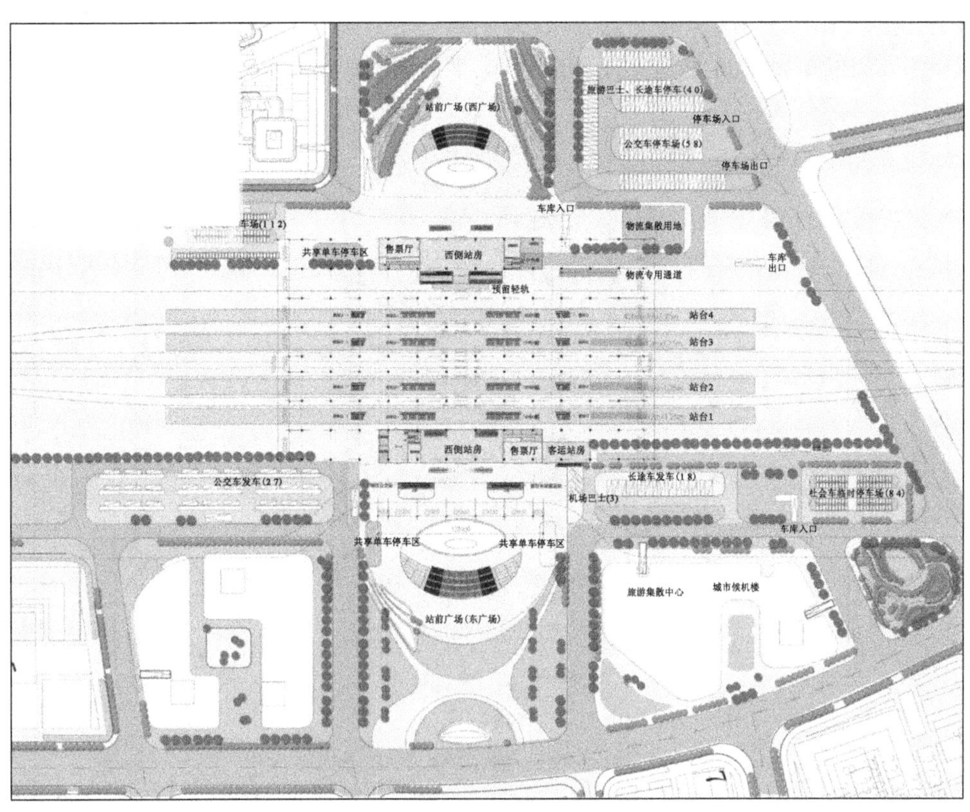


图 9-74　某市西站枢纽地面一层平面图

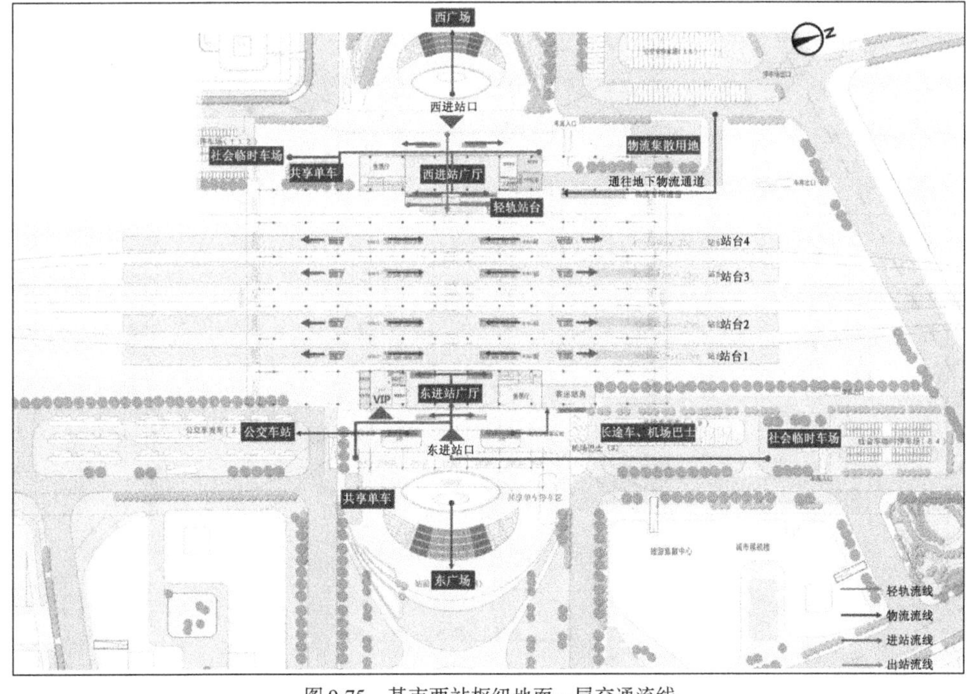


图 9-75　某市西站枢纽地面一层交通流线

(4)二层

二层主要为候车大厅、东西进站厅、VIP候车,平面如图9-76所示,交通流线如图9-77所示。

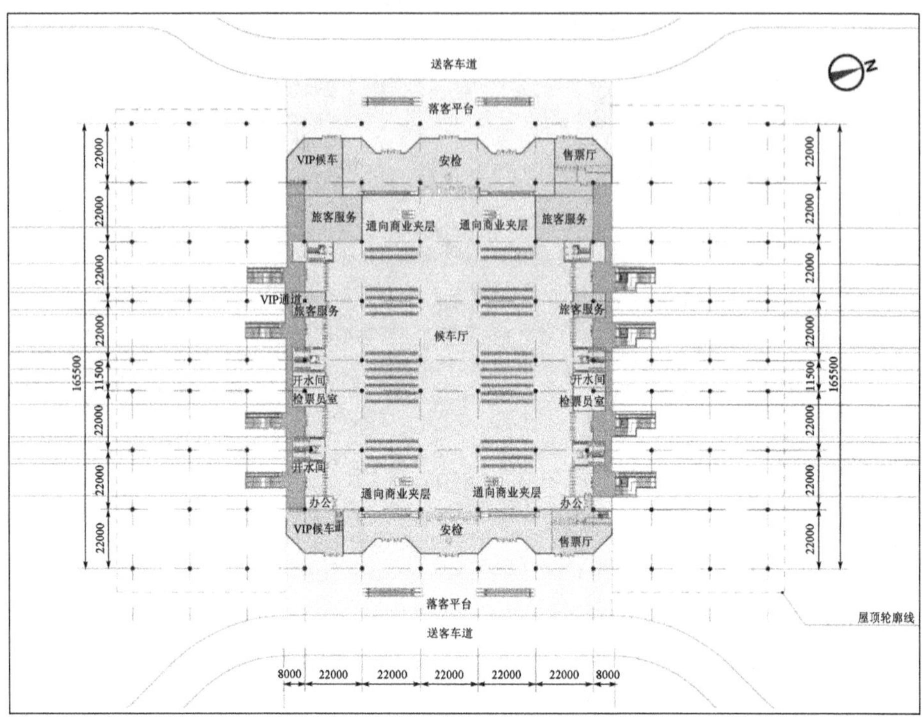


图9-76　某市西站枢纽二层平面图(尺寸单位:mm)

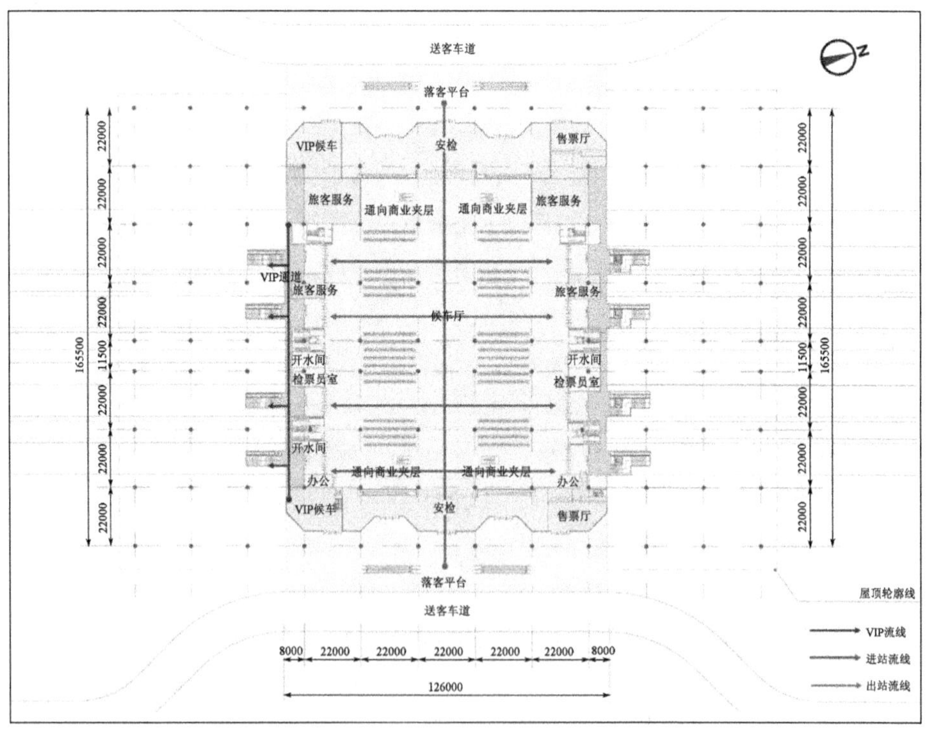


图9-77　某市西站枢纽二层交通流线(尺寸单位:mm)

(5)三层

三层主要为商业夹层,平面如图 9-78 所示。

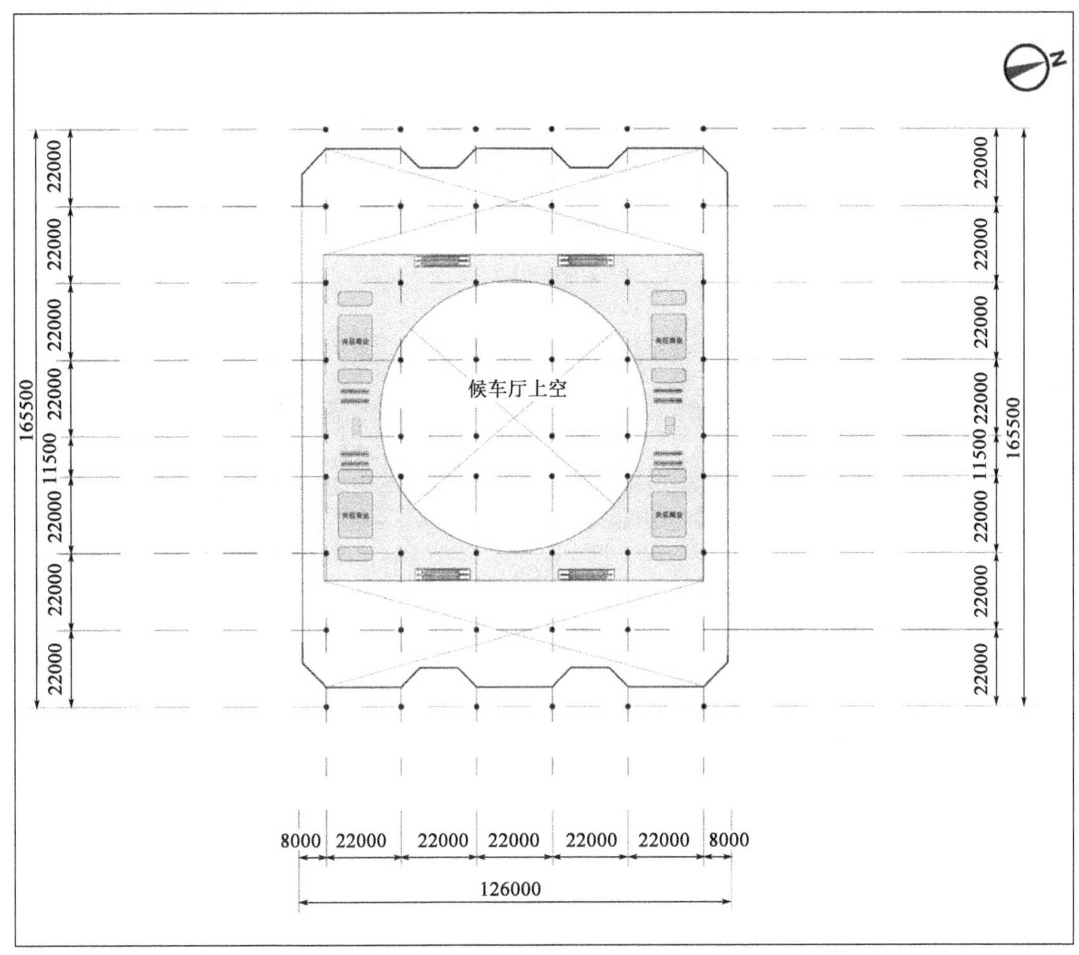


图 9-78 某市西站枢纽三层平面图(尺寸单位:mm)

3)建筑剖面

建筑剖面如图 9-79 所示。

3. 交通场站规划

1)场站设施布局

某市西站枢纽汇集高速铁路、长途旅游巴士、公交、社会车辆、出租车、自行车、步行系统等多种换乘方式于一体的 TOD 枢纽地区,如图 9-80 所示。设施布局优先考虑人行换乘距离,实现 10min 任意换乘两种以上公共交通设施,达到零换乘标准。考虑到主城区位于车站东部,东广场定位为礼仪性主要广场,与站前绿化景观步道形成生态轴线。东广场地面层设计城市公交、长途巴士、社会车辆临时停车场;地下一层对应布置出租车车场与社会车辆停车场。西广场定位为次广场,通过地下城市通廊与东广场相连接,地面层主要包含公交车场、社会车辆临时停车场、物流集散用地;地下一层对应布置出租车车场与社会车辆停车场。

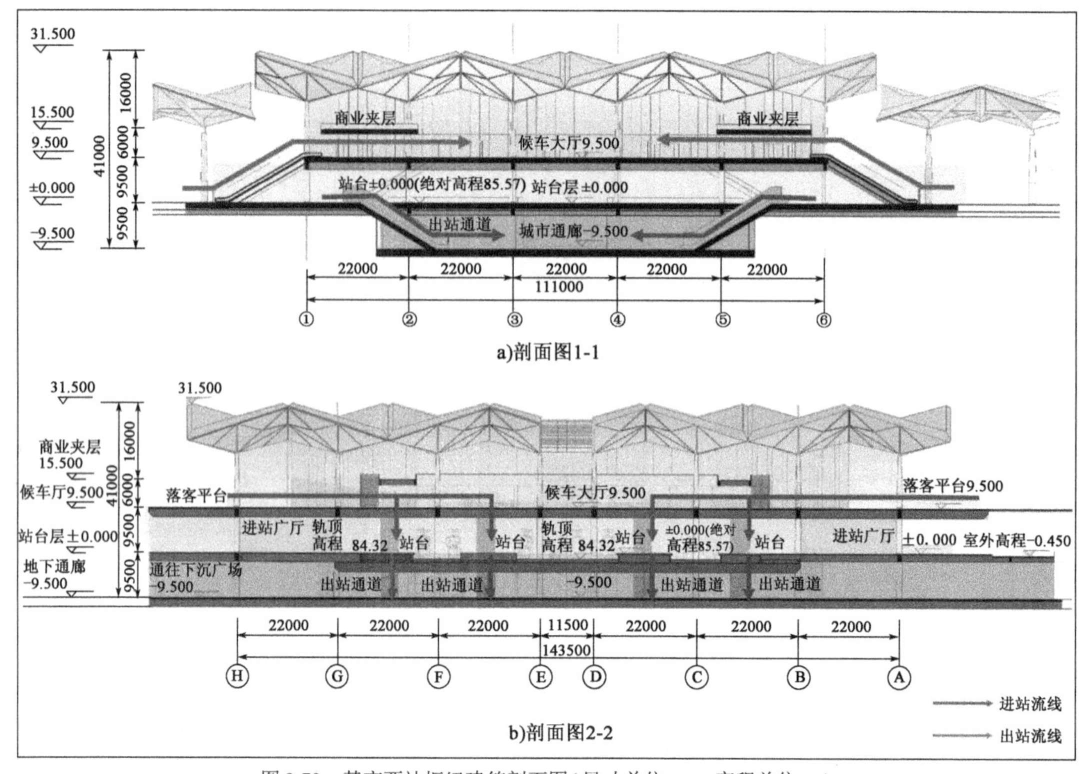


图9-79 某市西站枢纽建筑剖面图(尺寸单位:mm;高程单位:m)

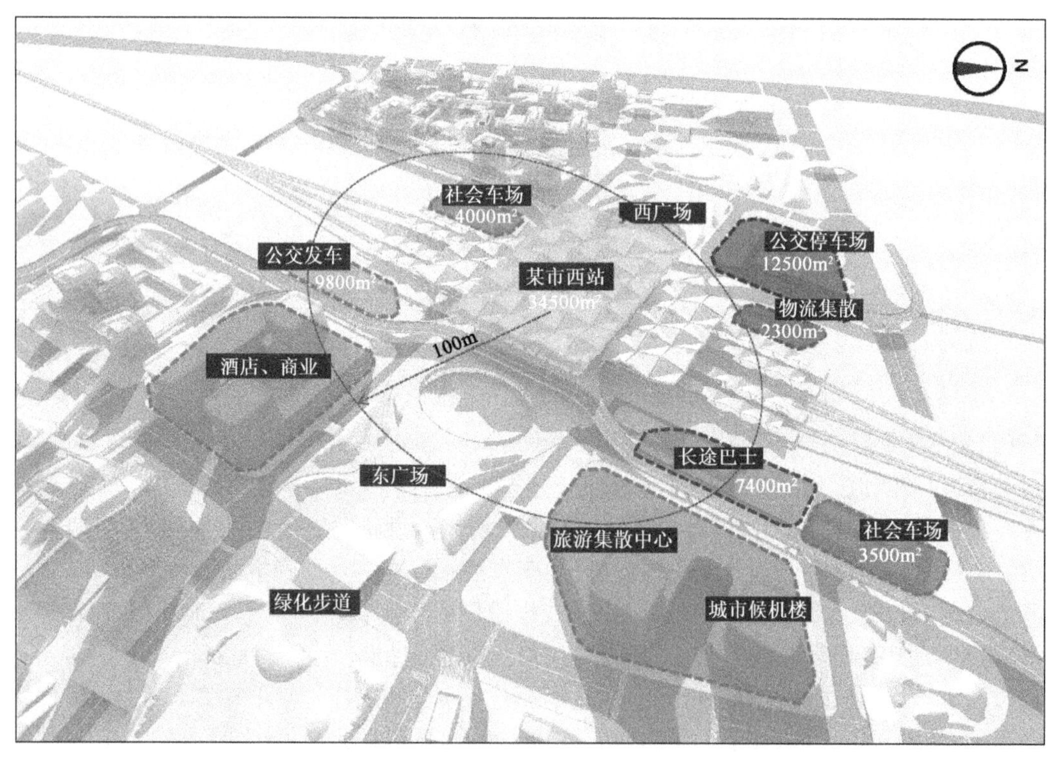


图9-80 某市西站枢纽设施布局图

规划地下城市通廊联通枢纽东西，打造共享下沉广场，缝合地块功能，美化城市立面，如图 9-81所示。

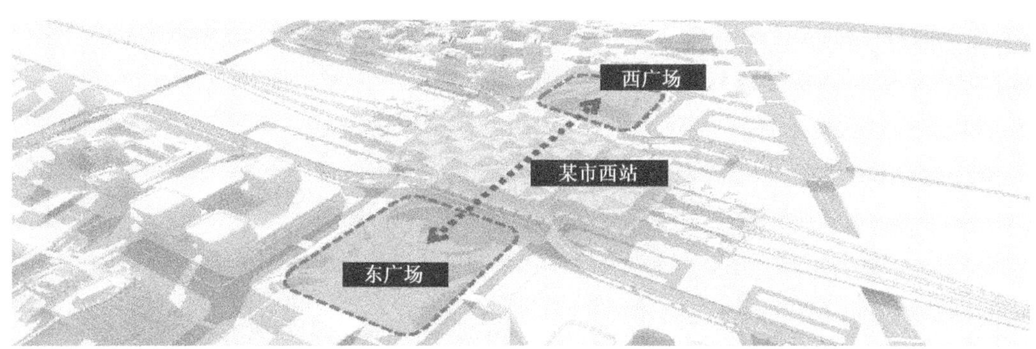


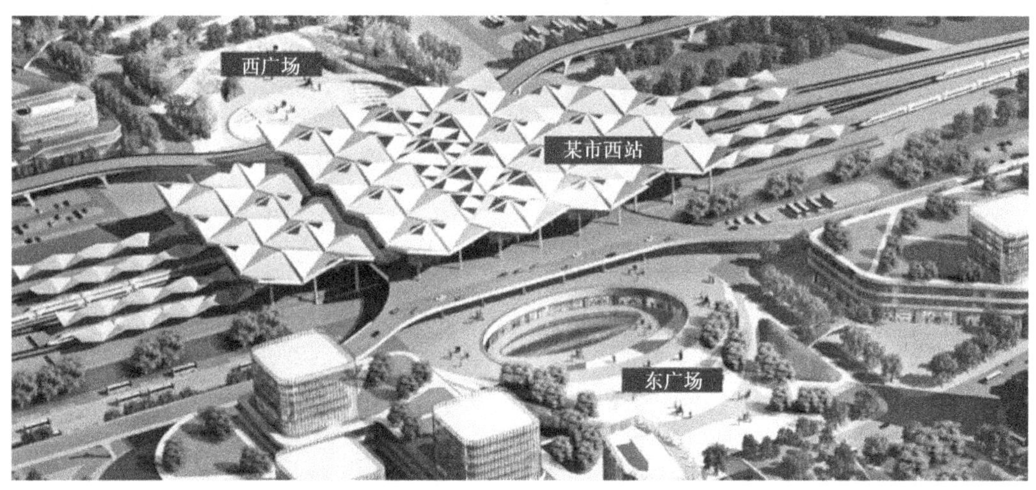


图 9-81　某市西站枢纽地下城市通廊规划图

某市西站枢纽规划引入城市轨道交通线路，制式采用悬挂式轻轨，与铁路平行布置于站场之内，站台布局于铁路西侧，如图 9-82 所示。旅客可通过西站房直接进入城市轨道交通。铁路出站的旅客在地下一层换乘厅可直接乘坐楼扶梯上至城市轨道交通站台，实现 10min 内换乘，换乘距离短，方便快捷。

2）交通流线分析

（1）公交进出站流线

常规公交场站规划集中布局在东侧，便于管理，乘客出站后便于识别。采取公交优先的布置原则，换乘距离仅 80m。车站布局发车位 27 个，占地面积 9800m$^2$。西侧公交停车场主要为公交停车场，停车位 100 个。公交进出站流线如图 9-83 所示。

（2）长途车、巴士进出站流线

东侧长途车、巴士车场人行换乘距离约 100m，该车场布置长途车发车位 18 个，旅游巴士发车位 3 个。西侧长途车停车场主要为长途客运停车场，停车位 50 个。长途、巴士进出站流线如图 9-84 所示。

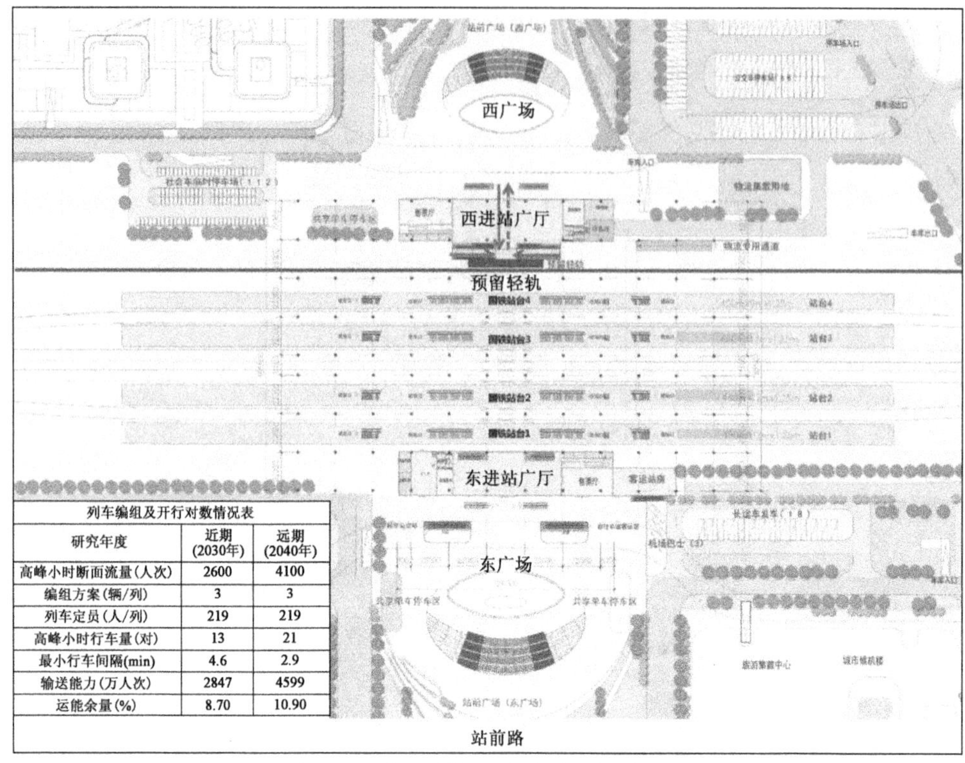


| 列车编组及开行对数情况表 | | |
|---|---|---|
| 研究年度 | 近期(2030年) | 远期(2040年) |
| 高峰小时断面流量(人次) | 2600 | 4100 |
| 编组方案(辆/列) | 3 | 3 |
| 列车定员(人/列) | 219 | 219 |
| 高峰小时行车量(对) | 13 | 21 |
| 最小行车间隔(min) | 4.6 | 2.9 |
| 输送能力(万人次) | 2847 | 4599 |
| 运能余量(%) | 8.70 | 10.90 |

图 9-82　某市西站枢纽城市轨道交通线位

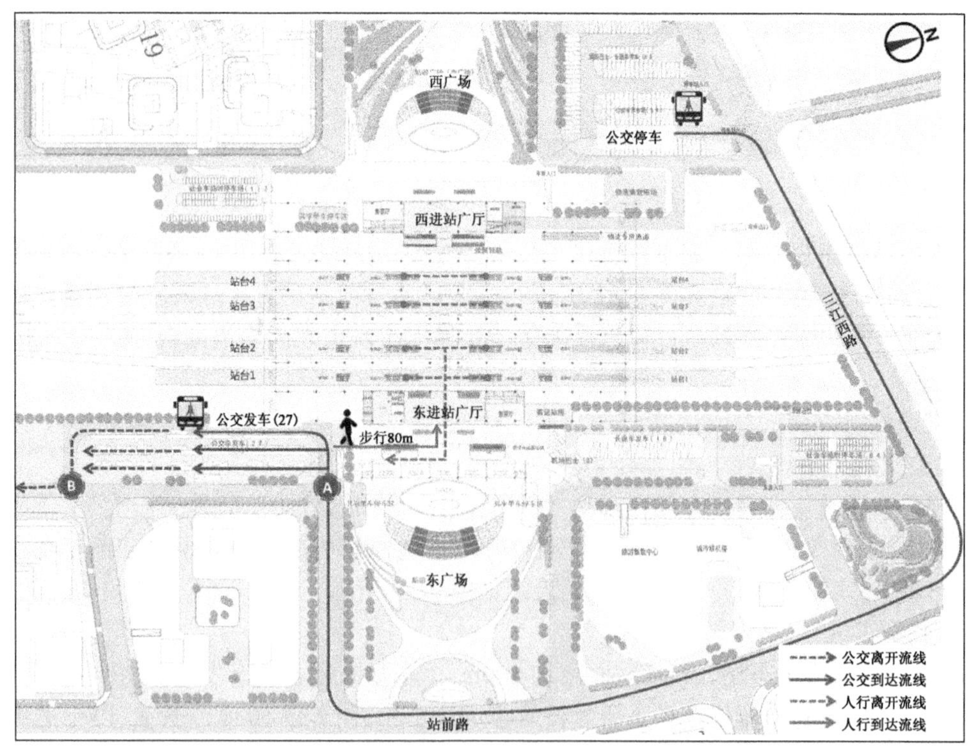


图 9-83　某市西站枢纽公交进出站流线分析

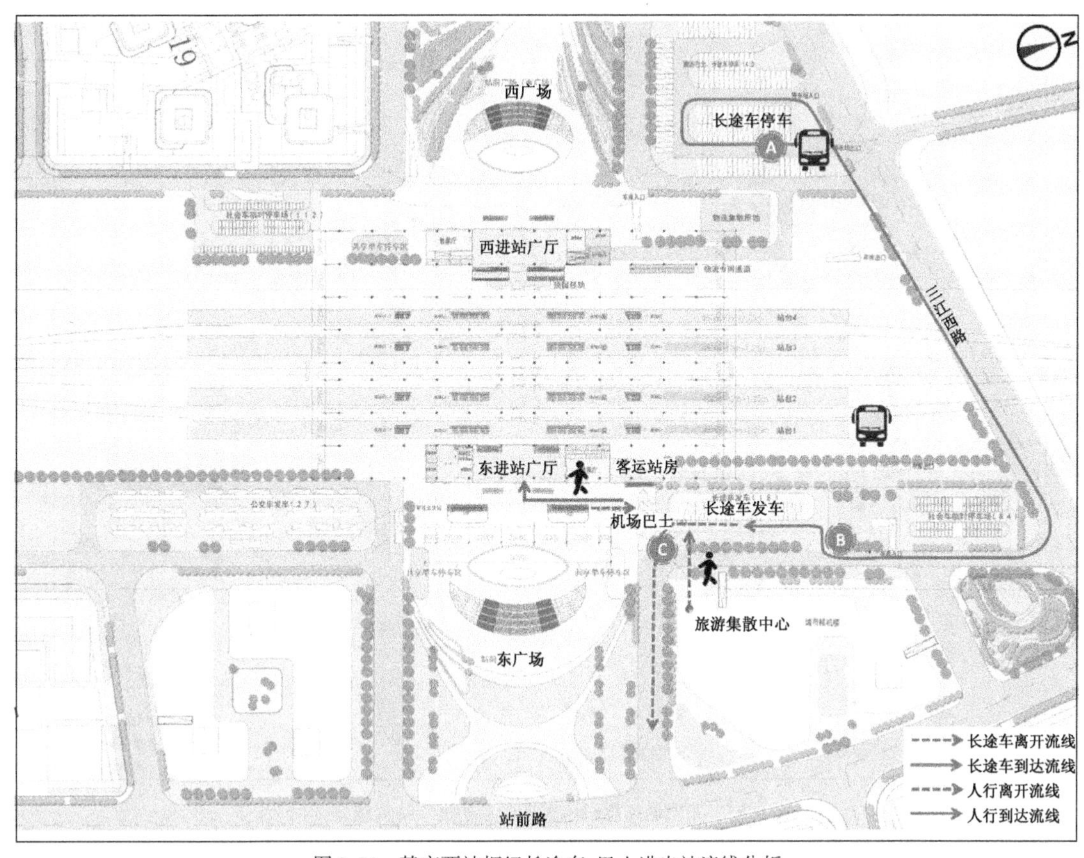


图 9-84　某市西站枢纽长途车、巴士进出站流线分析

(3)社会车辆进出站流线

东侧社会车辆地面停车场主要用于乘坐社会车辆到达的乘客,满足需要停车送客的人流,停车场包含车位 84 个,人行进站约 350m。西侧社会车辆地面停车场包含车位 112 个,人行进站约 200m。地面社会车辆进出站流线如图 9-85 所示。

东侧社会车辆地下停车场包含车位 370 个,人行出站后可通过地下城市通廊迅速到达车场。西侧社会车辆地下停车场包含车位 250 个,人行出站后可通过地下城市通廊迅速到达车场。地下社会车辆进出站流线如图 9-86 所示。

(4)出租车进出站流线

东侧出租车车场布置于建筑东南侧,包含临时停车位 40 个、上客位 6 个,办公用房、设备用房约 $100m^2$。西侧出租车车场布置于建筑西南侧,包含临时停车位 64 个、上客位 4 个,办公用房、设备用房约 $50m^2$。出租车进出站流线如图 9-87 所示。

4. 集疏运交通系统设计

1)对外交通规划

(1)加强对外联系,增强道路网集散功能

东西向通过三江西路、花园大道、芹江西路、九华西路、G320 实现与西区行政中心及老城区的联系;南北向通过养生大道、橘林大道等预留往南北扩展的通道。

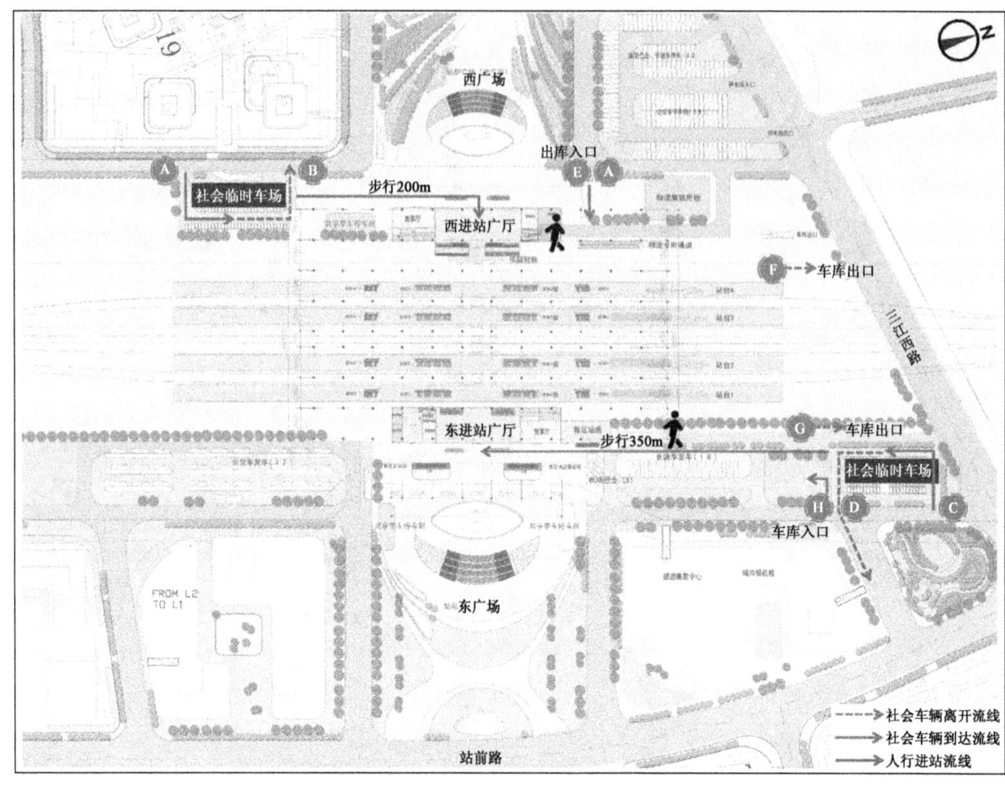


图 9-85　某市西站枢纽地面社会车辆进出站流线分析

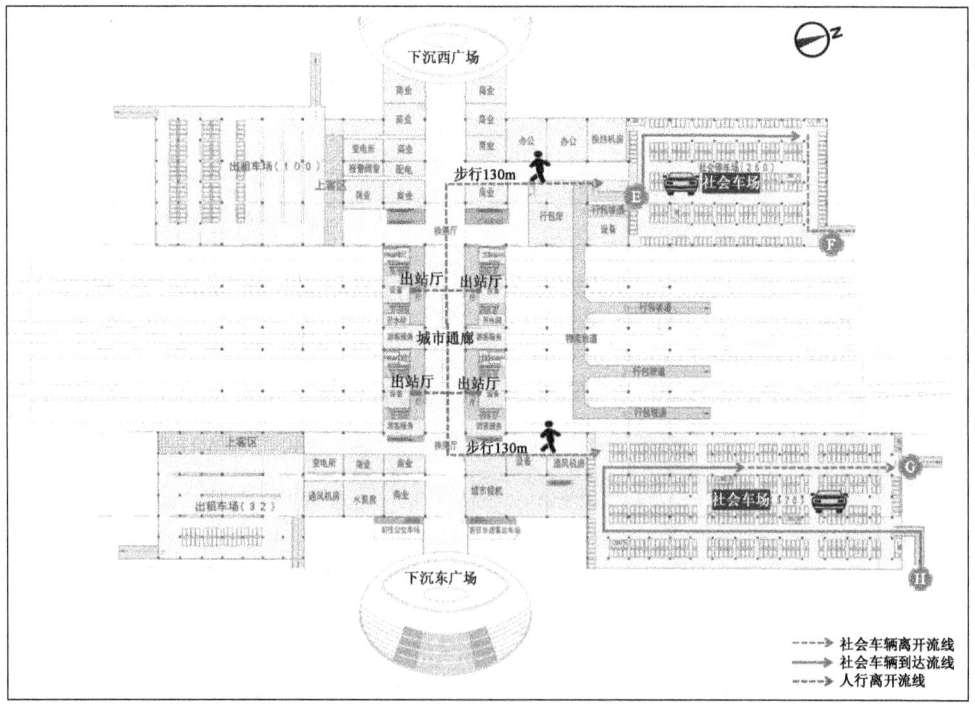


图 9-86　某市西站枢纽地下社会车辆进出站流线分析

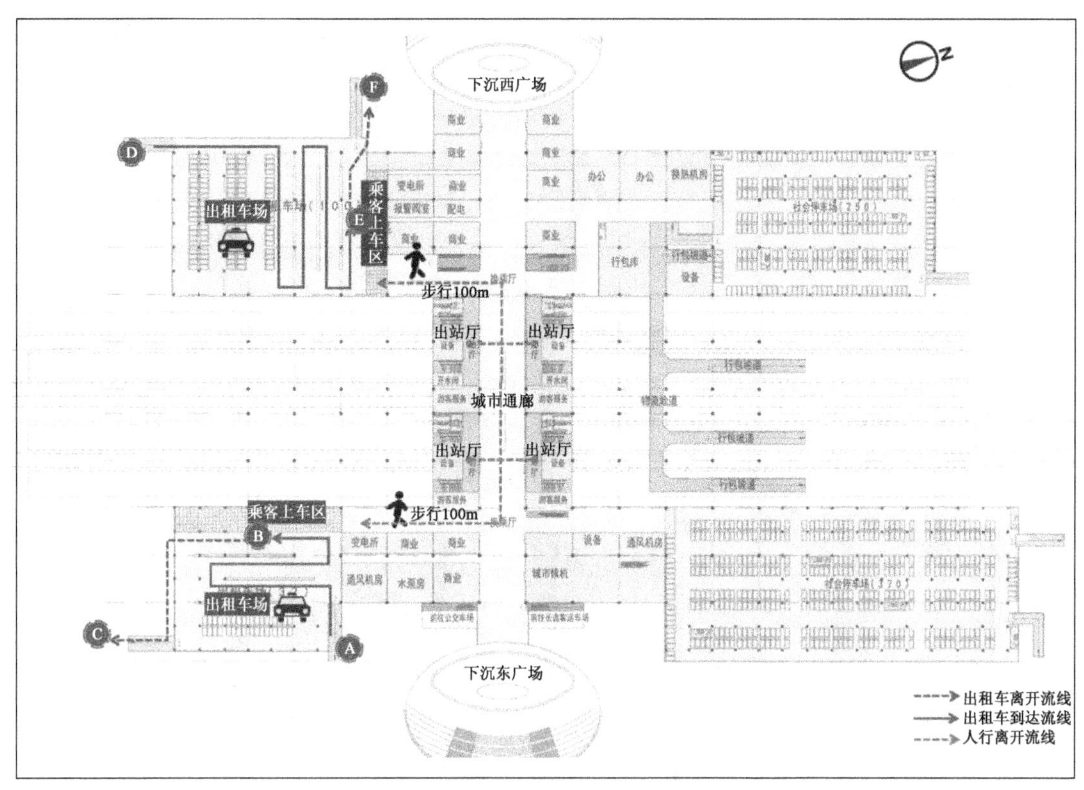


图 9-87　某市西站枢纽出租车进出站流线分析

现状通过锦西大道与杭金衢高速公路某市西互通连接，实现与高速公路互通的顺畅衔接。规划通过三江西路、九华西路、G320、物流大道与杭金衢高速公路新增柯城互通连接。

(2)实现客货分流，减少过境交通

客运走廊：根据交通量、道路条件和用地规划情况，规划三江西路、花园大道、芹江西路、九华西路、养生大道、橘林大道、站前路作为客运走廊。道路都能满足双向 4 车道及以上，既能兼顾对外出行，又能满足区内交通出行。在客运交通走廊上，优先发展公共交通。

货运走廊：区域本身货运量不大，规划石华线、G320、锦西大道等外围道路为货运走廊，可分流过境货运交通。

2)区域道路网规划

某市西站及周边地块区域道路网规划如图 9-88 所示。

快速路：石华路，作为长距离快速通道，分离通过性交通。

主干路：三江西路、芹江西路和创智大道作为区域道路骨架。

次干路：站前路，作为主要的连接性道路。

支路：增加支路密度，间距 100 ~ 200m，交通微循环的载体，有利于高密度交通的集散。

3)高架匝道规划

站前区通过石华线、芹江路、三江西路以及站前大道疏解，通过高架快速匝道的布置衔接快速道路与城市主干路，合理划分站前区域，实现旅客就近落客，快速进站，如图 9-89 所示。

快速进出站系统:社会车辆、出租车送客可以通过三江西路进入快速化匝道 A 口直接通向站前落客平台 B 进站;送客后通过快速化匝道 C1 驶入站前路,快速匝道 C2 通过芹江路离开;或西广场车流沿匝道 D 由石华线驶入落客平台 E,送客后通过匝道 F 进入三江西路驶向其他方向。

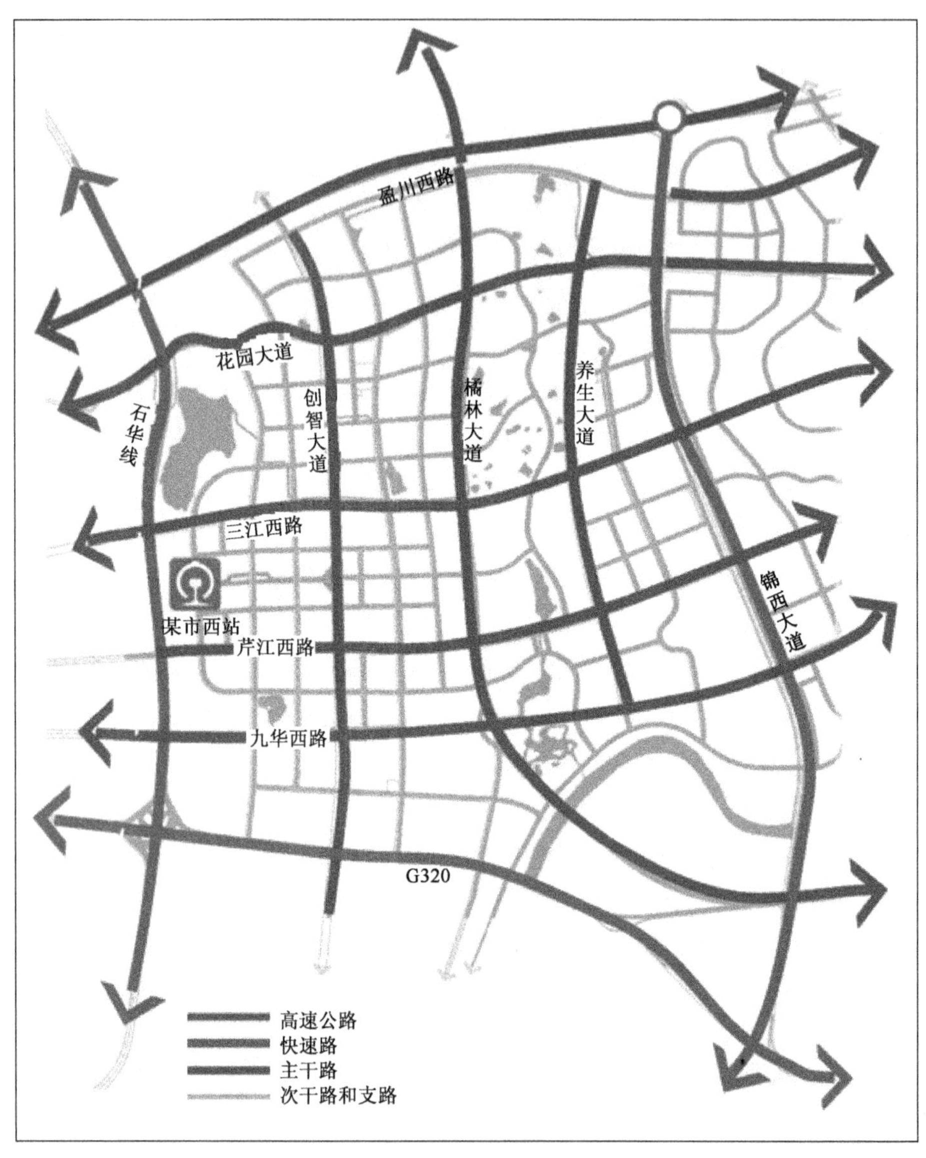


图 9-88　某市西站及周边地块区域道路网规划图

## 四、投资估算

某市西站枢纽投资估算见表 9-54,建设工程总投资为 73212.56 万元,其中工程费用为 57156.50 万元,工程建设其他费用为 6058.55 万元,预备费为 6321.51 万元,建设期贷款利息 3676.00 万元。另铁路站房建设工程总投资为 71324.56 万元。

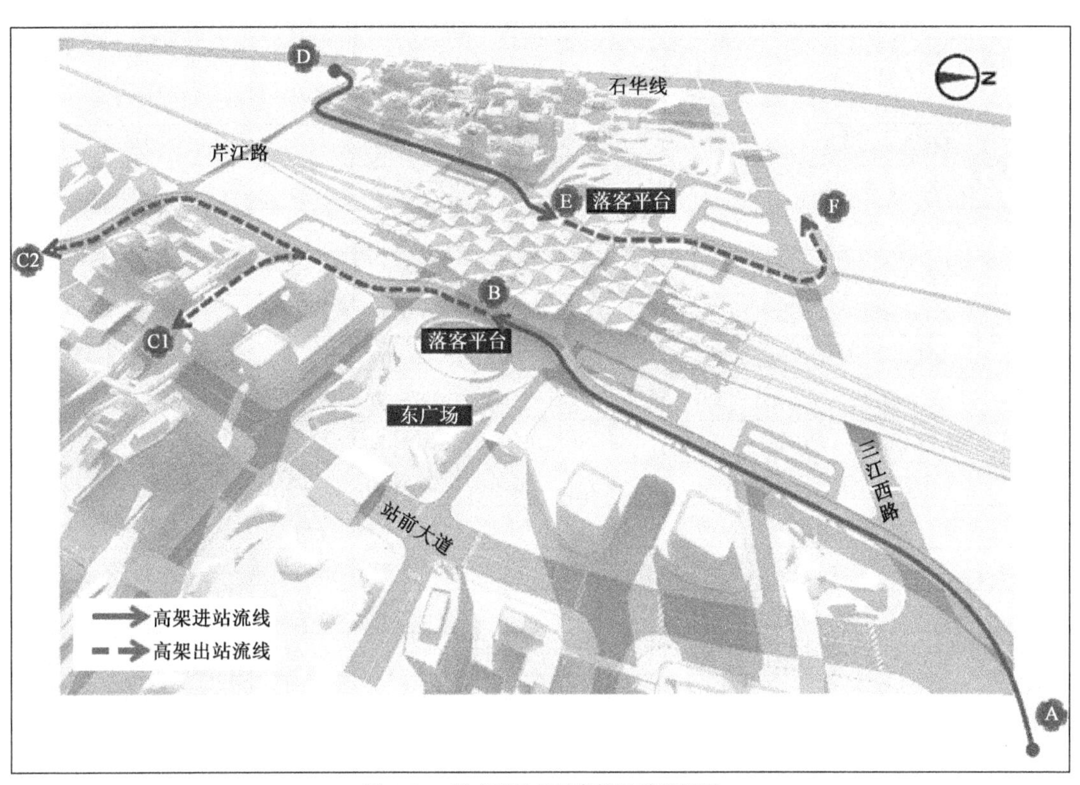


图 9-89　某市西站枢纽高架匝道规划图

**某市西站枢纽投资估算**　　表 9-54

| 序号 | 项目名称 | 工程量 | 单位 | 单方造价（元） | 造价（万元） | 占造价比例（%） | 备　注 |
|---|---|---|---|---|---|---|---|
| 一 | 工程费用 | — | 万元 | — | 57156.50 | 78.07 | — |
| 1 | 站前东广场 | 33000 | $m^2$ | 620 | 2047.50 | — | — |
| 1.1 | 广场铺装 | 25500 | $m^2$ | 700 | 1785.00 | — | — |
| 1.2 | 广场绿化 | 7500 | $m^2$ | 350 | 262.50 | — | — |
| 2 | 站前西广场 | 20900 | $m^2$ | 616 | 1288.00 | — | — |
| 2.1 | 广场铺装 | 15900 | $m^2$ | 700 | 1113.00 | — | — |
| 2.2 | 广场绿化 | 5000 | $m^2$ | 350 | 175.00 | — | — |
| 3 | 铁路物流集散用地 | 1500 | $m^2$ | 700 | 105.00 | — | — |
| 4 | 枢纽道路 | 35000 | $m^2$ | 1000 | 3500.00 | — | — |
| 5 | 地面公共交通设施 | 34800 | $m^2$ | 700 | 2436.00 | — | — |
| 5.1 | 社会车辆停车场（东、西） | 7000 | $m^2$ | 700 | 490.00 | — | — |
| 5.2 | 公交发车场（东） | 9800 | $m^2$ | 700 | 686.00 | — | — |
| 5.3 | 长途、机场大巴发车场（东） | 5500 | $m^2$ | 700 | 385.00 | — | — |
| 5.4 | 公交、长途大巴停车场（西） | 12500 | $m^2$ | 700 | 875.00 | — | — |
| 6 | 公交调度室 | 80 | $m^2$ | 4000 | 32.00 | — | — |

续上表

| 序号 | 项目名称 | 工程量 | 单位 | 单方造价（元） | 造价（万元） | 占造价比例（%） | 备注 |
| --- | --- | --- | --- | --- | --- | --- | --- |
| 7 | 长途客运站 | 580 | $m^2$ | 6000 | 348.00 | — | — |
| 8 | 地下公共交通设施 | 36600 | $m^2$ | 4794 | 17545.00 | — | — |
| 8.1 | 出租车车场(东、西) | 12900 | $m^2$ | 4500 | 5805.00 | — | — |
| 8.2 | 社会车辆车场(东、西) | 19400 | $m^2$ | 4500 | 8730.00 | — | — |
| 8.3 | 城市候机楼 | 1500 | $m^2$ | 7000 | 1050.00 | — | — |
| 8.4 | 交通换乘厅 | 2800 | $m^2$ | 7000 | 1960.00 | — | — |
| 9 | 地下商业 | 4500 | $m^2$ | 5500 | 2475.00 | — | — |
| 10 | 地下设备用房、走廊、辅助用房 | 8200 | $m^2$ | 5000 | 4100.00 | — | — |
| 11 | 车行高架匝道 | 36000 | $m^2$ | 5500 | 19800.00 | — | — |
| 12 | 地下城市通廊 | 5800 | $m^2$ | 6000 | 3480.00 | — | — |
| 二 | 工程建设其他费 | — | 万元 | — | 6058.55 | 8.28 | — |
| 1 | 建设单位管理费 | — | 万元 | — | 725.70 | — | 财建〔2016〕504号 |
| 2 | 可行性研究报告编制费 | — | 万元 | — | 83.79 | — | 浙价服〔2013〕252号 |
| 3 | 工程设计费 | — | 万元 | — | 1449.63 | — | 计价格〔2002〕10号 |
| 4 | 工程勘察费 | — | 万元 | — | 628.72 | — | 建标〔2007〕164号 |
| 5 | 环境影响咨询服务费 | — | 万元 | — | 18.35 | — | 浙价服〔2013〕85号 |
| 6 | 招标代理服务费 | — | 万元 | — | 54.13 | — | 发改价格〔2011〕534号 |
| 7 | 工程建设监理费 | — | 万元 | — | 951.14 | — | 浙建监协〔2015〕19号 |
| 8 | 施工图审查费 | — | 万元 | — | 114.31 | — | 发改价格〔2011〕534号 |
| 9 | 竣工图编制费 | — | 万元 | — | 115.97 | — | 计价格〔2002〕10号 |
| 10 | 施工图预算编制费 | — | 万元 | — | 144.96 | — | 计价格〔2002〕10号 |
| 11 | 劳动安全卫生评审费 | — | 万元 | — | 285.78 | — | 建标〔2007〕164号 |
| 12 | 场地准备及临时设施费 | — | 万元 | — | 1143.13 | — | 建标〔2007〕164号 |
| 13 | 工程保险费 | — | 万元 | — | 342.94 | — | 建标〔2007〕164号 |
| 三 | 预备费 | — | 万元 | — | 6321.51 | 8.63 | — |
| 四 | 建设期贷款利息 | — | 万元 | — | 3676.00 | 5.02 | 建设期三年，按均衡投入，贷款利率4.9% |
| 五 | 工程总造价 | — | 万元 | — | 73212.56 | 100.00 | — |

## 第四节 某市中心站枢纽

### 一、项目背景分析

某市，浙江省省辖地级市，地理位于浙江省中部沿海，东濒东海，北靠绍兴市、宁波市，南邻温州市,西与金华市和丽水市毗邻,是国家发改委批准的全国唯一民间投资创新综合改革试点城市。杭绍台城际铁路全长 269km,其中新建线路全长 224km,设计行车速度为 350km/h,途经绍兴柯桥、越城、上虞、嵊州新昌和某市天台、临海、椒江、路桥、温岭等县(市、区)。杭绍台城际铁路项目建设有利于改善浙江省会杭州至温、台地区交通条件,提高路网质量、完善路网布局、增强运输灵活机动性,实现浙江省会杭州与某市高铁 1h 交通圈,线路走向如图 9-90 所示。

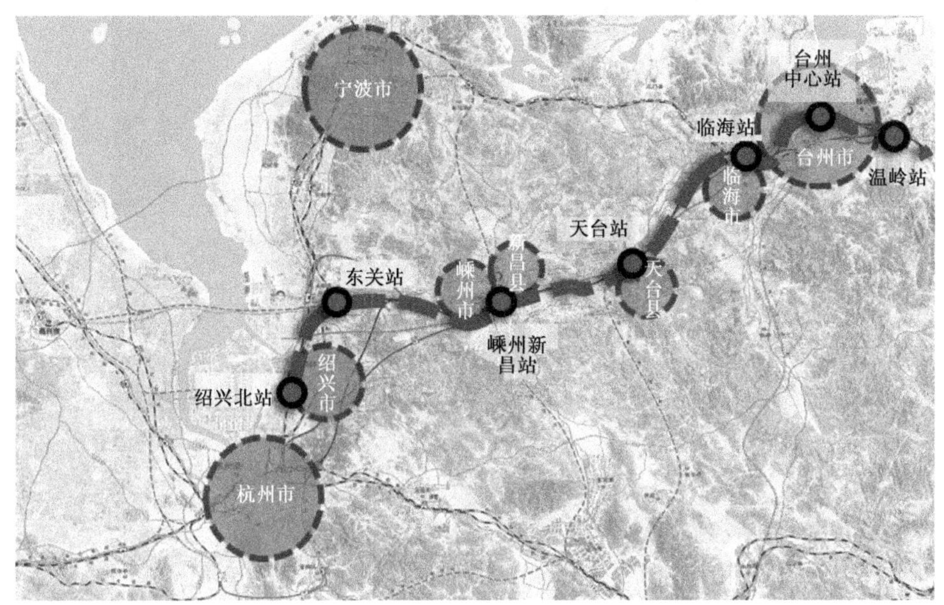


图 9-90　杭绍台铁路路线示意图

某市中心站位于黄岩、路桥、椒江三区中心位置的高铁新区,位于内环快速路和市府大道交叉路口东南角、市妇幼保健院北侧,市区客流主要通过内环快速路和市府大道到达站区,如图 9-91 所示。某市中心站站场设正线 2 条、到发线 8 条,4 座岛式站台,站房规模 8 万 $m^2$。采用线上站站型方案,其中主站房 5 万 $m^2$,换乘、商业及其他配套面积 3 万 $m^2$,预留沿海高铁接入条件,项目投资预估算约 14.4 亿元。某市中心站是集市域铁路 S1、S2 线,长途巴士,城乡公交,出租车及社会车辆为一体的综合交通枢纽站。作为集杭绍台高铁、规划沿海高铁、市域铁路 S1 线、规划市域铁路 S2 线、公交等多重交通方式换乘功能为一体,内外通达的立体化综合交通枢纽,某市中心站将以多种交通方式的无缝衔接实现更短的停留时间,更高的出行时间价值,更强的直达方式,满足旅客出行“零换乘”的需求。

S1 线与 S2 线十字交叉引入某市中心站。一方面,某市中心站可以通过市域铁路与椒江、黄岩、路桥三区以及临海、温岭建立直接联系;另一方面,轨道交通客流在某市中心站换乘,有利于打造某市中心站成为现代化的综合交通枢纽。某市中心站枢纽可以通过内环路、市府大道、现代大道与某市大道建立与椒江、黄岩、路桥三区之间的联系,有利于枢纽交通的高效集散、快进快出,缩短出行时间成本。某市中心站的建成对于满足某市百姓出行需求、优化城市功能、美化城市形象具有重要意义,同时也对促进某市制造人才输送、推动某市旅游、助力某市经济发展起着重要的作用,为更好地发挥某市与长三角都市圈乃至全国的城际交流打下了良好基础。

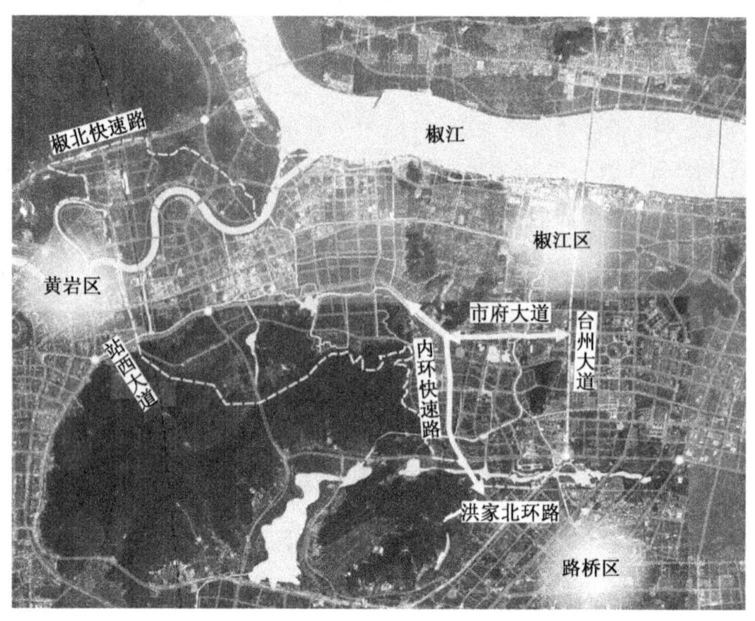


图9-91　某市中心站区位示意图

## 二、枢纽交通与设施规模预测

1. 预测年限

近期规划年为2030年,远期规划年为2040年,远景规划年为2050年。设计年度采用远景规划年2050年。

2. 枢纽交通预测

某市中心站枢纽设计铁路4台10线,配套城市轨道交通、公路客运(含机场巴士及旅游巴士)、常规公交(含BRT)、出租车(含小汽车租赁)和社会车辆停车场,打造某市地区区域对外综合交通枢纽。预测设计年度(2050年)某市中心站枢纽各种交通运输方式旅客到发量,见表9-55。

设计年度(2050年)某市中心站枢纽各种交通运输方式旅客到发量预测　　表9-55

| 类　别 | 铁路 | 公路客运(含机场巴士) | 城市轨道交通 | 常规公交(含BRT及有轨电车) | 旅游巴士 | 出租车(含小汽车租赁) | 社会车辆 | 慢行及其他 | 合　计 |
|---|---|---|---|---|---|---|---|---|---|
| 年旅客发送量(万人次/年) | 1400 | 365 | 3420 | 1733 | 81 | 399 | 602 | 1580 | 9581 |
| 日均旅客发送量(人次/d) | 38356 | 10000 | 93710 | 47490 | 2226 | 10918 | 16494 | 43293 | 262488 |
| 客流比例(%) | 14.6 | 3.8 | 35.7 | 18.1 | 0.8 | 4.2 | 6.3 | 16.5 | 100.0 |

预测设计年度(2050年)某市中心站枢纽各种交通运输方式换乘量,见表9-56。

设计年度(2050年)某市中心站枢纽各种交通运输方式换乘量预测(人次/d)　　表9-56

| 交通方式(D) | 交通方式(O) | | | | | | | | |
|---|---|---|---|---|---|---|---|---|---|
| | 铁路 | 公路客运(含机场巴士) | 城市轨道交通 | 常规公交(含BRT) | 旅游巴士 | 出租车(含小汽车租赁) | 社会车辆 | 慢行及其他 | 发送量 |
| 铁路 | — | 1918 | 7288 | 14575 | 1822 | 5466 | 6559 | 729 | 38356 |
| 公路客运(含机场巴士) | 1918 | — | 1616 | 3233 | 404 | 1212 | 1455 | 162 | 10000 |
| 城市轨道交通 | 7288 | 1616 | — | 29682 | — | 4240 | 8481 | 42403 | 93710 |
| 常规公交(含BRT) | 14575 | 3233 | 29682 | — | — | — | — | — | 47490 |
| 旅游巴士 | 1822 | 404 | — | — | — | — | — | — | 2226 |
| 出租车(含小汽车租赁) | 5466 | 1212 | 4240 | — | — | — | — | — | 10918 |
| 社会车辆 | 6559 | 1455 | 8481 | — | — | — | — | — | 16494 |
| 慢行及其他 | 729 | 162 | 42403 | — | — | — | — | — | 43293 |
| 到达量 | 38356 | 10000 | 93710 | 47490 | 2226 | 10918 | 16494 | 43293 | 262488 |

3. 枢纽设施规模预测

依据《城市综合交通体系规划标准》(GB/T 51328—2018)、《综合客运枢纽通用要求》(JT/T 1067—2016)、《铁路旅客车站设计规范》(TB 10100—2018)、《汽车客运站级别划分和建设要求》(JT/T 200—2020)、《交通客运站建筑设计规范》(JGJ/T 60—2012)、《城市道路公共交通站、场、厂工程设计规范》(CJJ/T 15—2011)、《车库建筑设计规范》(JGJ 100—2015)、《城市公共停车场工程项目建设标准》(建标128—2010)、《综合客运枢纽换乘区域设施设备配置要求》(JT/T 1066—2016)等规范的有关规定,基于某市中心站枢纽各种交通运输方式旅客到发量及换乘量预测值,计算设计年度(2050年)各类设施规模需求,见表9-57。

设计年度(2050年)某市中心站枢纽各种交通运输方式设施规模理论计算值　　表9-57

| 交通方式 | 用地规模($m^2$) | 设施 | 建筑面积($m^2$) | 备注 |
|---|---|---|---|---|
| 公路客运(含机场巴士) | 36000 | 客运站房 | 4800 | 一级客运站,日均发车270班,发车位17个 |
| | | 停车坪 | 14187 | |
| | | 发车位 | 2027 | |
| 旅游巴士(含旅游集散中心) | 11130 | 客运站房 | 1781 | 日均发车60班,发车位6个 |
| | | 停车坪 | 5263 | |
| | | 发车位 | 752 | |

续上表

| 交通方式 | 用地规模（$m^2$） | 设施 | 建筑面积（$m^2$） | 备注 |
|---|---|---|---|---|
| 常规公交（含BRT） | 21371 | 回车道、行车道、候车亭和落客区 | 3562 | 定位为大型公交枢纽，进行夜间停车及简单维修保养，班线15条，停靠站台15个，线路配车297辆，高峰小时发车89班 |
| | | 办公用房（容积率3.0） | 1603 | |
| | | 停车坪 | 13000 | |
| | | 绿化及储备用地 | 4274 | |
| 出租车（含小汽车租赁） | 15440 | 办公用房（容积率1.0） | 2895 | 上客位15个，下客位23个，蓄车泊位468个。小汽车租赁办公用房面积290$m^2$、停车面积1255$m^2$ |
| | | 停车坪 | 12545 | |
| 社会车辆 | 129238 | 停车坪 | 129238 | 停车位3493个，下客位29个 |
| 非机动车（含自行车租赁） | 15586 | 停车坪 | 15586 | 停车位7793个（其中自行车租赁1559个） |
| 集散广场 | 47248～151193 | — | — | 满足枢纽旅客进站、出站、换乘需要，以及应急疏散、城市景观、枢纽扩建储备用地等需要 |

## 三、枢纽交通建设方案

### 1.规划结构分析

传统枢纽以站前广场作为主要的交通转换中心，换乘距离相对较长，站前广场景观差，流线混乱。某市中心站枢纽以高铁站房为核心，立体模式完成各个交通方式的换乘，广场具有“城市客厅”功能，景观条件好，具有良好的展示效果，如图9-92所示。

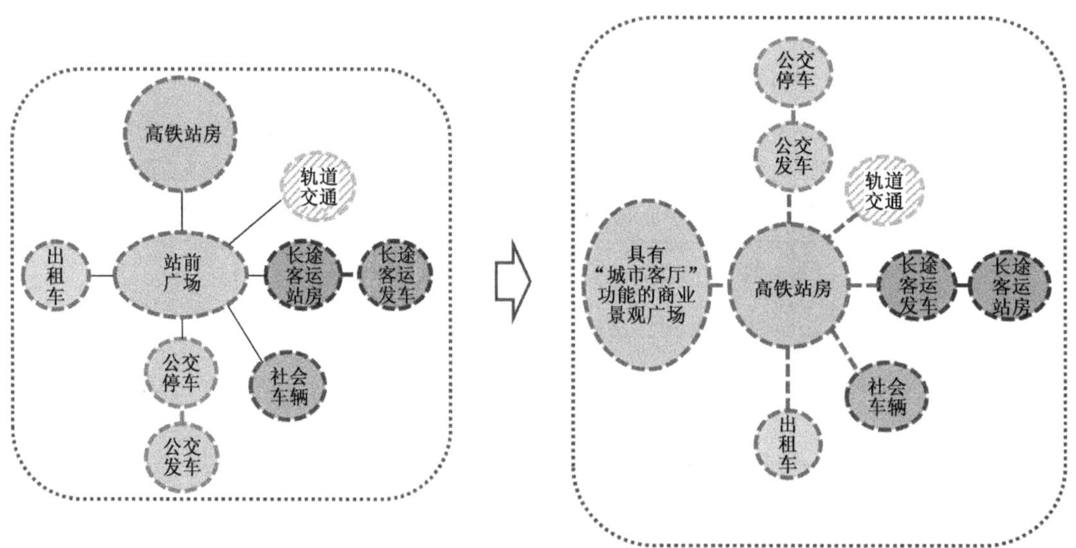


图9-92　某市中心站枢纽规划结构图

某市中心站枢纽采用“中心对称，轴线组织，景观渗透”布局形式，为突出站房形象，沿建筑主体形成轴线，对称式布局，如图9-93所示。西广场为集散广场，以硬质铺装为主，形成大面积活动空间；东广场为商业景观广场，结合商业和城市景观，引入自由灵活的水体，形成活跃的活动氛围。商业布局在南侧，使北侧空间较开阔，市府大道视线不受遮挡。近景、中景、远景形成立体式复合景观。

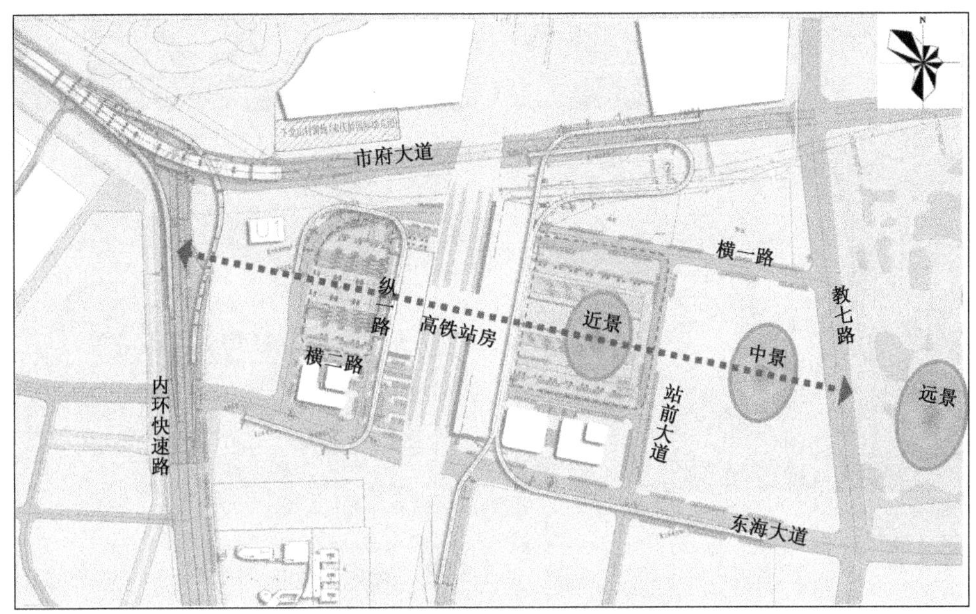


图9-93　某市中心站枢纽景观布局

2. 建筑方案设计

1）建筑立面

（1）设计理念

某市是浙江省省辖地级市，位于浙江省中部沿海，东濒东海，南面以雁荡山为屏，有括苍山、大雷山和天台山等主要山峰，地理位置得天独厚，居山面海，平原丘陵相间，形成“七山一水二分田”的格局。民间崇尚“和合文化”，“和合”源于中国古代“天人合一”的哲学思想，文化象征“合和二仙”，以祈求天与地、人与自然、人与社会的和谐、融洽，如图9-94所示。

海上丝绸之路是我国古代商业贸易兴盛的重要标志，某市作为海上丝绸之路的重要节点，承载了地区的兴盛与文明。某市文化历史悠久，5000年前就有先民在此生息繁衍。宗教文化同样历史久远，如佛教的“天台宗”、道教的“南宗”都创于天台山。更为独特的是天台山是我国各派各宗共处、共修、共融的儒释道的圣山，三教同山，相居共处，如图9-95所示。

（2）方案一

某市中心站枢纽“山海某市 和谐共融”建筑理念如图9-96、图9-97所示。建筑外表皮采用白色，模仿莲蓬纹理，呼应某市传统文化中“和合二仙”手执之荷。另外，根据内部空间的不同使用要求形成尺度渐变的纹理图案，以形成丰富多变的建筑形象。

图 9-94　某市自然环境与和合文化示意图

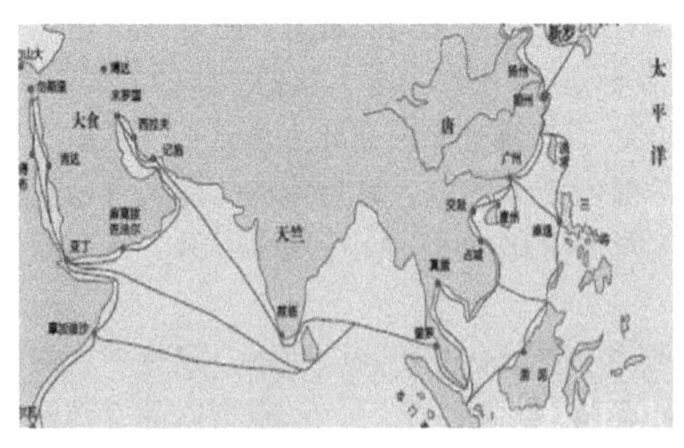

图 9-95　某市海上丝路与三教同山示意图

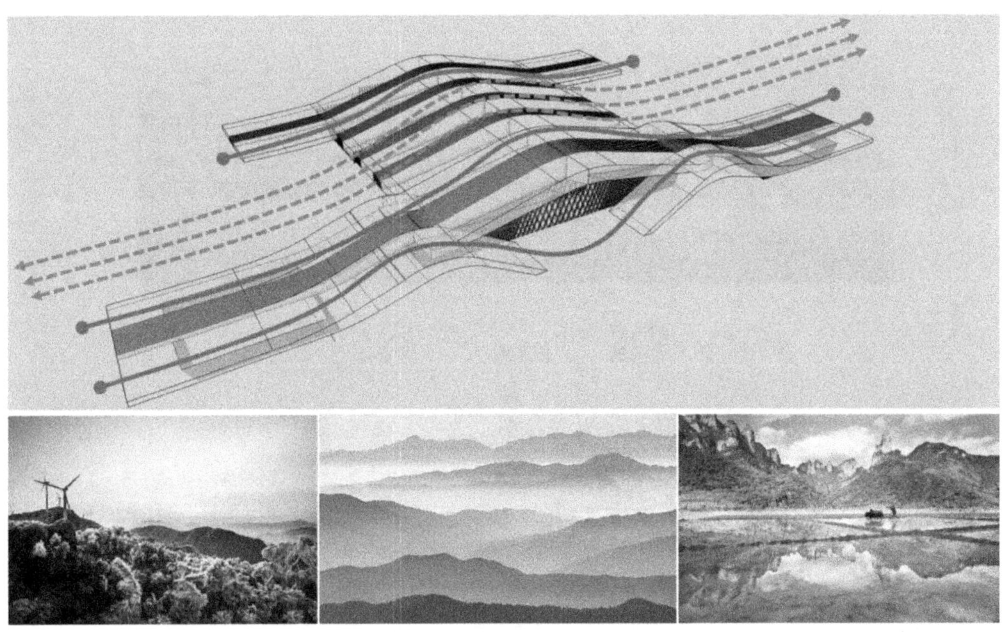

图9-96　某市中心站枢纽“山海某市 和谐共融”建筑理念(一)

图9-97　某市中心站枢纽“山海某市 和谐共融”建筑理念(二)

某市中心站枢纽“山海某市 和谐共融”建筑方案如图9-98所示。

某市中心站枢纽“山海某市 和谐共融”建筑方案鸟瞰图如图9-99所示,候车厅内饰图如图9-100所示。

(3)方案二

某市中心站枢纽“海上丝路 华夏之舟”建筑理念如图9-101所示。设计中以屋顶采用舒展形体,描述船体之型,以呼应某市作为海上丝绸之路必经城市的形象。以竖向线条的阵列方式，抽象出海浪的形象，象征船在航行时劈波斩浪的壮观姿态。

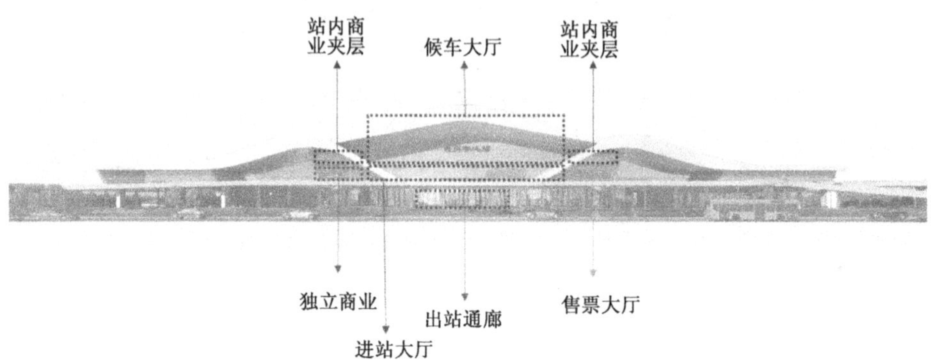


图 9-98　某市中心站枢纽“山海某市 和谐共融”建筑方案

图 9-99　某市中心站枢纽“山海某市 和谐共融”建筑方案鸟瞰图

图 9-100　某市中心站枢纽“山海某市 和谐共融”建筑方案候车厅内饰图

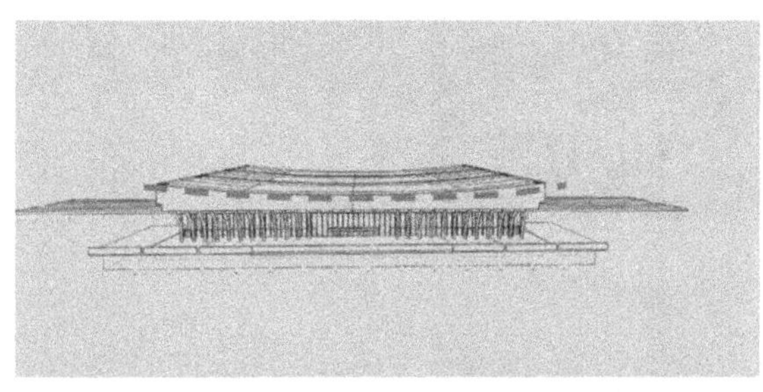

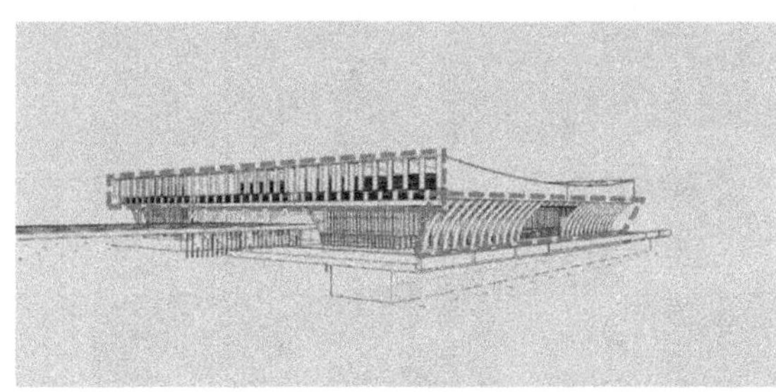

图 9-101　某市中心站枢纽“海上丝路 华夏之舟”建筑理念

某市中心站枢纽“海上丝路 华夏之舟”建筑方案如图 9-102 所示。

图 9-102　某市中心站枢纽“海上丝路 华夏之舟”建筑方案

某市中心站枢纽“海上丝路 华夏之舟”建筑方案鸟瞰图如图9-103所示。

图9-103 某市中心站枢纽“海上丝路 华夏之舟”建筑方案鸟瞰图

(4)方案三

某市中心站枢纽“和合圣地 文化某市”建筑理念如图9-104所示。和合文化祈求天与地、人与自然、人与社会的和谐、融洽。“和合二仙”为和合文化的代表标志。屋顶底部两个支撑柱与当地“和合二仙”的文化理念相契合，表现和合文化在某市文化与精神中的重要地位。站房前部伸出的风雨廊，由四个柱子支撑形成三跨的连续拱，可方便旅客进出，并且表现三教同山、相辅相成的睦居“和合”的景象。

某市中心站枢纽“和合圣地 文化某市”建筑方案如图9-105所示。

某市中心站枢纽“和合圣地 文化某市”建筑方案鸟瞰图如图9-106所示，候车厅内饰图如图9-107所示。

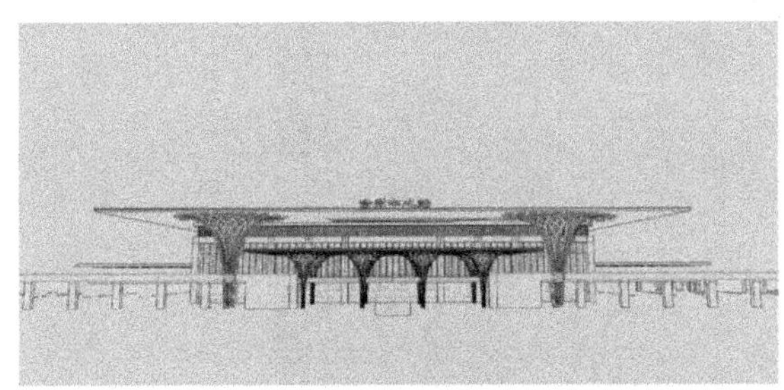

图 9-104 某市中心站枢纽“和合圣地 文化某市”建筑理念

图 9-105 某市中心站枢纽“和合圣地 文化某市”建筑方案

图 9-106 某市中心站枢纽“和合圣地 文化某市”建筑方案鸟瞰图

图 9-107　某市中心站枢纽"和合圣地 文化某市"建筑方案候车厅内饰图

2)建筑平面

某市中心站枢纽铁路站场规模为 4 台 10 线,站房形式采用线上候车形式,站房建筑面积为 80000$m^2$。车站中心里程轨顶高程 18.78m,站坪高程 6m,站台与站坪高差 12.78m。某市中心站枢纽主体站房空间尺寸如图 9-108 所示,枢纽分层布局如图 9-109 所示。

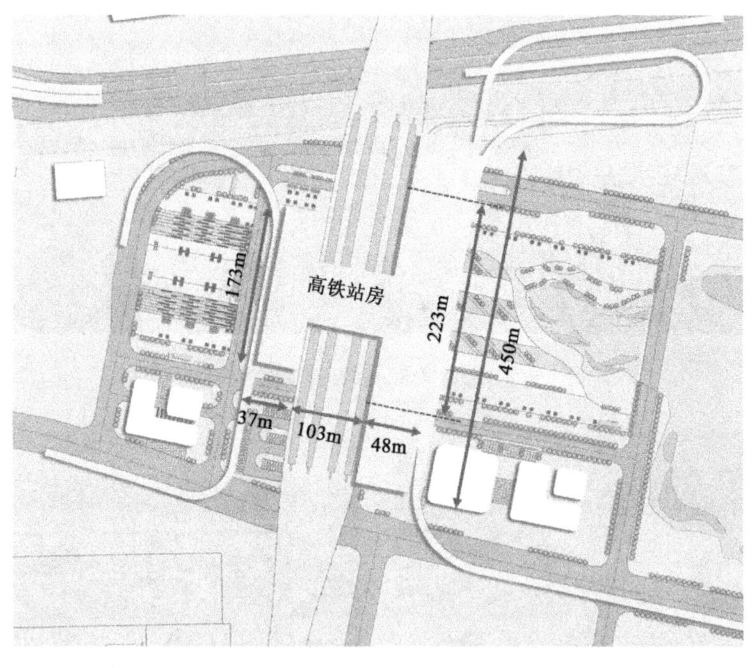


图 9-108　某市中心站枢纽主体站房空间尺寸

某市中心站枢纽高架候车厅层流线如图 9-110 所示,进站层流线如图 9-111 所示,出站层流线如图 9-112 所示,城市轨道交通站厅层流线如图 9-113 所示,城市轨道交通 S1 线站台层流线如图 9-114 所示,城市轨道交通 S2 线站台层流线如图 9-115 所示。

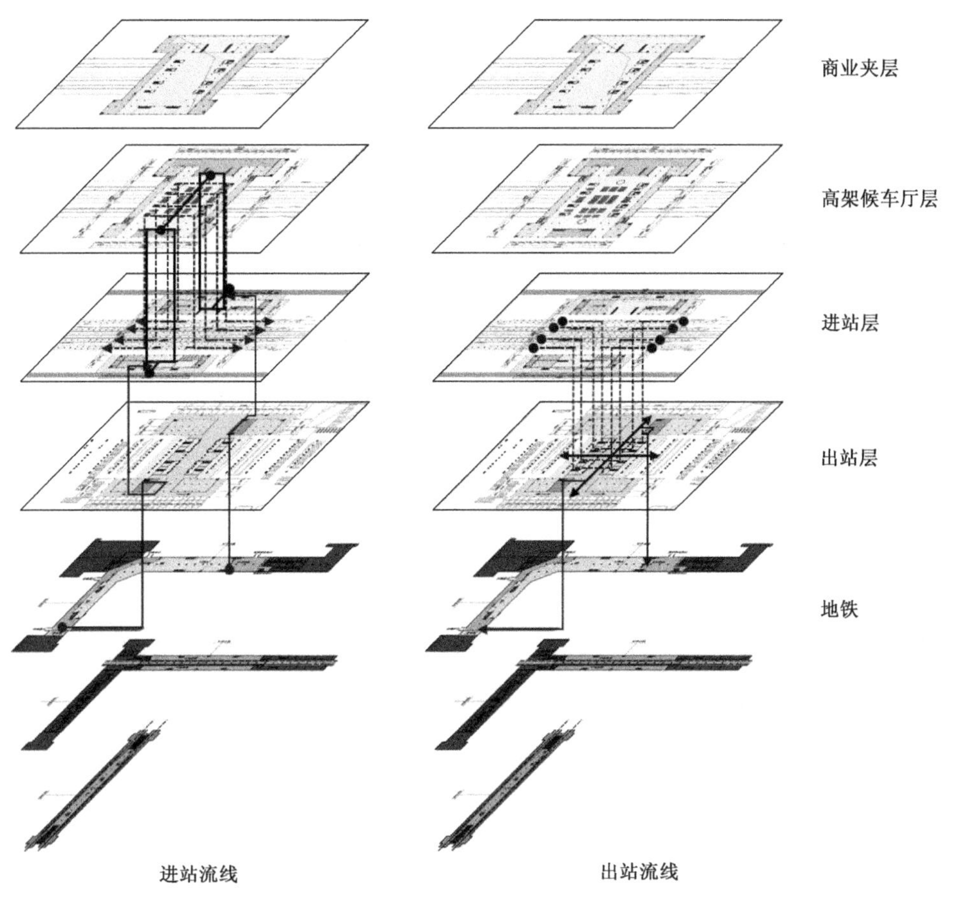


图 9-109　某市中心站枢纽分层布局

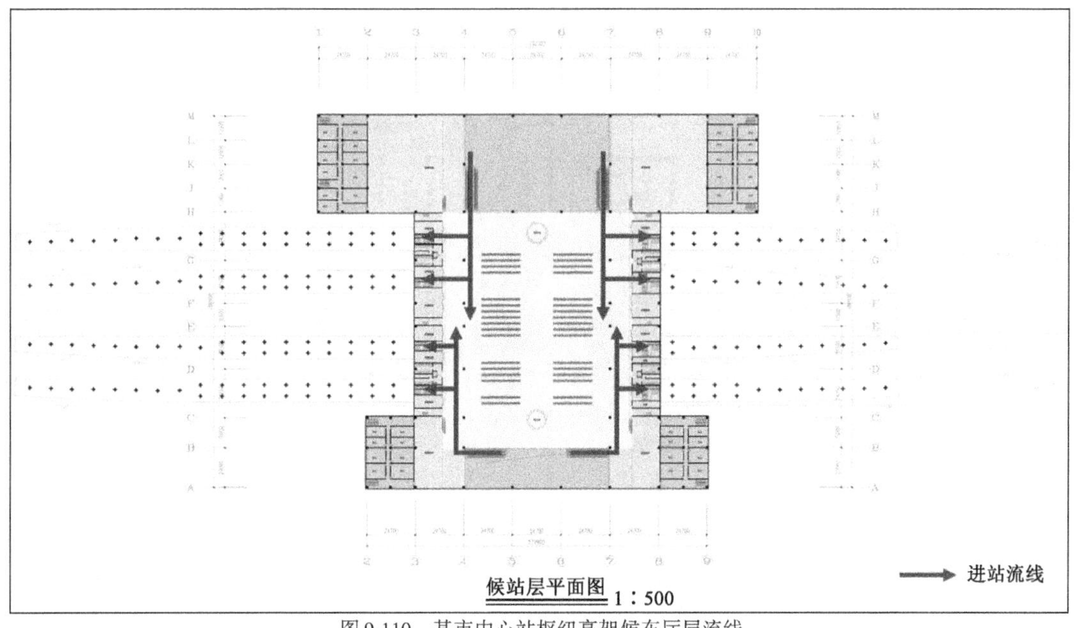


图 9-110　某市中心站枢纽高架候车厅层流线

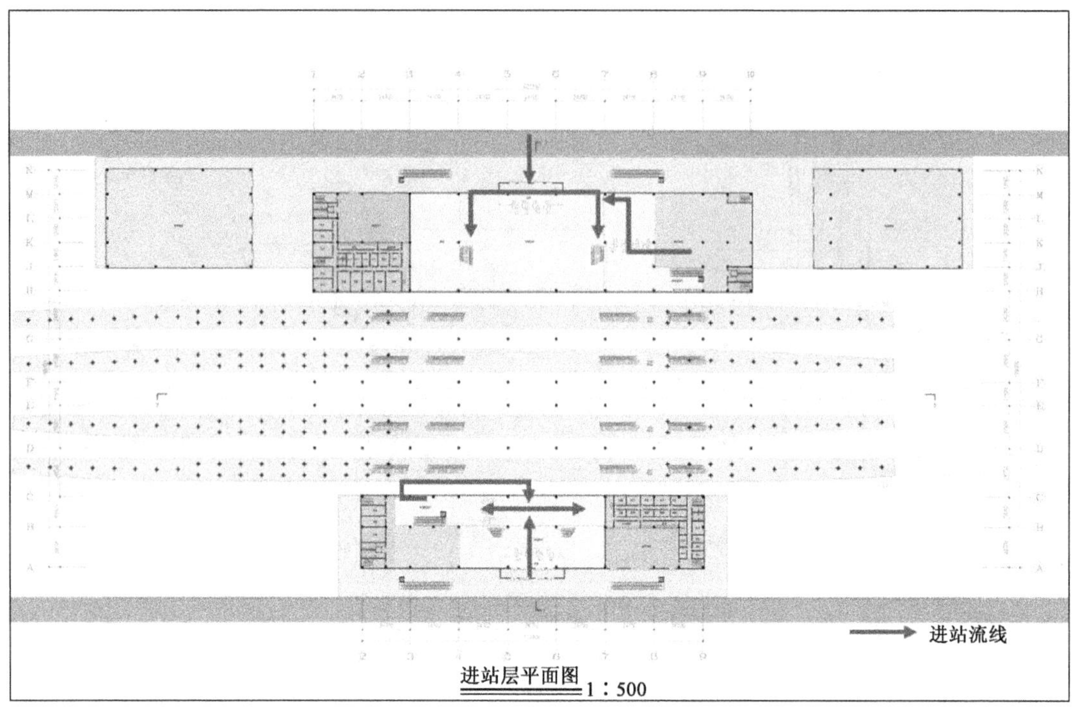


图 9-111　某市中心站枢纽进站层流线

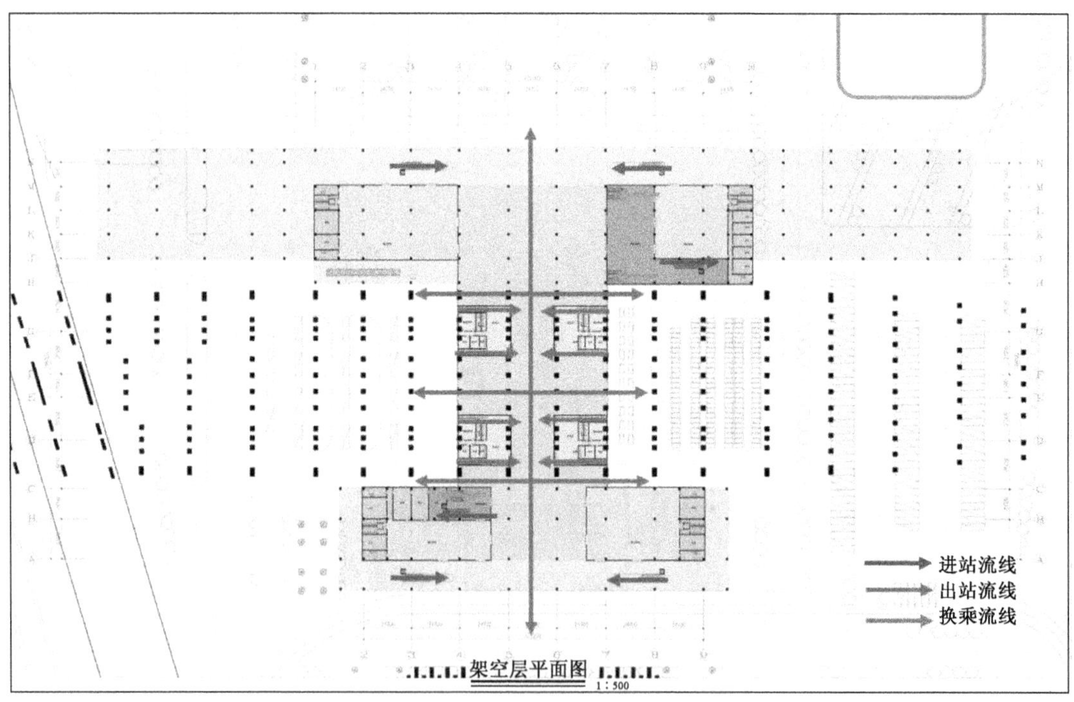


图 9-112　某市中心站枢纽出站层流线

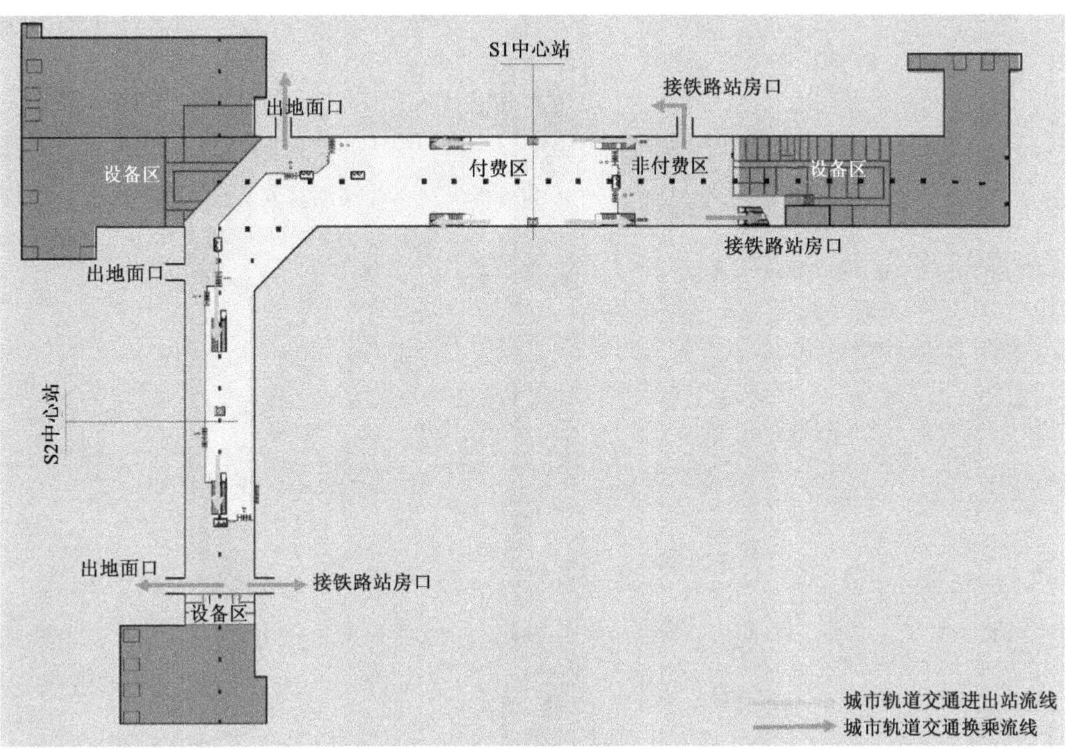


图 9-113　某市中心站枢纽城市轨道交通站厅层流线

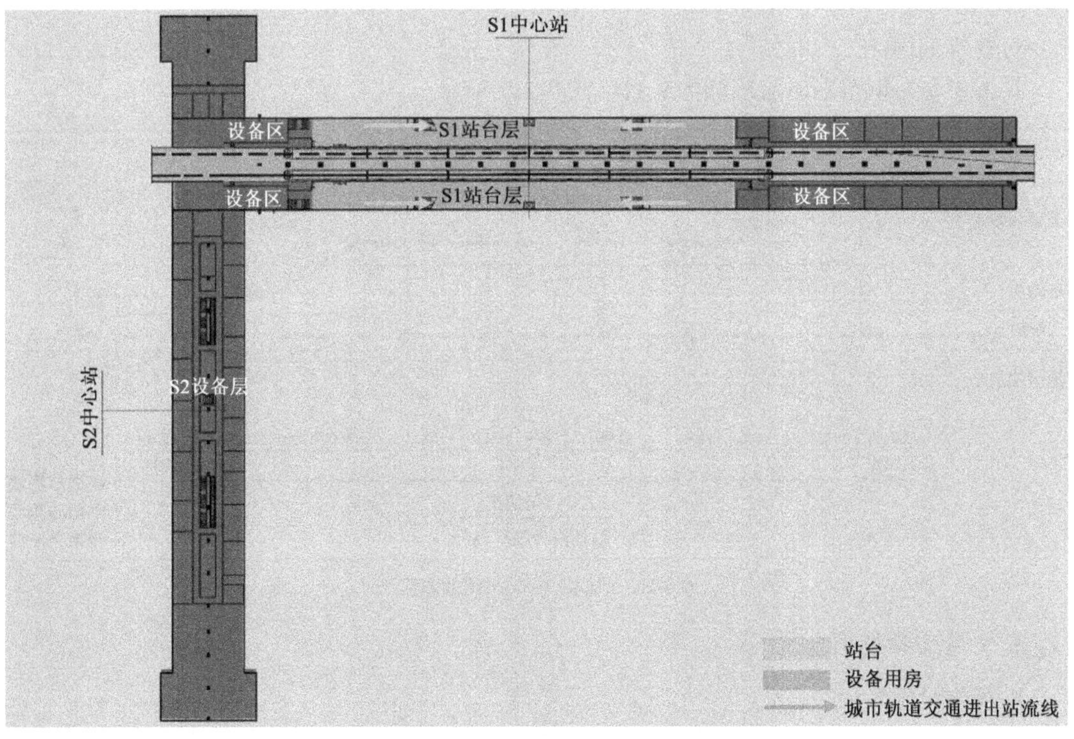


图 9-114　某市中心站枢纽城市轨道交通 S1 线站台层流线

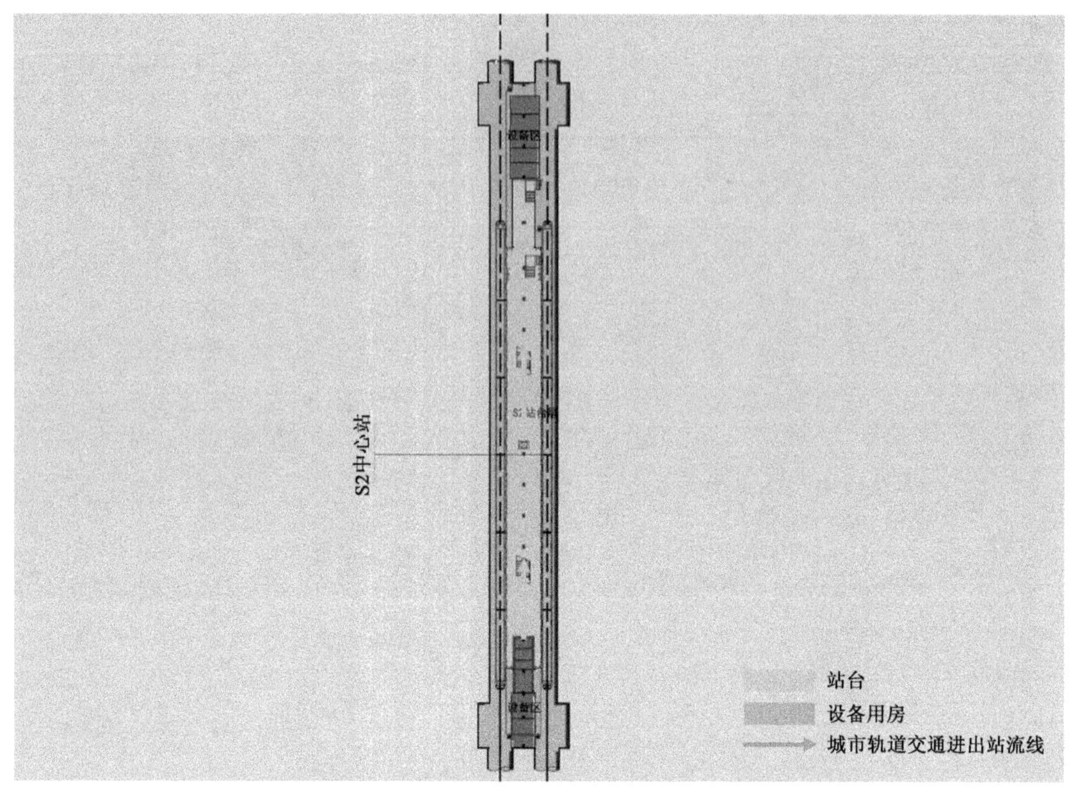


图9-115　某市中心站枢纽城市轨道交通S2线站台层流线

3)建筑剖面

某市中心站枢纽剖面流线如图9-116、图9-117所示。

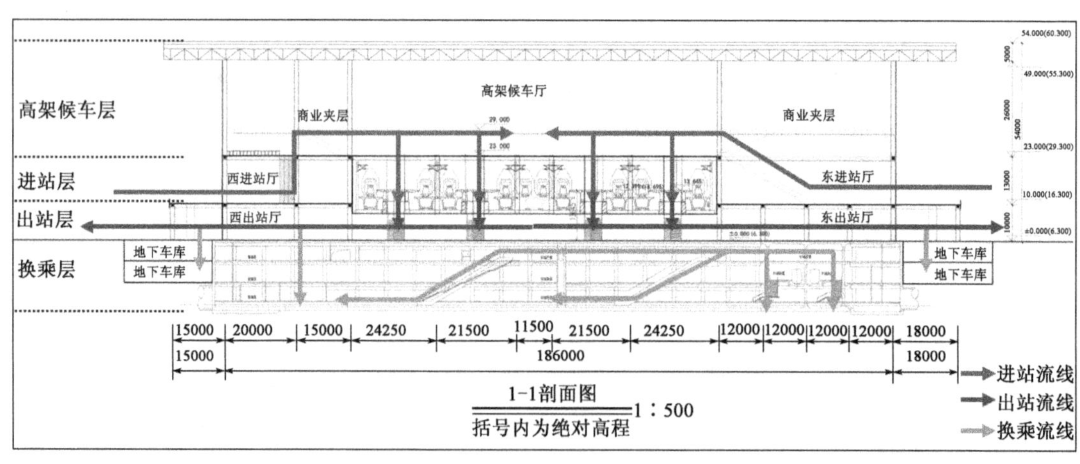


图9-116　某市中心站枢纽剖面流线

3. 交通场站规划

1)场站设施布局

某市中心站枢纽功能健全，换乘便捷。遵循公共交通优先原则，公交车场布置在铁路站房北侧，旅客通过北出站口直接换乘公交；出租车车场布置在铁路站房南侧，旅客通过南出站口直接换乘；旅游大巴车场布置在铁路站房南侧的高架桥下，为避免旅游大巴换乘客流穿过横二路，将步行客流引入地下一层。某市中心站枢纽地面层平面如图 9-118 所示。

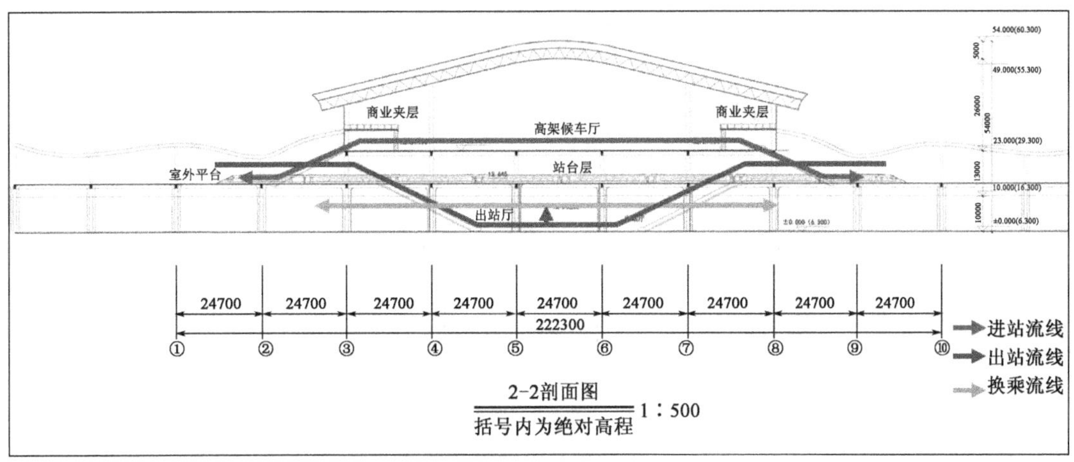


图 9-117　某市中心站枢纽剖面流线

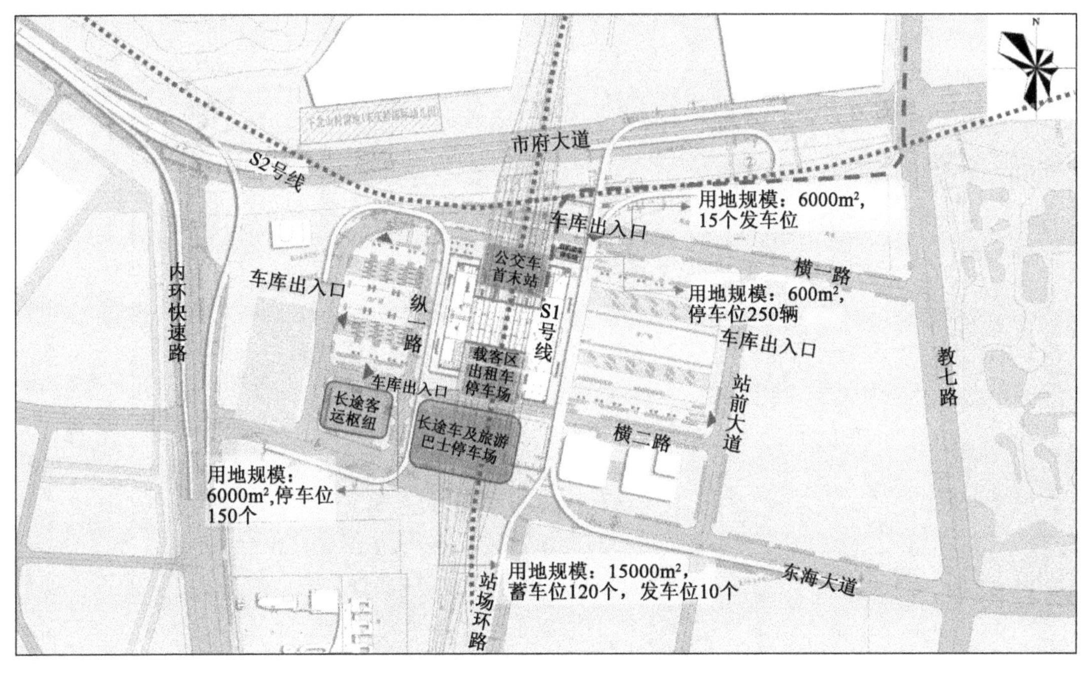


图 9-118　某市中心站枢纽地面层平面图

地下一层主要设置社会车辆停车场，东西广场地下分别设置一处，每处有三个车库出入口。地下一层车库面积 94800m²，停车位 2300 个；地下二层车库面积 27500m²，停车位 1200 个。某市中心站枢纽地下一层平面如图 9-119 所示，地下二层平面如图 9-120 所示。

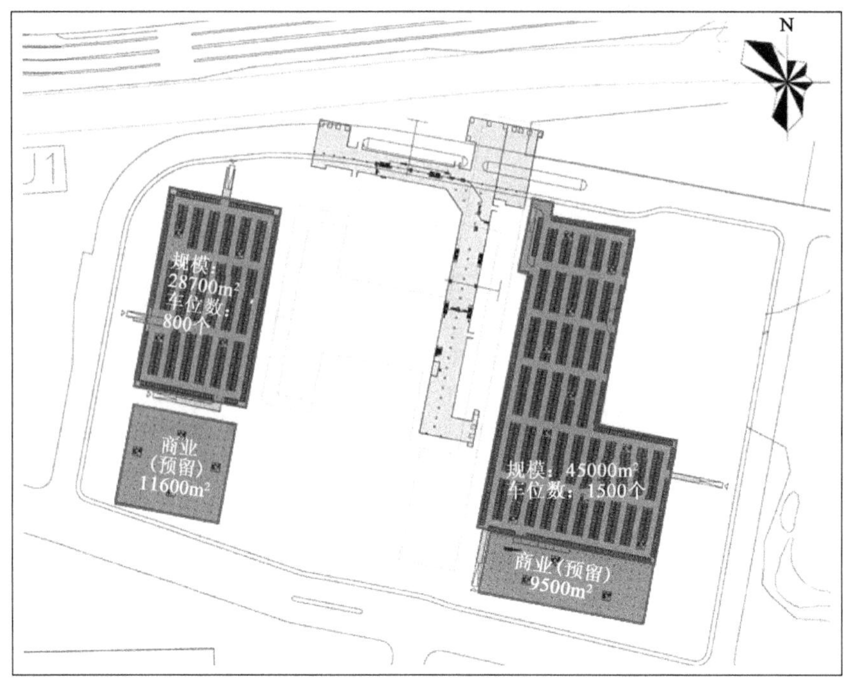


图 9-119　某市中心站枢纽地下一层平面图

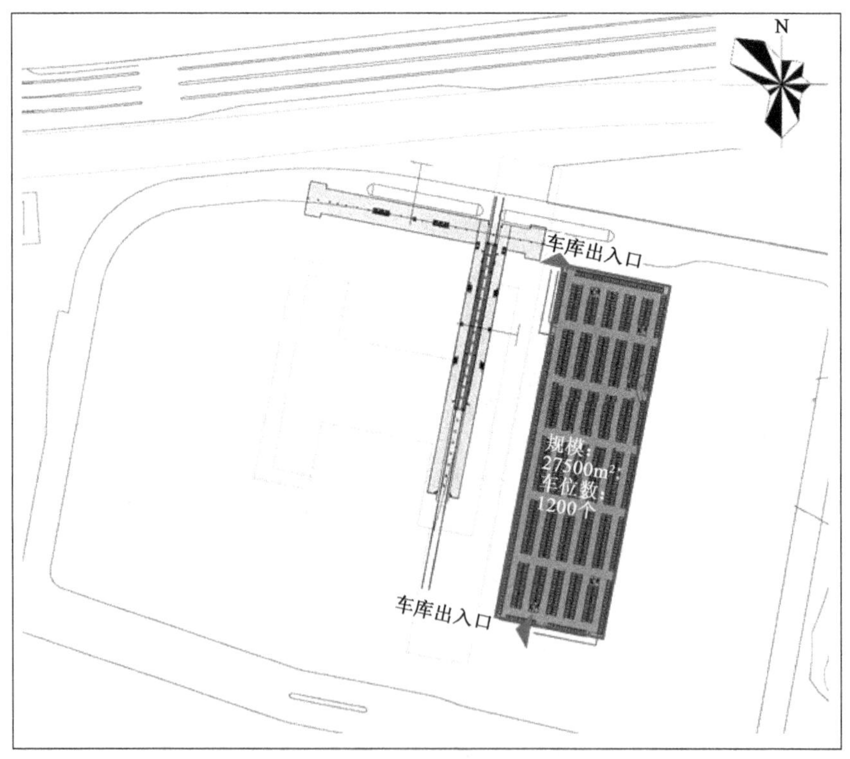


图 9-120　某市中心站枢纽地下二层平面图

2)交通流线分析

(1)公交进出站流线

公交进出站流线如图9-121所示。公交车站设置在铁路站房北侧。公交由横一路驶入公交车站,接客后通过横一路驶离。

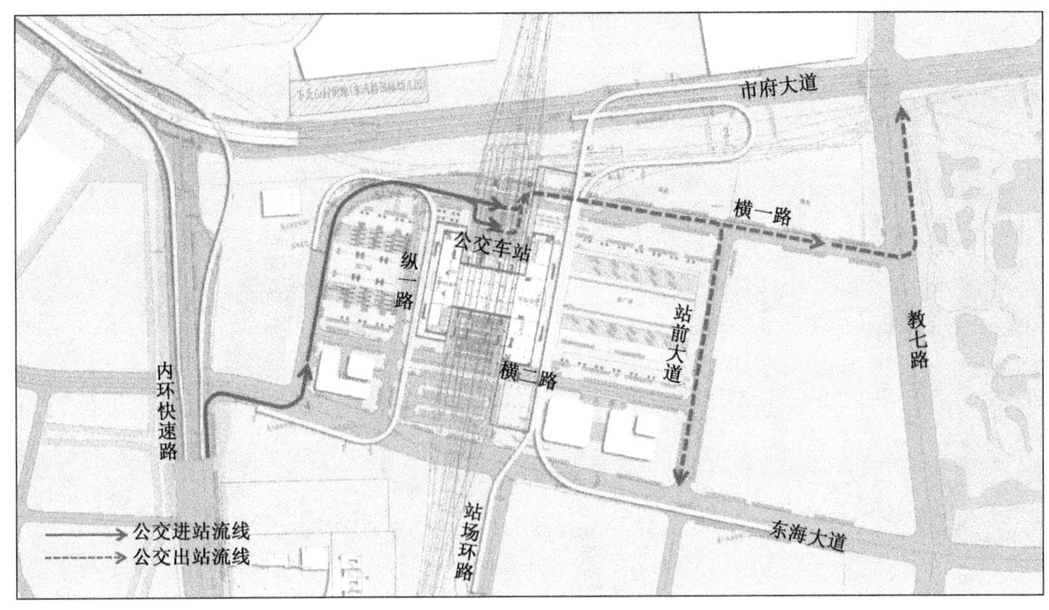


图9-121　公交进出站流线

(2)长途车及旅游巴士进出站流线

长途车及旅游巴士进出站流线如图9-122所示。巴士由东海大道驶入巴士停车场站,接客后通过东海大道驶离。

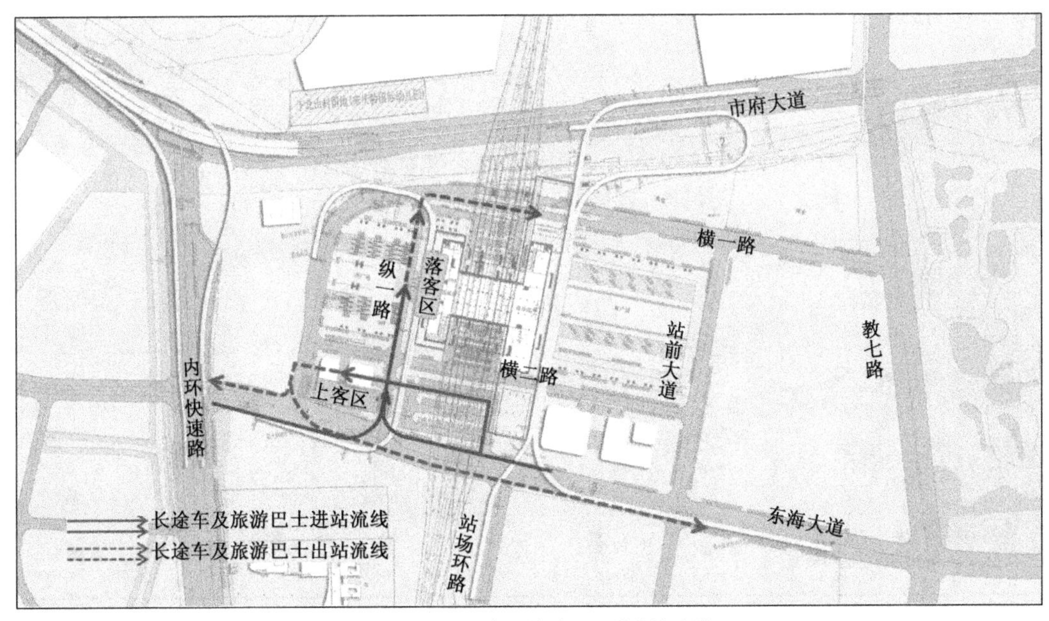


图9-122　长途车及旅游巴士进出站流线

(3)社会车辆进出站流线

社会车辆进出站流线如图 9-123 所示。社会车辆停车场布置在地下,接客车辆通过地下车库出入口到达停车场,在东西广场分别设置三个地下车库出入口,引导社会车辆进出。

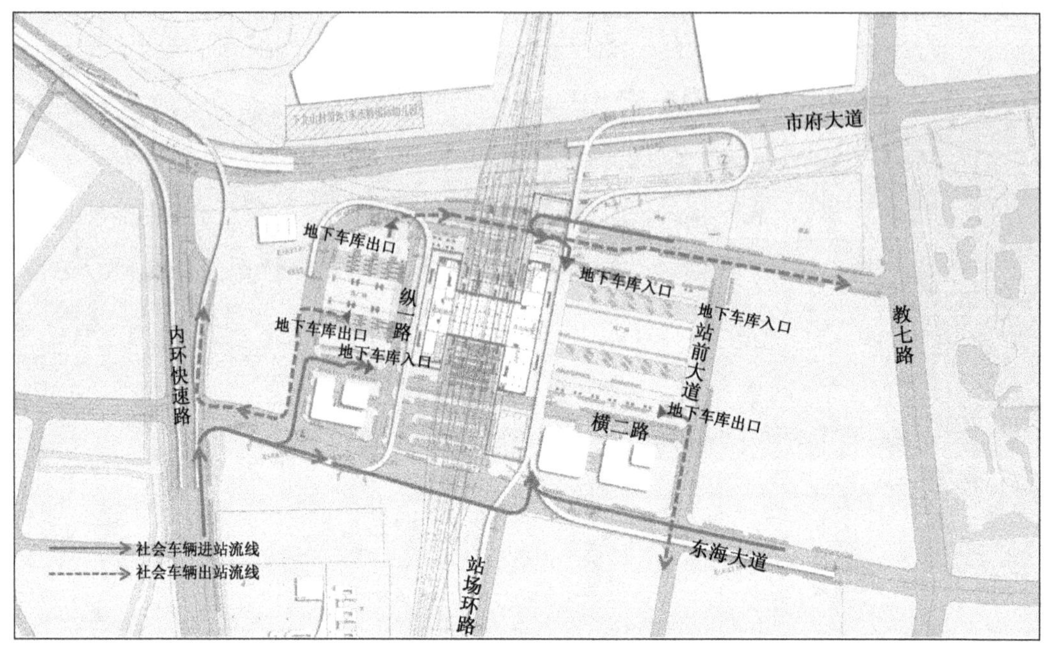


图 9-123　社会车辆进出站流线

(4)出租车进出站流线

出租车进出站流线如图 9-124 所示。

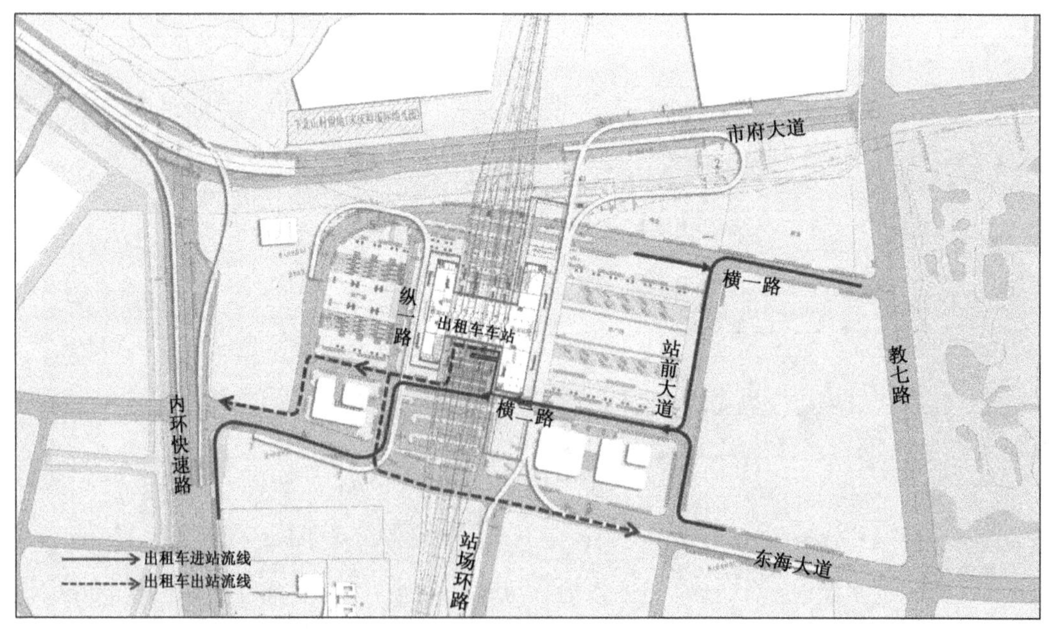


图 9-124　出租车进出站流线

4. 集疏运交通系统设计

1)站区路网规划

某市中心站枢纽外部交通快速疏解,以高铁站为核心,对核心区重新梳理各个交通流线之间的关系,布局最便捷合理的“零换乘”方式,打造高效率、多功能的综合交通枢纽,如图 9-125 所示。

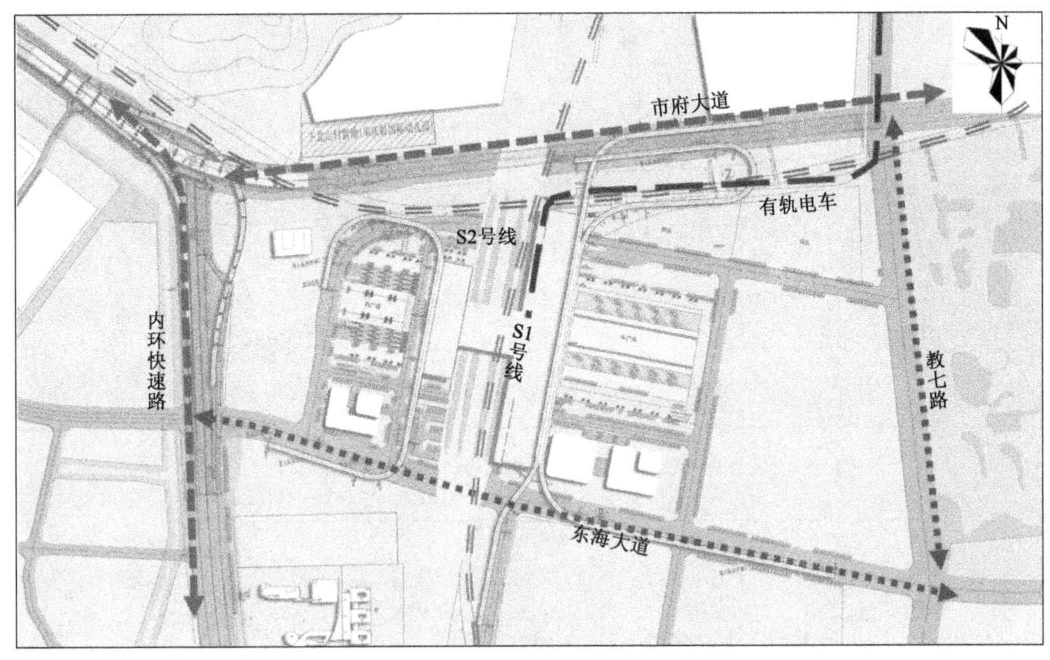


图 9-125　某市中心站枢纽外部交通规划图

某市中心站枢纽内部交通微循环,由横一路和横二路在地面层串联东西广场,与纵一路和站前大道形成站区环形交通。站前广场与铁路站房架空层形成贯穿东西的步行城市通廊,使广场间有较好的联系,如图 9-126 所示。

2)高架匝道规划

(1)方案一

社会车辆、出租车高架进出站流线如图 9-127 所示。椒江区与黄岩区客流可由 1、2 号匝道送客,落客后由 3 号匝道返回路桥区或黄岩区,由 4 号匝道返回椒江区。路桥区客流可由 5 号匝道落客,落客后由 6 号匝道驶离,驶离流线可分别沿内环快速路返回黄岩区,或经过十字路口返回路桥区,或由东海大道返回椒江区及路桥区。

(2)方案二

社会车辆、出租车高架进出站流线如图 9-128 所示。椒江区社会车辆、出租车客流由东侧落客平台疏散,黄岩区和路桥区人流由西侧落客平台疏散。椒江区社会车辆、出租车客流可由 1 号匝道送客,落客后由 2、3 号匝道分别通过体育场路和东海大道驶离。黄岩区社会车辆、出租车客流通过内环快速路由西南角的菱形互通十字路口转弯,通过 4 号匝道送客,落客后通过 5 号匝道驶离,返回黄岩区。

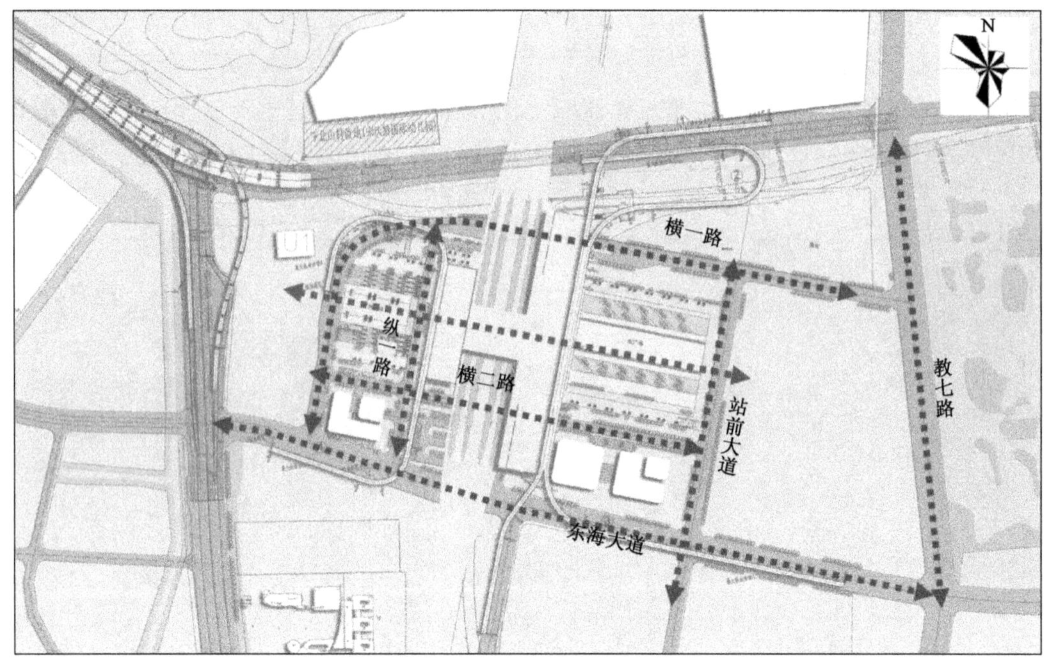


图 9-126 某市中心站枢纽内部交通规划图

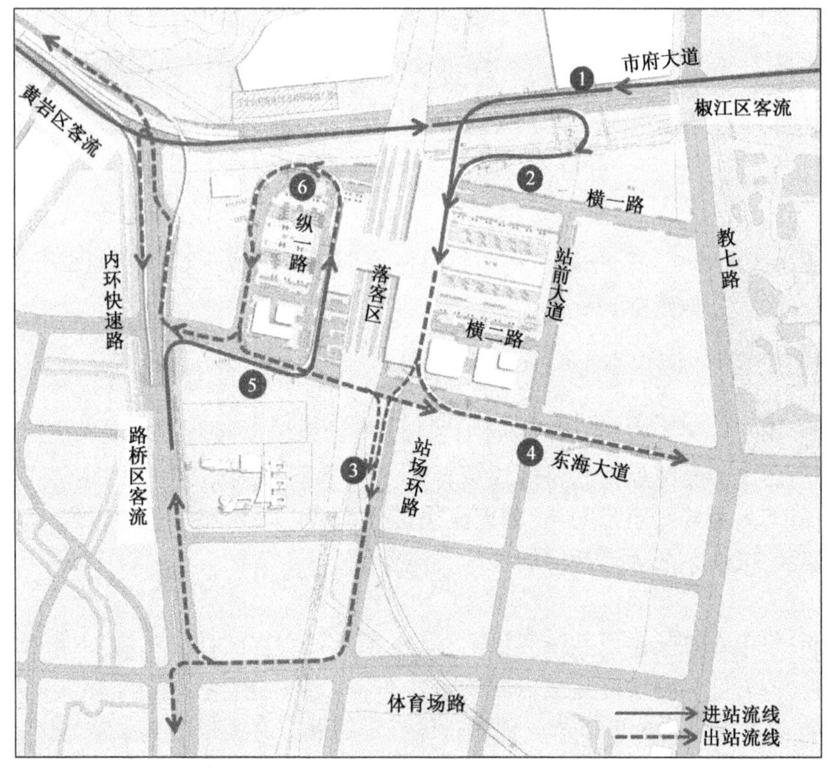


图 9-127 社会车辆、出租车高架进出站流线

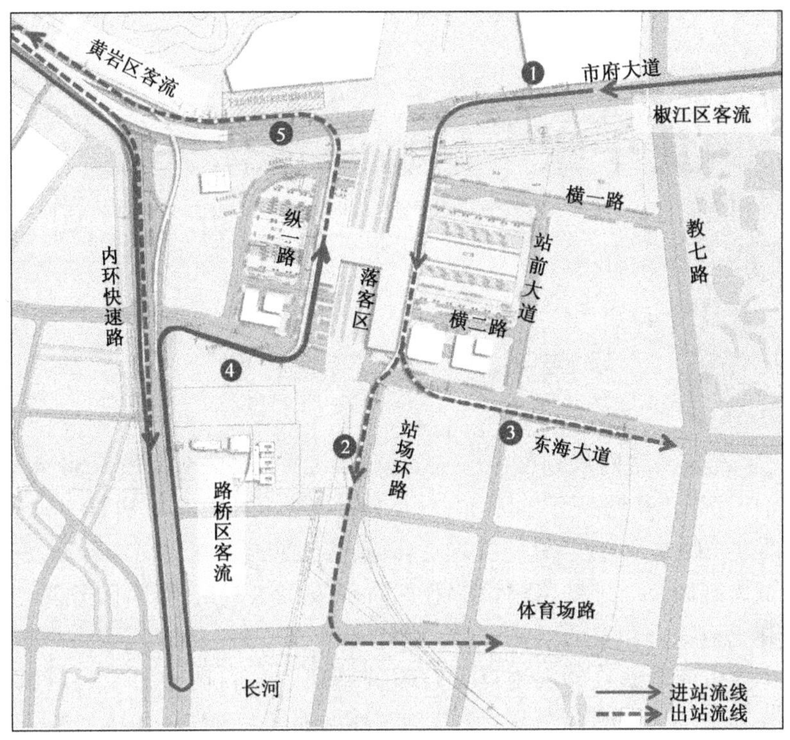


图 9-128　社会车辆、出租车高架进出站流线

# 第十章 站城一体化开发
## ——以铁路沿线车站综合开发为例

## 第一节 政策背景

根据国家《中长期铁路网规划(2016—2025)》,2020年、2025年和2030年国家铁路网规模将分别达到15万km(高铁3万km)、17.5万km(高铁3.8万km)和20万km(高铁4.5万km)。为加快推进铁路建设、改善铁路投融资环境、实施铁路站场地区综合开发,国务院《关于改革铁路投融资体制加快推进铁路建设的意见》(国发〔2013〕33号)、国务院办公厅《关于支持铁路建设实施土地综合开发的意见》(国办发〔2014〕37号)、国家发改委《关于进一步鼓励和扩大社会资本投资建设铁路的实施意见》(发改基础〔2015〕1610号)、住建部《住房城乡建设部关于加强铁路站场地区综合开发有关规划工作的通知》(建规〔2015〕227号)等文件先后出台,明确了铁路实施土地综合开发的各项利好政策措施。

截至2016年12月,国内开展土地综合开发的新建铁路达78条,涉及土地23.15万亩。但各级政府对铁路土地综合开发的认识存在差异,针对中央扶植政策缺乏相关实施细则。同时铁路土地综合开发涉及铁路企业、省级政府、地方政府和社会资本等多方利益,时常出现铁路企业认真组织、省级政府积极响应、地方政府消极配合、社会资本不参与的情况,使得铁路土地综合开发推进困难、举步维艰。目前制约铁路土地综合开发的因素主要有土地规划、铁路企业与地方政府利益分配、建设资金筹措、地区经济环境、房地产行业政策、商业运作、人才储备等。

权衡铁路企业、省级政府、地方政府及社会资本间的利益诉求以实现利益最大化是铁路成功开展土地综合开发必须面对的难题。本章针对现阶段国内铁路土地综合开发面临的一些体制机制和规划技术难题,如土地规划、政企沟通、业态及规模、红线内开发、投融资及开发风险等,提出针对性对策,以期为项目决策者、工程设计人员提供参考。首先,亟须各级政府提供综合开发用地政策支持,铁路企业、地方政府和社会资本分享开发收益,同时建立由铁路企业及地方多部门共同参与的铁路建设与协调机构,为土地综合开发顺利开展保驾护航;其次,铁路实施土地综合开发要摸清市场需求,合理确定开发业态及规模,深度挖掘红线内土地开发潜力,提升自有土地商业价值,优化开发模式,拓宽融资渠道。

# 第二节　存在问题与解决对策

## 一、存在问题

1. 体制机制障碍

(1)土地综合开发关乎各级政府切身利益,铁路企业如何低价获取开发前景良好的土地?

(2)土地综合开发涉及发改、国土、建设、规划、财政、交通、工商、税务等政府部门,如何协调相关工作?

2. 规划技术困难

(1)铁路沿线地区经济情况不同,各站点开发潜力、开发价值不同,如何确定开发业态与开发规模?

(2)铁路货场、堆场等红线内用地闲置情况普遍,如何盘活铁路红线内土地资源以实现其经济价值?

(3)土地综合开发具有投资金额大、开发周期较长等特点,项目融资如何运作?

(4)土地综合开发面临着市场风险、政策风险和运营风险,如何把控、规避各类风险?

## 二、解决对策

1. 落实土地扶植政策,构建政企合作机制

(1)各级政府提供综合开发用地政策支持,铁路企业、地方政府和社会资本分享开发收益。为筹措建设资金和弥补运营亏损,国内部分省市先后试点出台了鼓励和支持政府自身主导的城市轨道交通企业、城际铁路企业参与沿线土地综合开发的政策。例如,2008 年,武汉市规定站点周边 0.5km 范围内土地的出让金和开发收益全部用于平衡轨道建设投资;2012 年,南京市规定站点周边划拨 100 ~ 200 亩土地用作城市轨道交通经营性开发用地;同年,广东省规定珠三角城际铁路站点周边 0.8km 范围内的土地交由省市两级铁路建设投资公司合资组建的项目公司进行开发,收益用于铁路建设和运营补亏;2013 年,福建省要求国土部门每年安排铁路沿线综合开发用地不少于 300 亩;同年,湖北省规定城际铁路站点周边 1km 范围内土地用作综合开发备选用地。

然而,现阶段国内铁路土地综合开发受到政府各项方针、政策限制。划拨土地用途受限、土地出让市场化、地方规划限制、既有土地商业开发程序限制等严重制约着铁路综合开发用地的获取和经营;地方政府不愿损失土地出让收益,招拍挂程序使铁路企业与资金雄厚的房地产开发公司在拿地竞争中处于劣势;城市规划限制铁路车站周围地块容积率难以进行高强度开发。

为确保铁路土地综合开发工作有序开展,进而促进铁路运输发展、繁荣地方经济,首先各级政府要加快出台支持铁路土地综合开发的相关政策实施细则,将综合开发用地和铁路建设用地一并纳入土地供应,铁路建设与沿线土地综合开发统一规划、设计、招标、建设。2016 年,

江苏省率先出台了铁路土地综合开发扶植政策《关于支持铁路建设推进土地综合开发的实施意见》(苏政办发〔2016〕162号),着力推进江苏省铁路用地及站场毗邻区域土地综合开发工作。其次,铁路企业可通过自有土地授权经营、既有存量土地协议出让、土地置换、新增土地有条件挂牌、平等协商征收相邻土地、土地储备机构以土地作价入股、与其他市场主体联合竞拍等方式以低价获取开发前景良好的土地。最后,铁路企业、地方政府和社会资本可分享铁路土地综合开发因铁路建设产生的收益。

(2)建立由铁路企业及地方多部门共同参与的铁路建设与协调机构,为土地综合开发顺利开展保驾护航。土地综合开发属于非运输业的房地产行业,铁路企业经验不足,各项工作都在摸索中进行,亟须建立由铁路企业及地方发改、国土、建设、规划、财政、交通、工商、税务等部门共同参与的铁路建设与协调机构,统筹协调土地规划、土地出让、建设规划、资金保证、市政配套、经营管理、税费优惠等方面工作,研究解决铁路建设与土地综合开发之间的相关问题。建议铁路企业选择具有良好品牌、资金实力和较强开发能力的央企或国有企业共同组建综合开发项目公司作为项目实施主体,共同参与铁路土地综合开发工作。

2. 认清市场,拓宽思路,完善融资,掌控风险

(1)摸清市场需求,合理确定铁路土地综合开发业态及规模。铁路沿线地区经济情况不同,各站点开发潜力、开发价值不同,在土地综合开发具体实施时,应结合地区总体规划,充分研究地区产业结构特点、经济发展水平、人口规模、人文旅游资源、车站位置等,分析站点周边产业现状及发展趋势、房地产一二级市场需求等,进一步确定开发业态与开发规模,既要避免低估市场,造成土地资源浪费,又要避免不符合市场需求的盲目投资。

针对国内铁路土地综合开发特点,可选业态主要包括:①住宅地产,含高层住宅、花园洋房和居住配套等;②商业地产,含商业综合体、写字楼、商业街、酒店、康养、旅游、公寓等;③商业服务,含批发零售、餐饮娱乐、旅游服务、会议展览、汽车租赁、停车服务等;④商贸流通,含仓储物流、批发市场、综合保税、电子商务等;⑤休闲农业,含田园综合体、循环农业、创意农业、农事体验、农业观光、特产展销等;⑥文化传媒,含文化创意产业园、新媒体产业基地等;⑦清洁能源,含风力发电、光伏发电等;⑧媒体推介,含“互联网+”个性化服务、广告传媒等。

站点综合开发平均用地规模一般不超过750亩,特殊情况不超过1500亩。

(2)深度挖掘铁路红线内土地开发潜力,提升自有土地商业价值。铁路红线内土地多为国家划拨土地,受土地性质和用途的限制,依据国家现有政策要求,只可开发自持型物业,难以出售,投资回收期长,交易流通性差,经营风险高。然而,铁路企业与地方政府合作,通过土地置换、补缴土地出让金等方式转变为可开发经营用地,开发销售型物业,盘活铁路红线内土地资源,可实现资金快速回笼和较高收益。

与此同时,为集约设施用地,提高铁路红线内土地资源的利用效率,尤其在铁路沿线城市繁华区域,车站周边已经建成,进行二次开发拆迁难度大,拆迁成本高,建设铁路TOD综合体进行车站本体和上盖物业开发尤为重要,可带动区域经济繁荣发展,并为铁路企业带来丰厚的开发收益。车站本体开发是指在不影响交通功能的前提下,利用候车厅、出站厅两侧或夹层开发零售、餐饮、娱乐等传统商业以及“互联网+”个性化服务、广告传媒等新型业态,服务铁路旅客;上盖物业开发是指在车站上部扩建商业建筑,开发商场、娱乐、酒店、公寓、写字楼等商业

设施,发展成为城市区域性商业中心,服务区域消费者。

例如,日本京都火车站在保留枢纽功能的基础上融合酒店、百货、购物中心、博物馆、展览厅、电影院、地区政府办事处等城市服务功能,打造车站商业综合体,总建筑面积约 23.8 万 $m^2$,是古都京都的现代中心;北京西直门枢纽是我国较为典型的铁路、城市轨道交通、公交、出租车、社会车辆等交通设施与零售、办公等商业设施联合建设的车站商业综合体,其商业配套西环广场是以国际甲级写字楼和高档商业为主的大型城市综合体,由六层商业空间、三座高 100m 的 5A 级写字楼及一座高 60m 的综合办公楼组成,总建筑面积约 26.4 万 $m^2$,庞大的客流和便利的交通带来了丰厚的经营效益。

(3)优化铁路土地综合开发模式,拓宽融资渠道。铁路土地综合开发具有投资金额大、开发周期较长等特点,对项目公司的投融资能力是极大的考验。在国家现行政策条件下,铁路沿线用于综合开发的土地必须按照经营性土地来对待,其开发过程主要分为一级开发和二级开发两个阶段。具体开发模式主要分为铁路企业自行开发、委托开发和合作开发,见表 10-1。

**铁路土地综合开发模式比较表**　　表 10-1

| 开发模式 | 操作方法 | 资金筹措 | 市场调控 | 利益分享 |
|---|---|---|---|---|
| 自行开发 | 铁路企业自筹资金自行拿地、开发,以出售、出租物业方式获取收益 | 需筹集大量资金,以获取土地使用权并开发 | 直接控制物业,调控市场能力强 | 全额获取综合开发收益 |
| 委托开发 | 路地合作成立综合开发项目公司,一级开发完成后以招拍挂等形式将土地使用权转让给二级开发企业,收取土地出让金 | 需筹集一定量资金,完成补偿、配套等一级开发工作 | 在土地出让合同中,明确后续运营的要求以加强管理,如限制租售比、明确政府优先回购回租权、产业引进要求、二次转让等,调控市场能力受限 | 一次性获得一定年限的土地出让金,后续土地增值收益归二级开发企业所有 |
| 合作开发 | 通过招商方式,确定一二级合作开发企业,共同出资开发 | 需筹集一定量资金,以获取土地使用权并合作开发 | 通过合作开发合同签订时的要求以及合作开发公司中的约定来行使对开发物业的控制权,从而达到间接调控市场的目的 | 与合作方按约定方式,共同分配开发收益 |

考虑到资金筹措压力、开发经营水平和开发风险等因素,建议铁路企业通过招商方式,与具备房地产开发经验的央企或国有企业,联合组建综合开发项目公司或平台公司,采用合作开发模式参与土地一二级联动开发,通过协议或出让方式,获取开发土地。同时与地方政府加强联系和沟通,将土地开发与城市规划相结合,争取获得项目开发方面的更多优惠政策,加速土地开发进程。与合作方共享开发收益,弥补铁路企业自身专业技能、资金的不足,降低开发风险,使得综合开发收益最大化。

结合铁路土地综合开发项目特点,建议其投融资流程为:

①地方政府土地储备机构作为一级开发主体,委托铁路企业与合作企业共同出资组建的综合开发项目公司具体实施,并为项目融资提供担保,争取政策性贷款支持。

②综合开发项目公司以综合开发用地作抵押向金融机构贷款,获得资金并承担相应责任和义务,进行一级开发。

③一级开发完成后,综合开发项目公司通过协议或出让方式获取土地二级开发权,并将补偿资金或土地出让金支付给政府国土部门。

④政府国土部门将一级开发成本及额定利润支付给综合开发项目公司。

⑤综合开发项目公司出资并承担相应责任和义务，进行二级开发。

⑥综合开发项目公司将借款偿还给金融机构，并支付利息。

⑦二级开发完成后，综合开发项目公司按提前约定的利润及物业分配方式，向合作各方进行分配。

例如，徐宿淮盐铁路泗阳站以协议形式获取综合开发用地120亩，规划建筑面积21.3万$m^2$，拟开发业态包括生态住宅（含居住配套、花园洋房等）和商业服务（含批发零售、餐饮娱乐、旅游服务、会议展览、汽车租赁、停车服务等），计划总投资约8.9亿元（其中土地费用约1.3亿元、建设投资约7.2亿元、建设期贷款利息约0.4亿元），计算税后财务内部收益率12.02%，计算税后利润总额2.5亿元，计算税后静态投资回收期4.4年。

泗阳站综合开发计算税后财务内部收益率略高于房地产行业基准收益率（即12%），财务分析基本可行，能够对铁路建设及运营提供较为稳定的现金流补贴，具备一定开发价值。

未来在国家政策支持、市场环境允许的情况下，项目融资、股票、债券、中期票据、基金、信托融资等融资方式在铁路土地综合开发中也值得尝试。同时为避免资金不足、冲击地区市场，大宗地块建议分期开发，先期投资建设高品质车站，逐步吸引社会投资开发车站毗邻地块。

（4）认清、把控风险，确保收益

铁路土地综合开发自始至终面临着市场风险、政策风险和运营风险。

①土地一级开发周期长、前期征地拆迁费用高，一级开发后的铁路上盖及周边土地可能无法马上投入市场或一时无人摘牌，融资难问题突出，甚至会发生资金链断裂。

②土地交易（熟地销售价格）受土地所处的地理位置、周边环境、交易时间、市场环境等因素影响，存在不确定性。

③现阶段国家对房地产市场调控从紧，部分城市和地区住房存量较大，价格存在一定下行压力和泡沫风险。

④地方政府在综合开发的整个周期中可能会调整土地划拨、征地、拆迁、安置、税收、补贴等方面政策。

⑤房地产开发牵涉面广，市场策划、规划方案、营销策划、工程建设、商业招商、持有运营和物业管理等工作烦琐，对开发团队的专业性和经验性要求高。

## 第三节　某市铁路枢纽土地综合开发策划

### 一、开发定位与策略

#### 1.开发背景

铁路具有投资规模大、经营成本高、投资回收期长、建设期和运营初期亏损等特点。2013年8月国务院颁布了《关于改革铁路投融资体制加快推进铁路建设的意见》（国发〔2013〕33号），提出全面开放铁路建设市场，鼓励实施土地综合开发利用等相关政策要求。为落实国发

〔2013〕33号文要求,2014年7月国务院办公厅又进一步颁布了《关于支持铁路建设实施土地综合开发的意见》(国办发〔2014〕37号),从加强市场配置和充分运用好土地资源资产的角度,创新土地开发利用模式,促进铁路经营方式、管理体制、投融资体制改革。

为积极稳妥推进铁路站场地区土地综合开发,合理组织站场及周边地区道路交通,科学安排相关基础设施、公共服务设施建设,全力支持铁路建设,促进城市健康有序发展,住建部发布了《住房城乡建设部关于加强铁路站场地区综合开发有关规划工作的通知》(建规〔2015〕227号)文件,要求将铁路站场建设纳入城市规划,统筹铁路站场建设与城市发展,加强铁路站场选址方案论证审查,优化站场和周边地区用地布局,合理组织道路交通,完善基础设施、公共服务设施配套规划,保障铁路发展建设,支持站场综合开发。

盐城站等车站作为铁路与某市地区紧密联系的纽带,站房建筑规模大,毗邻地区聚集大量客流,给开展综合开发带来可能。某市政府对地区铁路资源进行综合开发,有助于打造某市汇聚商机、企业自我营销推介、培育市场及扩大市场影响力的重要平台,提高地方财政收入,助力产业转型,宣传盐城经济发展成绩,实现地方和铁路互利共赢局面。

2. 研究范围

研究工作以某市"十三五"规划、城市总体规划、综合交通规划为基础,范围为某市域内铁路沿线的土地、车站及其周边辐射范围内的土地,以盐城站、大丰站、东台站、建湖站、射阳站、阜宁东站、阜宁南站、滨海站、响水站等客运车站及其毗邻土地的综合开发为研究重点。

3. 研究目标

研究工作以"提高项目筹融资能力,保证某市域内铁路运营效益,促进沿线新城建设,打造某市域内铁路TOD引导城市发展的示范项目"为总体目标,研究某市域内铁路全线综合开发机会,明确开发方向,确定站点综合开发的用地规模和业态配比,选择合理的投融资模式和开发时机,并预测项目开发收益。

4. 工作思路

研究工作以长三角区域协调发展为背景,以某市域内铁路规划建设为诱因,分析区域经济,研究产业布局,解读城市规划,研判各站点区域的市场、商业环境,逐步推进综合开发研究工作。主要工作思路如图10-1所示。

## 二、开发策划

某市地处中国东部沿海中部、江苏省中东部,位于长江三角洲北翼,东临黄海,南与南通接壤,西南与扬州、泰州为邻,西北与淮安相连,北隔灌河和连云港市相望,是江苏省面积最大的地级市,下辖亭湖区、盐都区、大丰区、东台市、建湖县、射阳县、阜宁县、滨海县、响水县9个县区,市域面积1.7万$km^2$,常住人口721万人,素有"鱼米之乡"的美称,是江苏沿海地区新兴的工商业城市,也是长江三角洲重要的区域性中心城市。

考虑某市各区县经济、人口以及铁路车站周边用地情况,建议对盐城站、大丰站、东台站、建湖站、射阳站、阜宁东站、阜宁南站、滨海站及响水站进行综合开发。开发策划见表10-2,业态形式如图10-2所示。

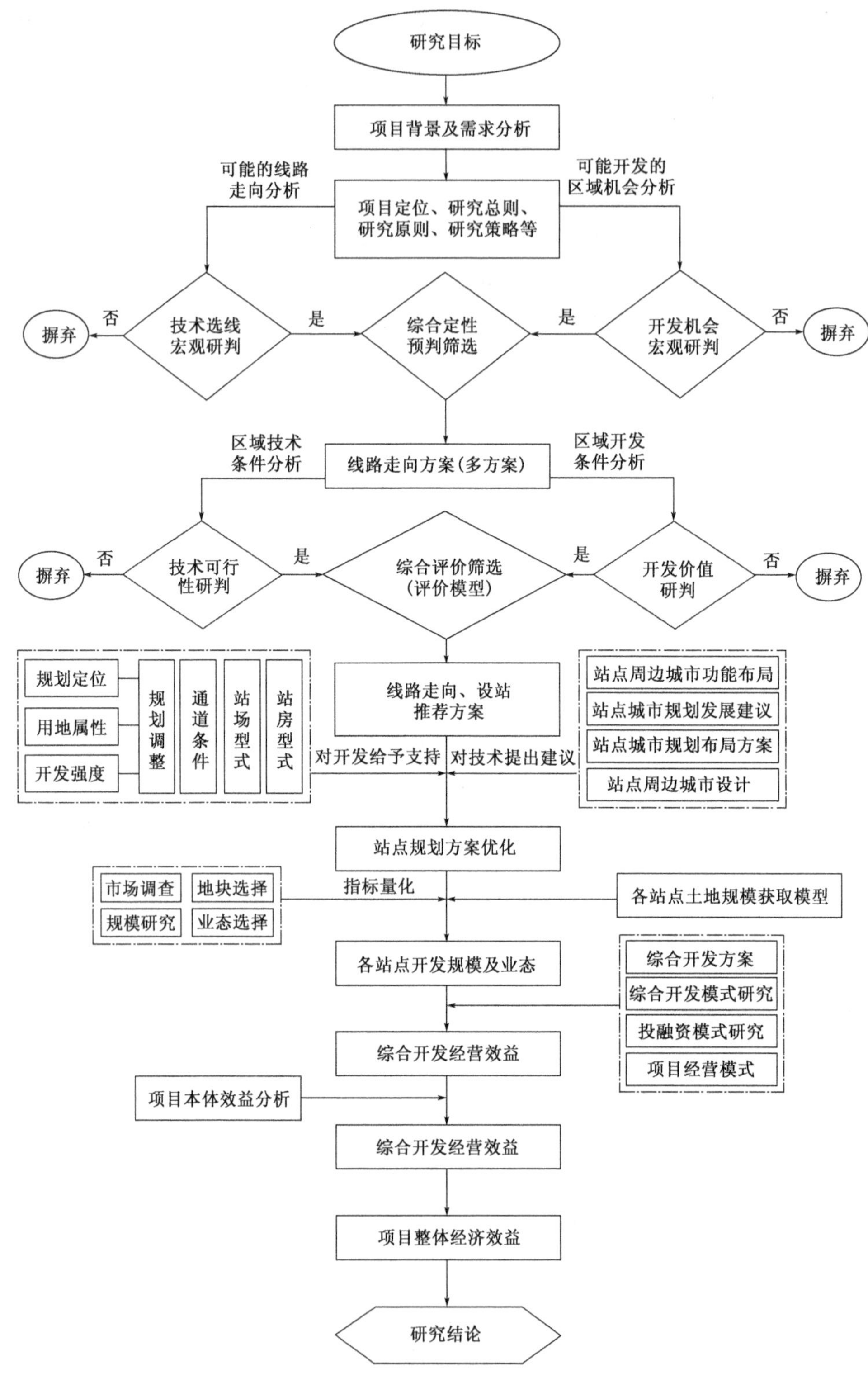


图 10-1　某市铁路枢纽土地综合开发工作思路

**某市铁路枢纽土地综合开发各站点开发规划**

表 10-2

| 开发站点 | 盐城站 | 大丰站 | 东台站 | 建湖站 | 射阳站 | 阜宁东站 | 阜宁南站 | 滨海站 | 响水站 |
|---|---|---|---|---|---|---|---|---|---|
| 区位 | 亭湖区 | 大丰区 | 东台市 | 建湖县 | 射阳县 | 阜宁县 | | 滨海县 | 响水县 |
| 城市 GDP（亿元） | 360 | 535 | 670 | 429 | 408 | 363 | | 361 | 244 |
| 常住人口（万人） | 80 | 70 | 114 | 80 | 88 | 36 | | 94 | 50 |
| 城镇居民人均可支配收入（元） | 33464 | 28753 | 30330 | 27468 | 24460 | 23528 | | 24451 | 23642 |
| 社会消费品零售总额（亿元） | 230 | 156 | 228 | 151 | 151 | 117 | | 99 | 60 |
| 房地产开发投资（亿元） | 41 | 37 | 50 | — | 32 | 24 | | 17 | 7 |
| 产业结构 | 8.8∶39.6∶51.6 | 14.1∶40.1∶45.8 | 13.1∶41.6∶45.3 | 11.0∶44.7∶44.3 | 19.2∶36.2∶44.6 | 13.1∶44.4∶42.5 | | 15.5∶41.2∶43.3 | 17.2∶45.9∶36.9 |
| 房屋销售均价（元/$m^2$） | 6600 | 5300 | 5700 | 3800 | 3900 | 4300 | | 5200 | 4500 |
| 特色产业 | 机械制造、建筑建材、食品加工、环保、轨道交通、绿色能源、光电等 | 机械、化工、食品、纺织、新能源及装备制造、生物制药及海洋生物、电子信息及智能终端、生态旅游等 | 新材料、新能源及装备、绿色食品、纺织机械 | 皮鞋、纺织、机械制造、石油装备、节能电光源、航空装备、生物工程、汽车及零部件、电子信息 | 纺织染整、机械装备、食品加工、新能源及其装备、生态造纸等 | 新能源、节能环保、新材料、机械、轻工等 | | 新材料、新医药、盐化工、流体装备、纺织服装、农副产品加工等 | 再生纸、纺织服装、海工装备与新能源船舶、汽车配件及传动件、新材料、新医药、新能源等 |
| 旅游业 | 新四军纪念馆、海盐博物馆、便仓枯枝牡丹等 | 麋鹿自然保护区、某港海洋世界、上海知青馆、荷兰花海等。全年接待游客 1000 万人次，总收入 65 亿元 | 黄海森林公园、泰山寺、董永七仙女文化园、宋城等。全年接待游客 262 万人次，总收入 28 亿元 | 九龙口风景区、陆秀夫纪念馆、汉王古墓、双湖公园等 | 国家级丹顶鹤自然保护区、息心寺等。全年接待游客 147 万人次，总收入 14 亿元 | 庙湾八景、铁军广场、白天鹅公园、金沙湖、桃花源、马家荡等。全年接待游客 127 万人次，总收入 12 亿元 | | 都天庙、南茶庵、南湖广场、通榆河枢纽风景区等 | 灌河八景、黄河故道生态湿地、听潮阁公园等 |

续上表

| 开发站点 | 盐城站 | 大丰站 | 东台站 | 建湖站 | 射阳站 | 阜宁东站 | 阜宁南站 | 滨海站 | 响水站 |
|---|---|---|---|---|---|---|---|---|---|
| 特色物产 | 白荔子萝卜、葛武嫩姜片、伍佑醉螺、益林酱油、烩素鱼皮等 | 裕华大蒜、大丰东沙紫菜、恒北早酥梨、灶猪、麋鹿等 | 东台发绣、东台西瓜、东台蚕茧、东台陈皮酒、灶蚕豆等 | 建湖青虾、建湖大米、建湖烟花、九龙口大闸蟹、溏心皮蛋等 | 射阳大米、洋马菊花、射阳河银鱼、射阳药材、醉泥螺等 | 阜宁大米、阜宁大糕、阜宁西瓜、阜宁生态猪肉、马家荡大青蟹等 | | 滨海白首乌、盐城海盐、小银鱼粥、盐城草炉饼、豉椒小银鱼等 | 响水浅水藕、四鳃鲈鱼、条虾、响水牛蒡、香酥芦花雀等 |
| 站点周边规划用地 | 商服用地、居住用地、教育用地、工业用地等 | 工业用地、物流用地、居住用地、商业用地等 | 商服用地、居住用地、仓储用地、工业用地等 | 商服用地、居住用地、仓储物流用地等 | 规划未涉及，现状为农林用地等 | 规划未涉及，现状为农林用地等 | 规划未涉及，现状为农林用地等 | 规划未涉及，现状为农林用地等 | 规划未涉及，现状为农林用地等 |
| 站点周边地价（元/ m²） | 商服 2040 ~ 6400、住宅 2560 ~ 3090、工业 305 ~ 415 | 商服 700 ~ 780、住宅 240 ~ 320、工业 160 ~ 170 | 商服 2377 ~ 3442、住宅 522 ~ 709、工业 177 ~ 182 | 商服 2483 ~ 2815、住宅 385 ~ 755、工业 175 ~ 245 | 商服 290 ~ 460、住宅 190 ~ 225、工业 140 ~ 140 | 商服 910 ~ 1250、住宅 650 ~ 1010、工业 145 ~ 170 | 商服 1360 ~ 1542、住宅 510 ~ 932、工业 150 ~ 150 | 商服 640 ~ 700、住宅 370 ~ 380、工业 100 ~ 100 | 商服 810 ~ 1115、住宅 430 ~ 690、工业 125 ~ 140 |
| 开发业态 | 生态住宅（居住配套、养老社区等）、商业服务（批发零售、餐饮娱乐、旅游服务、展览销售等）、酒店住宿、商务办公等 | 生态住宅（居住配套、养老社区等）、商业服务（批发零售、餐饮娱乐、旅游服务、展览销售等）、酒店住宿、商务办公、商贸流通（电商物流等）等 | 生态住宅（居住配套、养老社区等）、商业服务（批发零售、餐饮娱乐、旅游服务、展览销售等）、酒店住宿、商务办公、商贸流通（电商物流等）等 | 生态住宅（居住配套、养老社区等）、商业服务（批发零售、餐饮娱乐、旅游服务、展览销售等）、商贸流通（电商物流等）等 | 生态住宅（居住配套、养老社区等）、商业服务（批发零售、餐饮娱乐、旅游服务、展览销售等）、商贸流通（电商物流等）等 | 生态住宅（居住配套、养老社区等）、商业服务（批发零售、餐饮娱乐、旅游服务、展览销售等）、酒店住宿、商务办公、商贸流通（电商物流等）等 | 生态住宅（居住配套、养老社区等）、商业服务（批发零售、餐饮娱乐、旅游服务、展览销售等）、酒店住宿、商务办公、商贸流通（电商物流等）等 | 生态住宅（居住配套、养老社区等）、商业服务（批发零售、餐饮娱乐、旅游服务、展览销售等）、商贸流通（电商物流等）等 | 生态住宅（居住配套、养老社区等）、商业服务（批发零售、餐饮娱乐、旅游服务、展览销售等）、商贸流通（电商物流等）等 |
| 开发规模（$hm^2$） | 20 | 30 | 40 | 20 | 20 | 50 | 50 | 30 | 30 |

注：1. 表中数据为 2015 年数据，源自 2015 年某市各区县国民经济和社会发展统计公报。

2. 站点周边地价取值介于站点周边基准地价和市场地价之间。

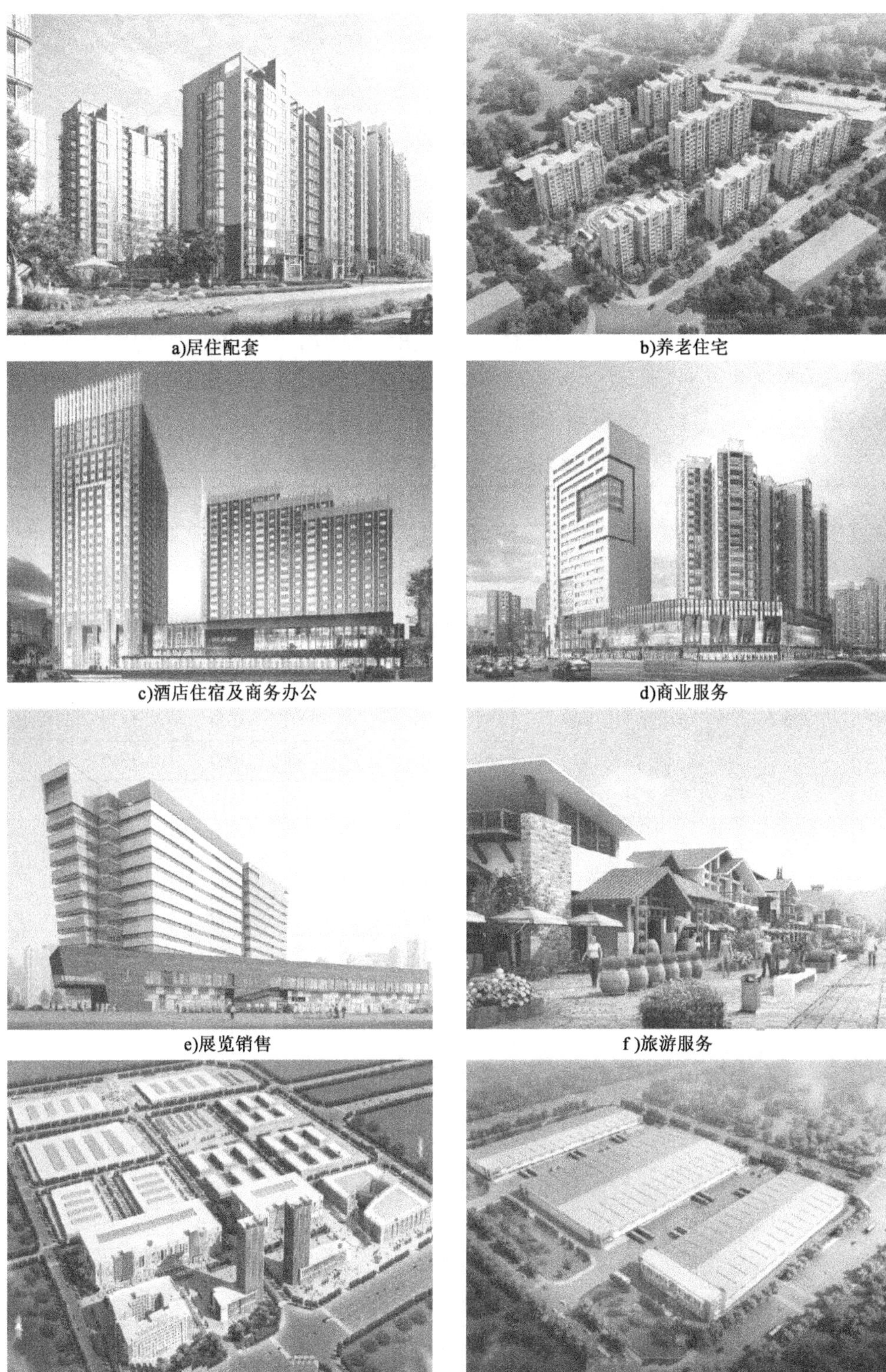

a)居住配套

b)养老住宅

c)酒店住宿及商务办公

d)商业服务

e)展览销售

f )旅游服务

g)商贸流通

图 10-2　某市铁路枢纽土地综合开发示意图

## 三、效益分析

1. 开发成本

土地取得成本以各地方国土局发布的基准地价和近年土地成交价格为基础,结合政策优惠及市场调节因素,根据各站不同区位条件和用地性质分别予以考虑。现阶段二级开发建筑面积由规划建议开发占地面积和拟定容积率进行匡算,实际开发方案需待下阶段深化后进行确定。根据开发业态的不同,相应的建设投资经济指标按 2000 ~ 4500 元/$m^2$ 暂估,其中,住宅 2200 ~ 2300 元/$m^2$,商业服务及酒店 2800 ~ 4500 元/$m^2$,商贸流通 2000 元/$m^2$。

某市铁路枢纽所包含九个站点开发总用地面积为 4350 亩,测算土地费用为 39.30 亿元;拟开发规模为 537.9 万 $m^2$,二级开发总成本为 130.93 亿元。某市铁路枢纽土地综合开发总成本为 170.23 亿元。某市铁路枢纽土地综合开发成本测算见表 10-3。

某市铁路枢纽土地综合开发成本测算汇总 表 10-3

| 站点 | 土地费用 | | | 二级开发成本 | | | | 综合开发总成本(亿元) |
|---|---|---|---|---|---|---|---|---|
| | 用地面积(亩) | 单位价值(万元/亩) | 土地费用(万元) | 业态种类 | 开发规模(万 $m^2$) | 单位价值(元/$m^2$) | 二级开发成本(万元) | |
| 盐城站 | 300 | 280 | 84000 | 生态住宅 | 33 | 2300 | 75900 | 20.59 |
| | | | | 商业服务 | 5 | 3500 | 17500 | |
| | | | | 酒店住宿 | 3 | 4500 | 13500 | |
| | | | | 商务办公 | 5 | 3000 | 15000 | |
| | | | | 合计 | 46 | 2650 | 121900 | |
| 大丰站 | 450 | 85 | 38250 | 生态住宅 | 32 | 2200 | 70400 | 16.77 |
| | | | | 商业服务 | 5 | 3000 | 15000 | |
| | | | | 酒店住宿 | 4 | 3500 | 14000 | |
| | | | | 商务办公 | 5 | 2800 | 14000 | |
| | | | | 商贸流通 | 8 | 2000 | 16000 | |
| | | | | 合计 | 54 | 2396 | 129400 | |
| 东台站 | 600 | 95 | 57000 | 生态住宅 | 48.4 | 2200 | 106480 | 25.25 |
| | | | | 商业服务 | 15 | 3000 | 45000 | |
| | | | | 酒店住宿 | 4 | 3500 | 14000 | |
| | | | | 商务办公 | 5 | 2800 | 14000 | |
| | | | | 商贸流通 | 8 | 2000 | 16000 | |
| | | | | 合计 | 80.4 | 2431 | 195480 | |
| 建湖站 | 300 | 65 | 19500 | 生态住宅 | 17.6 | 2200 | 38720 | 10.42 |
| | | | | 商业服务 | 10 | 3000 | 30000 | |
| | | | | 商贸流通 | 8 | 2000 | 16000 | |
| | | | | 合计 | 35.6 | 2380 | 84720 | |

续上表

| 站点 | 土地费用 | | | 二级开发成本 | | | | 综合开发总成本（亿元） |
|---|---|---|---|---|---|---|---|---|
| | 用地面积（亩） | 单位价值（万元/亩） | 土地费用（万元） | 业态种类 | 开发规模（万 $m^2$） | 单位价值（元/$m^2$） | 二级开发成本（万元） | |
| 射阳站 | 300 | 65 | 19500 | 生态住宅 | 16 | 2200 | 35200 | 8.39 |
| | | | | 商业服务 | 4.4 | 3000 | 13200 | |
| | | | | 商贸流通 | 8 | 2000 | 16000 | |
| | | | | 合计 | 28.4 | 2268 | 64400 | |
| 阜宁东站 | 750 | 70 | 52500 | 生态住宅 | 55 | 2200 | 121000 | 28.77 |
| | | | | 商业服务 | 20 | 3000 | 60000 | |
| | | | | 酒店住宿 | 4 | 3500 | 14000 | |
| | | | | 商务办公 | 7.5 | 2800 | 21000 | |
| | | | | 商贸流通 | 9.6 | 2000 | 19200 | |
| | | | | 合计 | 96.1 | 2447 | 235200 | |
| 阜宁南站 | 750 | 70 | 52500 | 生态住宅 | 55 | 2200 | 121000 | 29.95 |
| | | | | 商业服务 | 25 | 3000 | 75000 | |
| | | | | 酒店住宿 | 6 | 3500 | 21000 | |
| | | | | 商务办公 | 5 | 2800 | 14000 | |
| | | | | 商贸流通 | 8 | 2000 | 16000 | |
| | | | | 合计 | 99 | 2495 | 247000 | |
| 滨海站 | 450 | 85 | 38250 | 生态住宅 | 30 | 2200 | 66000 | 15.03 |
| | | | | 商业服务 | 10 | 3000 | 30000 | |
| | | | | 商贸流通 | 8 | 2000 | 16000 | |
| | | | | 合计 | 48 | 2333 | 112000 | |
| 响水站 | 450 | 70 | 31500 | 生态住宅 | 32 | 2200 | 70400 | 15.07 |
| | | | | 商业服务 | 12 | 3000 | 36000 | |
| | | | | 商贸流通 | 6.4 | 2000 | 12800 | |
| | | | | 合计 | 50.4 | 2365 | 119200 | |
| 合计 | 4350 | 90 | 393000 | — | 537.9 | 2434 | 1309300 | 170.23 |

2. 开发效益

为提高资金周转效率，主要采用直接销售的模式，住宅、商业服务设施、酒店、办公等拟对外销售，物流园等考虑自持租赁。根据各地方房地产市场调研基本信息，确定各业态基本销售单价，住宅 3600～6500 元/$m^2$，商业服务设施 6000～9000 元/$m^2$，酒店 7500～9000 元/$m^2$。现阶段考虑对部分站点物业自持，以对外租赁的形式获取长期稳定收益，本方案中主要考虑将物流园作为自持物业，租赁价格暂按 1.2 元/（$m^2$·d）计算，自持租赁部分按每五年租赁收入上涨 10% 暂估。

以项目现金流量为基础进行分析,项目税后财务内部收益率为 12.65%,税后利润总额为 111.56 亿元,税后静态投资回收期为 4.6 年。其中,住宅和商业服务设施等以销售为主,销售部分税后财务内部收益率为 14.50%,税后利润总额为 53.51 亿元,税后静态投资回收期为 4.2年;物流园等考虑自持租赁,体现为长期持有和稳定租金收益,自持租赁部分开发规模为 64 万 $m^2$,租赁部分年平均租金利润为 1.57 亿元,年平均租金利润率为 9.43%,静态投资回收期为 13.7 年,内部收益率为 8.88%。

# 参考文献

[1] 丁神健,马晓旦,赵靖.改进的重心法与可达性的公共交通枢纽选址研究[J].农业装备与车辆工程,2017,55(03):1-5.

[2] 陈光荣.国内外交通枢纽规划设计研究启示[C].创新驱动与智慧发展——2018年中国城市交通规划年会论文集,2018:2482-2497.

[3] 刘永平,李磊.深圳市福田交通枢纽规划实践及其启示[J].城市轨道交通研究,2019,22(07):41-45.

[4] 谢志明,陈海伟.日本交通枢纽交通衔接设计经验及启示[J].城市交通,2016,14(05):56-62.

[5] 张胜,张天畅.交通枢纽规划设计布局研究[J].交通与港航,2019,6(06):11-17.

[6] 黄敏,杨华.南宁东站交通枢纽规划设计的创新性实践[J].规划师,2016,32(S2):155-158.

[7] 王秋平,孙皓.基于改进MD模型的城市交通出行方式划分预测方法[J].西安建筑科技大学学报(自然科学版),2017,49(03):340-345.

[8] 刘永平,李鹏凯.以旅客体验为导向的深圳前海交通枢纽规划设计[J].城市轨道交通研究,2019,22(07):1-4,8.

[9] 黄岩,孙瑞华.乌鲁木齐高铁交通枢纽的规划设计[J].交通与运输,2017,33(03):25-28.

[10] 郑海涛,李田生,李航,等.交通枢纽城市功能开发模式借鉴[J].综合运输,2018,40(10):111-117.

[11] 张波.城市交通枢纽综合开发关键问题与对策措施[J].交通与港航,2019,6(06):65-70.

[12] 金旭炜,洪雁,王彦宇.铁路土地综合开发物业形态指引探索[J].高速铁路技术,2017,8(06):10-14.

[13] 马超群,李培坤,朱才华,等.基于不同时间粒度的城市轨道交通短时客流预测[J].长安大学学报(自然科学版),2020,40(03):75-83.

[14] 徐新颖,赖元文,马振鸿,等.采用改进四阶段法的市域轨道线网客流需求预测[J].福州大学学报(自然科学版),2020,48(03):375-381.

[15] 闻克宇,赵国堂,何必胜,等.基于改进迁移学习的高速铁路短期客流时间序列预测方法[J].系统工程,2020,38(03):73-83.

[16] 陈通箭,袁发涛.基于支持向量机的轨道车站客流高峰期持续时间预测[J].智能城市,2020,6(08):10-12.

[17] 孟歌,王洪业,李丽辉,等.基于EMD的SVR方法在铁路客流预测中的应用[J].铁路计算机应用,2020,29(04):28-32.

[18] 谢臻,郭建媛,秦勇.基于支持向量回归的城市轨道交通进站客流短时预测模型[J].都市快轨交通,2020,33(02):82-86.

[19] 李科君,高瑾瑶,宋建华,等.基于NARNN的城市轨道交通短时进站客流预测[J].武汉理工大学学报(交通科学与工程版),2020,44(01):103-107.

[20] 方晓平,林美,陈维亚,等.数据不完备下基于特征识别的公交客流短时预测[J].华南理工大学学报(自然科学版),2020,48(04):114-122.

[21] 刘欣彤,黄小龙,谢秉磊.基于SVM-KNN的降雨条件下短时公交客流预测[J].交通信息与安

全,2018,36(05):117-123.

[22] 侯晨煜,孙晖,周艺芳,等.基于神经网络的城市轨道交通短时客流预测服务[J].小型微型计算机系统,2019,40(01):226-231.

[23] Renato Redondi, Sveinn Vidar Gudmundsson. Congestion spill effects of Heathrow and Frankfurt airports on connection traffic in European and Gulf hub airports[J]. Transportation Research Part A,2016:92.

[24] Tiago Mendes Dantas, Fernando Luiz Cyrino Oliveira, Hugo Miguel Varela Repolho. Air transportation demand forecast through Bagging Holt Winters methods[J]. Journal of Air Transport Management,2017:59.

[25] 陈春安,荣建,周晨静.交通枢纽内部换乘设施通行能力研究[J].交通工程,2017,17(04):7-12.

[26] 张伟.雄安新区多模式立体交通构想[J].轨道建筑,2018,6(1):5-7.

[27] 荣建,张伟,周晨静,等.交通标志世界(第五集):北京西站旅客导向信息服务系统设计改造感想[M].昆明:云南科技出版社,2013:10-12.

[28] 刘小明,张伟,荣建,等.枢纽客运标志系统问题分析与对策研究[J].重庆交通大学学报(自然科学版),2015,34(3):124-131.

[29] 张伟,荣建,魏中华,等.旅客导向信息服务系统设计理念——以北京市客运枢纽为例[J].城市交通,2015,13(4):75-81.

[30] 沈群红,苏群霞.地铁客运服务标识标准体系建立的思考[J].中国标准化,2020(04):107-110,124.

[31] 王静蕴,吴慧兰.公共信息导向系统标准实施的现状和思考[J].包装工程,2020,41(06):275-279.

[32] 王莹,马博,吴桐,等.北京地铁六里桥站换乘导向标志优化设计[J].城市轨道交通研究,2020,23(03):101-105.

[33] 孙爱华.浅析城市轨道交通导向标志系统的发展[J].智能城市,2020,6(05):12-14.

[34] 王岳.轨道交通视觉导向系统的设计研究[J].科学技术创新,2019(36):80-81.

[35] 韩玉琦.基于旅客行为和信息需求的地铁导向标识系统优化[D].西安:长安大学,2019.

[36] 邹传瑜,陈永权,陈滋顶.铁路旅客车站公共信息导向系统现状及标准化建议[J].标准科学,2019(01):86-91.

[37] 郑晓霞.青岛地铁北站客流导向标识系统优化研究[D].大连:大连交通大学,2017.

[38] 孙媛.城市公共交通环境中的标识导向系统设计与应用研究[D].芜湖:安徽工程大学,2016.

[39] 张伟.高速铁路车站商业开发探讨[J].城市交通,2018(1):63-66,77.

[40] 张伟.投融资体制改革环境下铁路土地综合开发研究[J].轨道建筑,2018,6(5):98-102.

[41] 张伟.交通强国建设下高铁物业发展试探[J].交通运输部管理干部学院学报,2020,30(2):22-25.

[42] 陈雁.关于轨道交通物业开发的分析及思考[J].科技与创新,2017(23):40-42.

[43] 梁致远.城市轨道交通车辆段上盖开发功能研究[D].北京:北京交通大学,2018.

[44] 唐雅男.基于旅客商业行为的大型铁路客站商业空间设计策略研究[D].广州:华南理工大学,2018.

[45] 王凯. 城市轨道交通车辆段上盖物业开发项目设计阶段的成本管控研究[J]. 建筑经济, 2016,37(06):54-57.

[46] 李菁. S公司"城市轨道交通+物业"联动开发模式的分析与研究[D]. 上海:东华大学,2016.

[47] 马斌. 智慧交通枢纽综合运行平台研究与设计[J]. 中国市政工程,2020(01):4-7,89.

[48] 黄愉文,张凯,张永捷. 地铁枢纽智慧化建设研究[C]. 品质交通与协同共治——2019年中国城市交通规划年会论文集,2019:2663-2671.

[49] 张剑桥,郭晓俊,黄宇. 宁波南综合客运枢纽智能化系统应用实践[J]. 交通节能与环保, 2019,15(01):49-51.

[50] 李琪,祝龙,段国栋. BIM+项目管理模式在建设项目中的实施——以昆明市综合交通国际枢纽建设项目为例[J]. 建设监理,2020(01):35-36,43.

[51] 吴兆炜. 信息化技术在大型城市交通枢纽施工中的应用[J]. 安徽建筑,2019,26(12): 188-192.

[52] 靳明波,张德峰,南文治,等. BIM技术在轨道交通枢纽车站施工中的应用[J]. 现代交通技术,2019,16(06):88-92.

[53] 唐维,张永攀,陈贤国. BIM+VR技术在地铁施工过程中的应用研究[J]. 公路,2018,63(04):190-194.

[54] 杨冬,刘勇,邹家撇,等. BIM技术在广州白云国际机场综合交通枢纽项目中的应用[J]. 施工技术,2018,47(06):133-136.

[55] 吴飞,陈文虎. 特大型铁路综合交通枢纽项目施工组织实践与探索[J]. 施工技术,2017,46(10):1-6.

[56] 蔡胜全,罗江成. 重庆枢纽重庆北客运站施工组织方案研究[J]. 高速铁路技术,2018,9(02): 61-66,89.

[57] 曹笛. 基于防火性能化设计的综合交通枢纽规划策略及数字模拟方法[D]. 天津:天津大学,2016.

[58] 刘仁杰. 综合交通枢纽建筑消防性能化设计应用[D]. 广州:华南理工大学,2018.

[59] 郭平. 佛山西站综合交通枢纽运营管理模式研究[J]. 科技展望,2016,26(17):191.

[60] 张伟,林金坤,董凯,等. 一种综合客运枢纽站前广场联运设施规模计算方法:中国, CN201710364054.X[P]. 2020-09-18.

[61] 张伟. 一种综合客运枢纽联运交通客流量预测方法:中国,CN201811088764.5[P]. 2018-12-18.

[62] 张伟,魏中华,荣建,等. 中国客运枢纽位置标志设计:中国,国作登字-2014-F-00127593[P]. 2014-7-1.